U0928383

“211工程”三期重点学科建设项目

《西部大开发与区域发展理论创新》

国家开发银行资助项目

《西部大开发重大战略问题研究基金》

West 西部大开发研究丛书

西部大开发
政策绩效评估与调整策略研究

Performance Assessment and Strategy Adjustment of Western Development Policy in China

范柏乃 龙海波 王光华 著

浙江大学出版社

图书在版编目（CIP）数据

西部大开发政策绩效评估与调整策略研究／范柏乃，龙海波，王光华著．—杭州：浙江大学出版社，2011．12
ISBN 978-7-308-08663-9

Ⅰ．①西… Ⅱ．①范… ②龙… ③王… Ⅲ．①西部经济—区域开发—经济政策—研究—中国 Ⅳ．①F127

中国版本图书馆 CIP 数据核字（2011）第 076609 号

西部大开发政策绩效评估与调整策略研究

范柏乃　龙海波　王光华　著

丛书策划　袁亚春　陈丽霞
责任编辑　樊晓燕(fxy@zju.edu.cn)
封面设计　春天·书装工作室
出版发行　浙江大学出版社
（杭州市天目山路 148 号　邮政编码 310007）
（网址：http://www.zjupress.com）
排　　版　杭州中大图文设计有限公司
印　　刷　浙江全能印务有限公司
开　　本　710mm×1000mm　1/16
印　　张　14.75
字　　数　249 千
版 印 次　2011 年 12 月第 1 版　2011 年 12 月第 1 次印刷
书　　号　ISBN 978-7-308-08663-9
定　　价　38.00 元

浙江大学出版社发行部邮购电话　(0571)88925591

西部大开发研究丛书

总　序

2011年是“十二五”规划的开局之年，也是西部大开发新10年的起始之年。过去的10年是西部地区经济社会发展最快、城乡面貌变化最大、人民群众得到实惠最多的10年，也是西部地区对全国的发展贡献最突出的10年。西部地区经济年均增长速度达到11.9%，主要的宏观经济指标10年间都翻了一番以上。基础设施建设取得突破性进展。青藏铁路、西气东输、西电东送等标志性工程投入运营。生态建设规模空前，森林覆盖率从10年前的10.32%提高到现在的17.05%，提高了6.7个百分点。社会事业取得长足进步，“两基”攻坚计划目标如期完成，卫生、社会保障、就业等基本公共服务能力大大增强。人民生活水平得到明显提高，城乡居民的收入分别是10年前的2.7倍和2.3倍。改革开放深入推进，东、中、西部地区互动合作的广度和深度不断拓展，对内对外开放的新格局初步形成。广大干部群众开拓创新意识不断增强，精神风貌昂扬向上。

站在新的起点上，我们也清楚地看到，目前东西部发展的差距仍然较大。2009年，西部人均生产总值、城镇居民可支配收入、农村居民纯收入分别只有东部地区的45%、68%、53%，依然是我国区域协调发展中的“短板”。按照党中央、国务院的部署，深入实施西部大开发战略将放在区域发展总体战略的优先位置，给予特殊的政策支持，推动西部地区的经济综合实力上一个大台阶，人民群众的生活水平和质量上一个大台阶，生态环境保护上一个大台阶，基本建成全面小康社会。

浙江大学中国西部发展研究院（简称西部院）是在2006年10月由国家发展改革委员会和浙江大学共建成立的，其目的是围绕西部大开发的全局性、综合性、战略性问题开展理论和应用研究，形成促进东西部地区互动合作、共同发展的重要科研交流和人才培训基地，为国家有关部门和地方政府制定发展规划和政策提出建议，为各类企业、社会团体和组织提供咨询服务。

西部院成立迄今，作为一个创新科研实体，本着“跳出西部思考西部，跳出西部发展西部”的新视角，一直以“服务西部经济社会发展”为己任，以建设“科学研究基地、科技服务基地、人才培养和培训基地、国际合作与交流基地”为目标而努力奋进。先后承担了大量国家战略层面的项目研究，并对西部大开发中的前瞻性问题进行了一系列的学术探索，成果斐然，如先后参加了《关中——天水经济区发展规划》、《“十二五”时期促进基本公共服务均等化规划思路研究》、《呼包银重点经济区发展规划》、《“十二五”完善基本公共服务体系规划》等国家重大规划编制的相关研究，开展了《西部大开发与区域发展理论创新》、《西部大开发重大理论问题研究》等重大课题的研究，形成了有价值的成果，这些研究成果既为西部大开发提供了理论基础，对实践活动也具有积极的指导作用，体现了西部院作为西部开发智库的重要作用，体现了一个学术机构的社会责任。

此次西部院编辑出版的这套《西部大开发研究丛书》，是西部院自2008年始，针对西部大开发中的热点和难点问题，组织国内专家学者开展深入研究形成的一批重要成果，内容涉及西部地区政策评估、东西部差异变动分析、产业发展、生态环境保护、能源资源开发和利用、基本公共服务均等化、人才开发、文化发展及财税体制等与西部经济社会发展密切相关的多个领域，具有较高的理论意义和现实价值。我相信，这套丛书的出版发行将有助于把西部大开发问题的研究引向深入。

2011年10月

前　言

西部地区面积有685万平方公里，占全国国土面积的71.4%，是整个中国版图中最为重要的一个组成部分。一直以来，西部地区自然资源丰富，市场潜力大，战略位置重要，历来成为中央政府关注的焦点。由于自然、历史、社会等原因，西部地区经济发展相对落后，人均国内生产总值仅相当于全国平均水平的三分之二，不到东部地区平均水平的40%。相对滞后的发展严重制约了我国社会主义现代化的总体进程，成为一个长期困扰我国经济社会协调发展的全局性问题。支持西部地区开发建设，实现区域协调发展、缩小东西部地区差距已经成为时代赋予的神圣使命，是我国现代化建设的一项全局性战略。

从1999年6月中共中央正式提出西部大开发的区域发展战略至今已经走过了10个年头。事实充分证明：西部大开发的战略决策是正确的。西部大开发的10年，是西部地区经济增长速度最快、发展质量最好、社会进步最显著、城乡面貌变化最大、人民群众得到实惠最多、对国家贡献最突出的10年。实施西部大开发战略，不仅使西部大地焕发出勃勃生机，也为国家的经济社会发展做出了贡献，为国家的现代化建设开辟了更为广阔的空间。10年来，中央相继出台了一系列的优惠政策，包括财政倾斜政策、货币金融政策、税收优惠政策、资源产业政策、区域贸易政策、人才开发政策、公共服务政策等，这些政策相互交织、相互作用，呈现出不同类型的政策组合，成为推动西部地区迅速崛起的内在引擎。总体来看，西部大开发提出的区域经济发展、产业结构调整、生态环境改善、公共服务优化等多个战略目标基本完成，为新一轮西部大开发的稳步推进奠定了坚实的基础。但是,由于西部地区不同省市的经济发展水平不同、地理区位不同、生态状况不同,许多省市之间存在着较大差距,不同政策作用的绩效也就呈现参差不齐的水平。因此,有必要深刻剖析政策供给的质量,科学评估西部大开发政策绩效,进而为新一轮政策策略的调整与转型提供支持。

2010年7月,中共中央、国务院召开西部大开发工作会议。会议全面总结回顾10年来西部地区经济社会发展所取得的巨大成就,深刻阐述了西部大开发的丰富经验,明确提出了深入推进西部大开发的战略部署和思路,即"一条主线"、"三大发展目标"、"五个战略部署"、"六方面更加注重"和"六方面主要工作",这次会议也吹响了深入推进西部大开发的号角。

2009年,恰逢西部大开发战略提出10周年,也是国家"十一五"规划收官的关键之年。西部大开发10年来的可喜成绩振奋人心、催人奋进!为了更加深入、系统地研究我国西部大开发进程中的重大战略问题,浙江大学中国西部发展研究院在国家发展和改革委员会、国家开发银行等部委的大力支持下,筹集了西部大开发重大战略问题研究基金,将西部大开发战略若干问题分解为政策绩效评估、区域协调发展、产业结构调整、人才队伍建设、市场体制机制等板块。政策绩效评估板块正是本研究团队承担的一项重大招标课题,它也是其他板块研究问题的总纲,是立足于总体战略的宏观视角考虑与构思的。因此,本书是西部大开发战略研究重大招标课题的研究成果之一。

总体来说,本书全面系统地回顾了西部大开发政策的供给类型与演化路径,在对现有政策进行科学分析、判断基础上构建了西部大开发政策绩效评价指标体系,并对西部12省市的西部大开发政策总体绩效进行了指数排序与分类分析,特别是从资金投入政策、产业引导政策、多元投资政策和人力资本政策四个方面充分挖掘数据和最新信息资源,翔实地阐述了各项供给政策实施所取得的成效与存在的问题。本书从历史和现实两个维度出发,总结归纳了现有国内外区域开发政策的基本经验。通过对政策的现实需求进行了专家调查与实证筛选,初步形成了由36个政策构成的西部大开发政策需求框架。这些政策有些具有强烈的现实意义、有些具有探索的理论意义，但对于新一轮西部大开发政策的优化调整都具有重要的参考价值。因此，西部大开发政策调整也将紧密围绕着西部大开发工作会议的重要精神，按照“西部地区综合经济实力上一个大台阶”、“居民生活水平和质量上一个大台阶”和“生态环境保护上一个大台阶”的总体要求，从培育区域经济增长极、构建城乡新型发展格局、合理承接东部产业转移、加快非公有制经济发展等方面选择新的战略定位，进而提升西部地区经济社会发展的内生动力，推动西部大开发再上新台阶。

关于西部大开发战略的研究一直以来受到理论界和实务工作者的重视，近些年来也涌现出许多研究成果，这些成果的相继推出为各级政府决策提供了很好的理论支撑。本研究团队长期从事于政策绩效评估的研究，形成了一套较为完善的评价体系和评价思路，期望能够对于西部大开发政策绩效评估与策略调整方面的研究起到抛砖引玉的作用，我们将为之不懈努力。

本书共分八个章节，龙海波负责第 1、2、3、4 章的撰写，王光华负责第 5、6、7 章的撰写，范柏乃负责第 8 章的撰写，范柏乃、龙海波共同承担了全书的统稿、审核与校对工作。本书参考、引用了国内外大量的研究资料，特别是近年来的官方统计数据和政府工作报告，在此，谨向资料的撰写、整理作者表示诚挚的感谢！由于作者能力有限和时间仓促，本书还存在许多有待改进之处，恳请诸位学术同仁、政府工作者以及各位读者给予批评指正，以便进一步修改和完善。

作 者

2011 年 10 月

内容提要 本书全面系统地回顾了西部大开发政策的供给类型与演化路径，在对现有政策进行科学分析、判断基础上构建了西部大开发政策绩效评价指标体系，并对西部12省市的西部大开发政策总体绩效进行了指数排序与分类分析，特别是从资金投入政策、产业引导政策、多元投资政策和人力资本政策四个方面充分挖掘数据和最新信息资源，翔实地阐述了各项供给政策实施所取得的成效与存在的问题。本书从历史和现实两个维度出发，总结归纳了现有国内外区域开发政策的基本经验。通过对政策的现实需求进行了专家调查与实证筛选，形成了由36个政策构成的西部大开发政策需求框架，进而从培育区域经济增长极、构建城乡新型发展格局、合理承接东部产业转移、加快非公有制经济发展等方面选择新的战略定位，最终形成提升西部地区经济社会发展的内生动力。

Abstract This book reviews types of western development policy supply and the path of evolution comprehensively and systematically. On the basis scientific analysis of the existing policy, this book constructs the performance evaluation system, then sorts the performance index and classifies the performance of western development policy for 12 western provinces in China. Especially tap the data and the latest information resources in the policies as follows: financial policies, industrial guidance policies, multi-investment policies and human capital policies, and discusses the effects and problems in supply of policy implementation. From the aspect of both history and reality, this book summaries the experience in the existing regional development policy domestically and internationally. Through expert survey and empirical selecting of the reality to policy needs, it forms the framework of western development policy which consists of 36 policies. Finally, this book tries to choose a new strategic orientation, such as fostering regional economic growth from the pole, building a new development pattern of urban and rural, undertaking reasonable industry transfer from eastern area, speeding up the non-public economic development, so as to enhance endogenous motivation in economic and social development for western region.

目　录

第一章　西部大开发政策的供给与演化 …… 1

第一节　西部大开发的10年回顾与政策梳理 …… 1

一、西部大开发战略的适时提出 …… 2

二、西部大开发战略的稳步推进 …… 4

三、西部大开发战略的政策脉络 …… 6

第二节　西部大开发政策的供给类型分析 …… 10

一、资金投入式的政策供给 …… 11

二、产业引导式的政策供给 …… 12

三、多元投资式的政策供给 …… 14

四、人力资本式的政策供给 …… 15

第三节　西部大开发政策的演进路径分析 …… 16

一、从初步总体开发向区域重点开发演进 …… 16

二、从外延式开发向内涵式开发演进 …… 18

三、从外部政策规划向体制机制建设演进 …… 19

第二章　西部大开发政策绩效评价指标体系的构建 …… 21

第一节　西部地区经济社会发展的总体概况 …… 21

一、西部地区经济社会发展的10年主要成效 …… 21

二、西部地区经济社会发展面临的主要问题 …… 22

第二节　西部大开发政策绩效评估指标的理论遴选 …… 23

一、西部大开发政策绩效的内涵与结构分析 …… 24

二、西部大开发政策绩效评估指标的功能 …… 27

三、西部大开发政策绩效评估指标的遴选原则 …… 28
四、西部大开发政策绩效评估体系的理论构建 …… 30
第三节 西部大开发政策绩效评估指标的实证筛选 …… 33
一、西部大开发政策绩效评估指标的隶属度分析 …… 33
二、西部大开发政策绩效评估指标的相关性分析 …… 34
三、西部大开发政策绩效评估指标的鉴别力分析 …… 36

第三章 西部大开发政策供给类型绩效的实证评价 …… 41

第一节 资金投入政策供给的绩效评价 …… 41
一、基础设施建设领域绩效 …… 42
二、农业发展和生态环境领域绩效 …… 46
三、社会事业发展领域绩效 …… 49
第二节 产业引导政策供给的绩效评价 …… 55
一、西部地区的产业结构调整绩效 …… 56
二、西部地区特色优势产业的发展绩效 …… 63
三、西部地区现代金融业的发展绩效 …… 65
第三节 多元投资政策供给的绩效评价 …… 67
一、西部地区对外开放程度的绩效 …… 68
二、西部地区外资利用的行业结构绩效 …… 72
三、西部地区投资环境的总体绩效 …… 74
第四节 人力资本政策供给的绩效评价 …… 78
一、西部地区人才队伍建设的绩效 …… 78
二、西部地区教育投入发展的绩效 …… 81

第四章 西部大开发政策供给质量与综合绩效评价 …… 87

第一节 西部大开发政策供给分类与质量测定标准 …… 87
一、西部大开发政策供给的逻辑理论分类 …… 88
二、西部大开发政策供给的聚类实证分类 …… 92
三、西部大开发政策供给质量的测定标准 …… 97
第二节 西部大开发政策供给质量的实证分析 …… 100
一、调查问卷的设计与样本的构成 …… 100
二、西部大开发政策供给质量的总体概况 …… 103
三、西部大开发政策供给质量的区域差异性分析 …… 108

第三节 政策作用效应下西部地区综合绩效评价 …………………… 112
一、西部地区政策综合绩效的实证测度 …………………… 112
二、西部大开发政策综合绩效的总体评价 …………………… 118

第五章 国内外区域开发政策的经验回顾与借鉴 …………………… 123

第一节 国内区域开发政策的经验回顾 …………………… 123
一、旧中国时代对西部地区的开发政策回顾 …………………… 124
二、新中国成立后的西部开发进程回顾 …………………… 132
第二节 国外区域开发政策的经验借鉴 …………………… 139
一、美国历史上西部开发政策 …………………… 139
二、苏联时期的西伯利亚开发政策 …………………… 146
三、其他国家的区域开发政策 …………………… 150
第三节 国内外区域开发政策经验借鉴的启示 …………………… 156
一、充分利用市场的力量 …………………… 156
二、给予地方政府广泛的自由处理权 …………………… 157
三、加快落后地区国内外开放步伐 …………………… 158
四、以城市化带动落后地区发展 …………………… 158
五、利用立法手段确保区域政策的连续性 …………………… 159
六、实施专业的国家区域政策管理 …………………… 160

第六章 西部大开发政策需求的实证调查与分析 …………………… 161

第一节 西部大开发政策需求的内涵与结构要素 …………………… 161
一、西部大开发政策需求的基本内涵 …………………… 162
二、西部大开发政策需求的结构要素 …………………… 163
第二节 西部大开发政策需求体系的理论构建 …………………… 164
一、西部大开发政策需求的理论遴选 …………………… 164
二、西部大开发政策需求的体系构建 …………………… 168
第三节 西部大开发政策需求的实证筛选与分析 …………………… 170
一、西部大开发政策需求的实证调查 …………………… 170
二、西部大开发政策需求的统计分析 …………………… 171

第七章 西部大开发政策的选择目标与优化调整 …………………… 179

第一节 西部大开发政策选择的具体目标 …………………… 179

一、促进经济持续、稳定、健康的发展 …… 180
二、提高基础设施建设和生态环境水平 …… 180
三、优化产业结构、发展特色优势产业 …… 180
四、优化投融资环境、扩大对外开放程度 …… 181
五、推进公共服务均等化、建设和谐西部 …… 182
第二节 我国西部大开发政策的战略选择 …… 183
一、培育区域经济增长极 …… 183
二、构建城乡新型发展格局 …… 185
三、合理承接东部产业转移 …… 186
四、加快非公有制经济的发展 …… 188
第三节 西部大开发未来政策的调整策略 …… 189
一、财政投入政策的优化调整 …… 189
二、税收优惠政策的优化调整 …… 191
三、货币金融政策的优化策略 …… 194
四、资源产业政策的优化策略 …… 196
五、人才开发政策的优化策略 …… 197
六、公共服务政策的优化策略 …… 199
七、生态环保政策的优化策略 …… 202
八、健康法治环境的优化策略 …… 203

第八章 结论与展望 …… 206

主要参考文献 …… 211

Contents

Chapter Ⅰ Supply and Evolution of Policy in Western Development … 1

Section Ⅰ Western Development Policy Review and Induction in 10 Years ……… 1

1 The Western Development Strategies Put Forward Timely ……… 2

2 The Western Development Strategies Carry Forward Steadily …… 4

3 The Policy Systems of Western Development Strategies ………… 6

Section Ⅱ Supply Type of Western Development Policy …………………………… 10

1 The Supply of Investment-type Policies …………………………… 11

2 The Supply of Industrial Guided Policies ………………………… 12

3 The Supply of Siversified Investment Policies …………………… 14

4 The Supply of Human Capital Policies …………………………… 15

Section Ⅲ Evolution of Western Development Policy Path ………………………… 16

1 The Development from Initial in Overall to Regional Focus …… 16

2 The Development from Extensive to Intensive …………………… 18

3 The Policy Planning from the Outside to Institutional Mechanisms …………………………………………………………………… 19

Chapter Ⅱ Policy Performance Evaluation System in Western Development ………………………………………………………… 21

Section Ⅰ Overview of Economic and Social Development in Western Region …… 21

1 The Key Performance to Economic and Social Development in Western Region …………………………………………………… 21

2 The Major Problems to Economic and Social Development in Western Region …………………………………………………… 22

Section Ⅱ Selection Theory of Policy Performance Evaluation System …………… 23

1 Content and Structure Analysis of Policy Performance in Western Development ………………………………………………………… 24

2 Evaluation index Function of Policy Performance in Western Development ………………………………………………………… 27

3 Evaluation index Selection Principles of Policy Performance in Western Development …… 28
4 Theory Construction of Policy Performance Evaluation System in Western development …… 30

Section Ⅲ Selection Empirical of Policy Performance Evaluation System …… 33
1 Analysis of Membership of Policy Performance Evaluation System …… 33
2 Analysis of Correlation of Policy Performance Evaluation System …… 33
3 Analysis of Discernment of Policy Performance Evaluation System …… 34

Chapter Ⅲ Empirical Analysis of Supply Types in Western Development …… 36

Section Ⅰ Performance Evaluation in Supply of Investment-type Policies …… 41
1 Field of Infrastructure Construction …… 41
2 Field of Agricultural Development and Ecological Environment …… 42
3 Field of Social Development …… 46

Section Ⅱ Performance Evaluation in Supply of Industrial Guided Policies …… 49
1 Adjustment of Industrial Structure in the Western Region …… 55
2 Characteristics and Advantages of Industry in Western Region …… 56
3 Modern Financial Industry in Western Region …… 63

Section Ⅲ Performance Evaluation in Supply of Diversified Investment Policies …… 65
1 Degree of Openness in Western Region …… 67
2 Structure of Foreign Capital Utilization in Western Region …… 68
3 Overall Performance to Investment Environment in the Western Region …… 72

Section Ⅳ Performance Evaluation in Supply of Human Capital Policies …… 74
1 Personnel Construction in Western Region …… 78
2 Development of Educational Investment in Western Region …… 78

Chapter Ⅳ Supply Quality and Comprehensive Performance Assessment in Western Development Policy …… 81

Section Ⅰ Determination of Classification and Quality Standards in Supply Policy …… 87
1 Classification of Logic Theory …… 88
2 Classification of Cluster Empirical …… 92
3 Measurement Standards of Supply Quality …… 97

Section Ⅱ Supply Quality Empirical Analysis in Western Development Policy …… 100
1 Questionnaire Design and Sample Composition …… 100

2 Gegneral Overview of the Quality in Western Development Policy … 103
3 Regional Differences Analysis of the Quality in Western Development Policy … 108

Section Ⅲ Performance Evaluation for the Western Region in the Policy Effect … 112
1 Empirical Measure of Comprehensive Performance in Western Development Policy … 112
2 Overall Assessment of Comprehensive Performance in Western Development Policy … 118

Chapter Ⅴ Experience and Reference Review of Regional Development Policies … 123

Section Ⅰ Experience of Regional Development Policies in Domestic … 123
1 Policy Reviews of Western Region Development before the Liberation of China … 124
2 Policy Process of Western Region Development after the Liberation of China … 132

Section Ⅱ Experience of Regional Development Policies at Abroad … 139
1 Western Development Policies in U. S. History … 139
2 Siberian Development Policies in Soviet-era … 146
3 Regional Development Policies in other Countries … 150

Section Ⅲ Enlightenment of Experience in Regional Development Policies … 156
1 Use of Market Forces Fully … 156
2 Given Discretionary Power for Local Government … 157
3 Accelerate the Pace of Opening in Backward Areas … 158
4 Focusing on the Development of Backward Areas … 158
5 Legislate to Ensure the Continuity of Regional Policy … 159
6 Implement the Professional Management of National Regional Policy … 160

Chapter Ⅵ Survey and Analysis of Demands in Western Development Policy … 161

Section Ⅰ Content and Structure of Demands in Western Development Policy … 161
1 Basic Content of Demands in Western Development Policy … 162
2 Structure Element of Demands in Western Development Policy … 163

Section Ⅱ Theory Construction System of Demands in Western Development Policy … 164
1 Selection Theory of Demands in Western Development Policy … 164
2 System Construction of Demands in Western Development Policy … 168

Section Ⅲ Selection Empirical of Demands in Western Development Policy …… 170

1 Empirical Investigation of Demands in Western Development Policy …… 170

2 Statistical Analysis of Demands in Western Development Policy …… 171

Chapter Ⅶ Objective Choice and Adjustment in Western Development Policy …… 179

Section Ⅰ Specific Target in Western Development Policy Choice …… 179

1 Promoting the Economy Development Continuously, Stable and Healthy …… 180

2 Improving Infrastructure Construction and Level of Ecological Environment …… 180

3 Optimizing the Industrial Structure and Developing the Characteristic Industries …… 180

4 Optimizing Investment Environment and Expanding Degree of Openness …… 181

5 Promoting Equalization of Public Services to Build in Harmonious West …… 182

Section Ⅱ Strategy Choice in Western Development Policy Choice …… 183

1 Fostering the Regional Economic Growth Pole …… 183

2 Constructing the New Urban Development Pattern …… 185

3 Undertaking the Eastern Industrial Transfer to Western …… 186

4 Accelerating the Development of Non-public Economy …… 188

Section Ⅲ Regulation Strategies in the Future of Western Development Policy …… 189

1 Optimal Adjustment of Financial Investment Policy …… 189

2 Optimal Adjustment of Tax Incentive Policy …… 191

3 Optimal Adjustment of Monetary Financial Policy …… 194

4 Optimal Adjustment of Resource Industry Policy …… 196

5 Optimal Adjustment of Talent Development Policy …… 197

6 Optimal Adjustment of Public Service Policy …… 199

7 Optimal Adjustment of Environmental Protection Policy …… 202

8 Optimal Adjustment of Legal Environment Policy …… 203

Chapter Ⅷ Conclusion and Outlook …… 206

References …… 211

第一章

西部大开发政策的供给与演化

改革开放以来,随着我国社会主义市场经济体制的逐步确立与完善,经济社会发展取得了巨大进步,综合国力日益增强,人民生活水平显著提高。在这样一个时代背景下,为加快中西部地区的发展和缩小区域差距,1999 年 6 月,中共中央提出了西部大开发的区域发展战略,西部地区从此进入了历史上前所未有的高速发展时期。从 1999 年 6 月至今,西部大开发战略实施已有 10 年历史,我们又站在了一个新的历史起点。因此,回顾 10 年来的西部大开发政策,对西部大开发各项政策进行系统的梳理与总结,分析政策的得失,具有十分重要的理论意义和现实意义。

第一节　西部大开发的 10 年回顾与政策梳理

区域发展战略是国家战略的重要组成部分,也是国家发展战略在区域空间上的重要体现。党的十六届三中全会以来,以胡锦涛同志为总书记的党中央提出了树立和落实科学发展观,构建社会主义和谐社会的重大战略思想。其中,促进区域协调发展是必须长期坚持的指导思想和奋斗目标。党的十七大对区域发展的总体战略高度概括为:要继续实施区域发展总体战略,深入推进西部大开发,全面振兴东北地区等老工业基地,大力促进中部地区崛起,积极支持东部地区率先发展。因此,西部大开发战略也是区域发展战略的重要组成部分,它是在东部沿海地区率先发展的基础上国家区域发展战略调整的"试验田"。

一、西部大开发战略的适时提出

区域经济的不平衡发展是大国经济的普遍规律。一个国家区域经济结构的演进,既取决于自然地理条件与经济社会基础,又取决于宏观政策调控,并与世界经济趋势密切相关。[①] 东部沿海地区处在改革开放的前沿阵地,凭借其区位优势、制度创新以及优惠政策的支持,极大地解放和发展了社会生产力。东部沿海地区经济迅速发展起来,逐步形成了由外在政策支持向内在自我发展的良性循环机制,对于推进我国的现代化进程做出了重要贡献。然而,东部地区的富裕并不代表整个国家的富裕,只有西部地区富裕了,整个国家才能共同富裕。在这样一个共同富裕的理论基础上,邓小平在 1988 年正式提出了沿海内地、东西部共同富裕的"两个大局"的战略构想。他指出:"沿海地区要加快对外开放,使这个拥有两亿人口的广大地带较快地先发展起来,从而带动内地更好地发展。这是一个事关大局的问题。内地要顾全这个大局。反过来,发展到一定的时候,又要求沿海拿出更多力量来帮助内地发展。这也是个大局。那时沿海也要服从这个大局。"[②]

进入 20 世纪 90 年代以后,党中央开始对宏观区域经济发展战略的调整进行有益探索。1990 年 12 月,《中共中央关于制定国民经济和社会发展十年规划和"八五"计划的建议》中指出,要"积极促进地区经济的合理分工与协调发展"。1995 年 9 月,党的十四届五中全会提出《中共中央关于制定国民经济和社会发展"九五"计划和 2010 年远景目标的建议》,把"坚持区域经济协调发展,逐步缩小地区发展差距"作为今后 15 年我国经济和社会发展必须贯彻的一条重要方针,并明确指出:"从'九五'开始,要更加重视支持内地的发展,实施有利于缓解差距扩大趋势的政策,并逐步加大工作力度,积极朝着缩小差距的方向努力。"1997 年,党的十五大报告指出:"促进地区经济合理布局和协调发展。东部地区要充分利用有利条件,在推进改革开放中实现更高水平的发展,有条件的地方要率先基本实现现代化。中西部地区要加快改革和开放,发挥资源优势,发展优势产业。国家要加大对中西部地区的支持力度,优先安排基础设施和资源开发项目,逐步实行规范的财政转移支付制度,鼓励国内外投资者到中西部投资,进一步发

---

① 张敦、李灼荣:《中国现代化:决战西部》,广西人民出版社 2000 年版,第 1 页。

② 邓小平:《邓小平文选》(第 3 卷),人民出版社 1994 年版,第 277—278 页。

展东部地区同中西部地区多种形式的联合和合作，更加重视和积极帮助少数民族地区发展经济，从多方面努力，逐步缩小地区发展差距。”1998 年 5 月，江泽民同志提出“要进一步研究如何加快中西部特别是西部地区的开发步伐”。他指出：“现在离下个世纪中叶全国基本实现现代化只有 50 年了，逐步加快开发西部地区，是时候了。”①1999 年 6 月 9 日，在中央扶贫开发工作会议上的讲话中，江泽民同志在论述了邓小平关于东西部共富的“两个大局”的战略构想以后，明确指出实施第二个大局的战略构想，即加快中西部地区的经济发展条件已经具备。他说：“改革开放以来，沿海发达地区运用自身较高的经济基础、优越的地理位置和一些特殊措施，经济和社会发展突飞猛进，积累了相当的实力。现在，加快中西部地区发展步伐的条件已经具备，时机已经成熟。如果我们看不到这些条件，不抓住这个时机，不把该做的事情努力做好，就会犯历史性的错误。在继续加快东部沿海地区发展的同时，必须不失时机地加快中西部地区的发展。从现在起，这要作为党和国家一项重大的战略任务，摆到更加突出的位置。”②

1999 年 9 月党的十五届四中全会正式提出西部大开发战略，并强调指出：“这一开发战略是直接关系到扩大内需、促进经济增长，关系到东西部协调发展和最终实现共同富裕的重大问题，是党中央总揽全局，面向新世纪做出的重大决策。”《中共中央关于国有企业改革和发展若干重大问题的决定》在论述加快中西部地区国有经济布局的调整时明确指出：“国家要通过优先安排基础设施建设，增加财政转移支付等措施，支持中西部地区和少数民族地区加快发展。国家要实施西部大开发战略。中西部地区要从自身条件出发，发展有比较优势的产业和技术先进的企业，促进产业结构的优化升级。东部地区要在加快改革和发展的同时，本着互惠互利、优势互补、共同发展的原则，通过产业转移、技术转让、对口支援、联合开发等方式，支持和促进中西部地区的经济发展。”③1999 年 11 月，中共中央、国务院召开中央经济工作会议，具体部署 2000 年工作时把实施西部大开发战略作为一个重要的方面。

由此可见，西部大开发战略的适时提出是进一步贯彻落实邓小平关于

---

① 江泽民：《全党动手，动员全社会力量，共同做好国有企业下岗职工生活保障和再就业工作》，1998 年 5 月 14 日。

② 江泽民：《全党全社会进一步动员起来，夺取八七扶贫攻坚决战阶段的胜利——在中央扶贫开发工作会议上的讲话》，1999 年 6 月 9 日。

③ 《中共中央关于国有企业改革和发展若干重大问题的决定》，1999 年 9 月 22 日。

东西部共同富裕的“两个大局”战略思想和江泽民关于坚持区域经济协调发展思想的具体体现。西部大开发战略作为国家层面战略正式走进了公众的视野，成为今后很长一段时期内指导西部地区经济社会发展的重要性纲领。

二、西部大开发战略的稳步推进

进入 21 世纪，国家层面的具体规划、政策也相继出台，为西部大开发战略的稳步推进提供了坚实的政策保障。2000 年 1 月，国务院西部地区开发领导小组召开西部地区开发会议，研究加快西部地区发展的基本思路和战略任务，部署实施西部大开发的重点工作。2000 年 3 月，朱镕基总理在全国九届人大三次会议上所作的《政府工作报告》中明确指出，实施西部大开发战略，加快中西部地区发展，是党中央贯彻邓小平关于“两个大局”战略思想，面向新世纪所做出的重大决策，这对于扩大内需、推动国民经济持续增长、促进各地区经济协调发展、最终实现共同富裕、加强民族团结、维护社会稳定和巩固边防，具有十分重要的现实意义。2000 年 12 月，国务院颁布了《关于西部大开发若干政策措施的通知》，从总体上规定了西部开发的重点和国家重点支持的方面，指出西部开发的重点是加快基础设施以及生态环境保护建设，巩固农业基础地位，调整工业结构，发展特色旅游业，发展科技教育和文化卫生事业。2001 年 8 月，国务院颁布了《关于西部大开发若干政策措施的若干意见》，这是继 1999 年提出“西部大开发战略”后制定的一个比较完整的政策规定，进一步明确了西部大开发的政策措施，也明确指出了西部的范围是四川、重庆、贵州、云南、西藏、陕西、甘肃、青海、宁夏、新疆、内蒙古和广西 12 个省、市、自治区。此外，湖南湘西土家族苗族自治州、湖北恩施土家族苗族自治州和吉林延边朝鲜族自治州等，比照国家西部大开发有关政策实施开发。2002 年 2 月，国务院西部开发办公室出台了《“十五”西部开发总体规划》，提出了西部大开发的总体战略目标：“经过几代人的艰苦奋斗，到 21 世纪中叶全国基本实现现代化时，从根本上改变西部地区相对落后的面貌，显著地缩小地区发展差距，努力建成一个经济繁荣、社会进步、生活安定、民族团结、山川秀美、人民富裕的新的西部地区。21 世纪头 10 年要有步骤、有重点地推进开发，力争使西部地区基础设施和生态环境建设取得突破性进展，特色经济和优势产业有较大发展，重点地带开发步伐明显加快，科技教育和卫生、文化等社会事业明显加强，改革开放出现新局面，人民生活进一步改善，为实施西部大开发战略奠定坚实的基础”。[①] 2004 年 3 月，国务院颁布了《关于进一步推进西部大开发若干意见》，针对西部大开发实施过程中出现的新问题，提出了具体意见和要求。意见指出，在加强和改善宏观调控中要按照“区别对待、不搞一刀切”的原则，继续支持西部地区基础设施、生态环境建设和社会事业发展等薄弱环节，鼓励发展特色优势产业和扩大改革开放。西部大开发共分三个阶段：2000—2005 年为开发启动阶段，主要任务是搞好规划、研究政策、建立机构、搞好宣传、夯实基础、加快基础建设；2006—2015 年为大规模开发阶段，以提高西部地区开发能力和建立良性开发机制为主攻目标，扩大投资规模，加快开发步伐；2016—2050 年为全面提高阶段，大幅度提高西部城市化、市场化和国际化水平。

2005 年 1 月，胡锦涛总书记在西部开发办关于五周年汇报材料上做出重要批示；温家宝总理在《人民日报》上发表署名文章；国务院在人民大会堂召开西部大开发五周年座谈会；国务院西部地区开发领导小组召开了第三次全体会议，研究部署了 2005 年西部开发工作。2007 年 2 月，国务院西部开发办公室出台了《西部大开发“十一五”规划》，提出了“十一五”西部大开发总的目标是：经济又好又快发展，人民生活水平持续稳定提高，基础设施和生态环境建设实现新突破，重点地区和重点产业的发展达到新水平，基本公共服务均等化取得新成效，构建社会主义和谐社会迈出步伐。[②] 这个规划从扎实推进社会主义新农村建设、继续加强基础设施建设、大力发展特色优势产业、引导重点区域加快发展、坚持抓好生态保护和建设、环境保护和资源节约、着力改善基本公共服务、切实加强人才队伍建设、积极扩大对内对外开放、建立健全西部大开发保障机制等九个方面进行了详细阐述。2007 年 6 月，国务院正式批复了重庆和成都的统筹城乡综合配套改革试验方案，明确指出要加快成渝经济区的规划建设。这也是我国首次设立统筹城乡综合配套改革试验区。2007 年 8 月，国家发改委等六部门发布了《关于加强东西互动深入推进西部大开发的意见》。《意见》提出了“用科学发展观统领东西互动各项工作，坚持互利共赢、市场运作、机制创新、政府推动，实现东西部地区优势互补，共同发展”的指导原则，要有力促进西部地区主动承接东部地区及境外产业转移，推动产业集中布局、集聚发展，进一步加强东西部地区基础设施、特色优势产业、经贸往来、人才开发等领域

---

① 国家发改委、国务院西部开发领导小组：《“十五”西部开发总体规划》，2002 年 2 月。

② 国家发改委、国务院西部开发领导小组：《西部大开发“十一五”规划》，2007 年 2 月。

的合作。2008年12月，国家发改委、商务部联合发布了《中西部地区外商投资优势产业目录(2008年修订)》，具体明确了符合中西部地区现行产业规划的、享受鼓励类外商投资项目的优惠政策，对新时期西部大开发中对外贸易领域的开放起到了导向性作用。

2009年6月，西部大开发战略提出的第十个年头。国家发改委已经就第二个十年的西部大开发的战略定位、发展思路、重大的工程和政策措施等进行了专题研究。国务院正式发布了《关中—天水经济区发展规划》。这个规划提出了将把关中—天水经济区打造成为“全国内陆型经济开发开放的战略高地”。这也是西部大开发在第二个十年规划中着力打造的西部经济增长极之一，是对《西部大开发“十一五”规划》中关于“引导重点区域加快发展”的重要体现，也标志着西部大开发战略正在朝着新的目标稳步推进。

2010年5月，胡锦涛总书记主持召开中共中央政治局会议，专题研究深入实施西部大开发战略的总体思路和政策措施。会议指出：“今后10年是深入推进西部大开发承前启后的关键时期。西部地区的繁荣、发展、稳定，事关各族群众福祉，事关我国改革开放和社会主义现代化建设全局，事关国家长治久安，事关中华民族伟大复兴。”因此，必须把西部大开发放在区域协调发展总体战略的优先位置，进一步解放思想、开拓创新，进一步加大投入、强化支持，以增强自我发展能力为主线，以改善民生为核心，以科技进步和人才开发为支撑，更加注重基础设施建设，更加注重生态环境保护，更加注重经济结构调整和自主创新，更加注重社会事业发展，更加注重优化区域布局，更加注重体制机制创新，推动西部地区经济又好又快发展和社会和谐稳定，努力实现全面建设小康社会的奋斗目标。可以说，这是对西部地区新一轮十年发展的重大战略部署，也是对西部大开发“十二五”规划编制的精神指导。

三、西部大开发战略的政策脉络

从1999年西部大开发战略出台至今，国家先后制定了一系列的优惠政策，切实将西部大开发从战略层面向操作执行层面推进。以《关于实施西部大开发若干政策措施的通知》为标志，正式拉开了西部大开发的行动序幕。国家对西部地区的支持援助，根据不同地区的特点，采取了有针对性的政策。通过对西部大开发若干领域政策的综合分类，主要确立了以下几个方面的政策脉络。

（一）财政倾斜政策

西部地区地方政府财力受到经济发展水平的制约，使得基础性建设相对薄弱，而贫困地区和民族地区的基础设施建设尤为落后。首先，中央加大建设资金投入力度，主要包括中央基本建设投资资金、建设国债资金用于西部地区的比例。对国家新安排的西部地区重大基础设施建设项目，其投资主要由中央财政性建设资金、其他专项建设资金、银行贷款和利用外资以及企业自筹资金解决，不留资金缺口，地方政府在土地使用、税费减免等方面积极配合。中央采取多种方式筹集西部开发的专项资金，支持西部开发的重点项目。特别是铁道、交通、水利、农业、林业、信息产业等部门在安排建设资金时，要继续提高用于西部地区重点项目的比重。其次，中央加大财政转移支付力度，加大西部地区特别是民族地区一般性转移支付的力度。中央对地方专项资金补助向西部地区倾斜，主要针对农业、林业、下岗职工基本生活费、企业离退休人员基本养老金、城镇最低生活保障金支出以及科教文卫资金等方面。中央财政扶贫资金重点用于西部贫困地区的乡村基础设施建设、种植和养殖业、农村基础教育和职业技术教育、文化卫生事业和先进适用技术的推广与培训等。在实施天然林保护工程方面，国家在安排基建投资、财政专项补助资金和对地方财政减收补助资金等方面给予支持。在开展退耕还林还草试点工作方面，国家给予退耕户的现金补助由中央财政负担。对在实施农村税费改革试点过程中，因改革而造成乡镇财政困难，自身无法克服的，中央财政将按照规范的转移支付办法，适当给予补助。

（二）货币金融政策

西部地区的建设发展需要投入大量的资金，中央财政资金对于西部地区的投入是非常有限的，需要借助金融杠杆进一步调节。国家从金融信贷上对于西部大开发过程中的项目信贷政策给予了倾斜。首先，加大对西部地区基础设施建设的信贷投入，重点支持铁路、主干线公路、电力、石油、天然气等大中型交通、能源项目建设。对投资大、建设期长的基础设施项目，根据项目建设周期和还贷能力，适当延长贷款期限。其次，扩大以基础设施项目收益权或收费权为质押发放贷款的范围，诸如农村电网收益权、公路收费权以及城市供水、供热、公交、电信等城市基础设施项目。第三，增加农业、生态建设的信贷投入，特别是对西部特色农业、节水农业、生态农业发展在信贷方面给予支持，扶持一批有发展前景、带动作用强、以公司加农户为经营方式的龙头企业。第四，运用信贷杠杆支持经济结构及产业结构调整，主要向电力、天然气、旅游等西部优势产业发展。

(三)税收优惠政策

1994年实行分税制后,地方的税收收入大部分上缴中央,中央获得了更大的税收配置权力。税收优惠政策也是西部大开发战略中重要的举措之一。首先,通过适当提高现行税收的返还比例,以缓解西部地方财政的紧张状况并调动地方增收的积极性;通过适当调整中央与地方的共享税分成比例,有助于促进西部大力发展资源的深加工,推动其工业化进程。其次,对设在西部地区国家鼓励类的内资企业和外商投资企业,在2001年至2010年期间,按15%的税率减征企业所得税。第三,对在西部地区新办交通、电力水利、邮政、广播电视的企业,给予减免企业所得税的优惠政策。其中:内资企业自生产经营之日起,第一年至第二年免征企业所得税,第三年至第五年减半征收企业所得税。外商投资企业经营期在10年以上的,自获利年度起,第一年至第二年免征企业所得税,第三年至第五年减半征收企业所得税。第四,对保护生态环境、退耕还林(生态林应占80%以上)还草产出的农业特产收入,自取得收入年份起10年内免征农业特产税。第五,西部地区公路国道、省道建设用地,比照铁路、民航建设用地,免征耕地占用税。第六,西部地区内资鼓励类产业、外商投资鼓励类产业的项目在投资总额内进口自用设备,除《国内投资项目不予免税的进口商品目录(2000年修订)》和《外商投资项目不予免税的进口商品目录》所列商品外,免征关税和进口环节增值税。

(四)资源产业政策

西部地区资源丰富,市场潜力大,注重对土地、矿产资源的合理开发与有效保护是西部大开发战略的重要内容之一。这也是为了能够在开发过程中有效保护西部地区的生态环境,实现可持续发展。首先,实行土地使用优惠政策。国家有计划、有步骤地对坡耕地实施退耕还林还草,鼓励利用宜林宜草的荒山、荒地造林种草,实行谁退耕、谁造林、谁种草、谁经营,谁就拥有土地使用权和林草所有权。国家对基本农田实行严格保护,实现耕地占补平衡。提高建设用地审批效率,减少审批环节,及时提供并保障经济建设用地。其次,实行矿产资源优惠政策。在国土资源调查计划中,优先安排西部地区的调查评价项目,工作经费向西部地区倾斜。在西部地区由国家出资勘查形成的探矿权、采矿权价款,按照相关规定可以部分或者全部转为国有矿山企业或地勘单位的国家资本。在西部地区勘查、开采

矿产资源，符合相关条件的可以申请减缴或免缴探矿权使用费、采矿权使用费。探矿权人投资勘查获得具有开采价值的矿产地后，可依法获得采矿权。积极培育矿业权市场，促进探矿权、采矿权依法出让和转让。对于外商从事非油气矿产资源勘查开采的，可以享受免缴探矿权、采矿权使用费1年，减半缴纳探矿权、采矿权使用费2年的政策。

（五）区域贸易政策

西部地区由于受地理位置、思想观念、经济发展等因素影响，始终处于比较封闭的状态，极大地阻碍了西部地区的发展。加深对外开放程度、发展区域贸易和改善投资环境是破除行政区域壁垒、促进西部地区自身发展动力的良策，有效地促进了区域间要素的流动，对于西部大开发的深入推进起到了重要作用。首先，大力改善投资软环境。认真贯彻落实国有企业改革和发展的有关政策，深化西部地区国有企业改革，使企业真正成为市场竞争的主体。积极引导西部地区个体、私营等非公有制经济加快发展，鼓励东、中部企业和个人到西部地区投资。简化投资项目审批程序。进一步转变政府职能，在改善投资软环境上下工夫，整顿市场经济秩序，切实保护知识产权，维护经济法制。其次，扩大外商投资领域。外商投资西部地区农业、林业、水利、交通、能源、市政公用、环保等基础产业或基础设施建设，参与矿产、旅游等资源开发，建立技术研究开发中心，享受外商投资鼓励类产业的各项优惠政策。扩大西部地区服务贸易领域对外开放。第三，拓宽利用外资渠道，制定适用的外资企业境内上市管理办法，用好国际金融组织和外国政府优惠贷款，用于西部地区教育、卫生、扶贫、生态环境保护等领域。第四，放宽利用外资有关条件。对外商投资西部地区基础设施建设和优势产业项目，视不同行业适当放宽对外商投资的股比限制。对外商投资西部地区基础设施和优势产业项目，适当放宽国内银行提供固定资产人民币贷款的比例，即中外合资合作项目一般放宽到中方出资比例的120%，外商独资项目扩大到外方注册资本的100%。对西部地区利用国外优惠贷款建设的一些项目，允许适当提高项目总投资中利用国外优惠贷款的比例。第五，大力发展对外经济贸易。进一步放宽西部地区企业对外贸易经营权和经济技术合作权的标准；鼓励西部地区发展优势产品出口；鼓励西部地区企业开展对外承包工程和劳务合作；鼓励西部地区企业到境外特别是周边国家和地区投资办厂。第六，推进地区协作与对口支援。

（六）人才开发政策

人力资本是振兴西部的关键，也是西部大开发的内在动力。加大对人才的开发不仅需要发达地区的智力引进，更需要依靠西部地区内在人力资源的合理流动，营造尊重人才的良好氛围。首先，国家应进一步提高艰苦边远地区的津贴，特别是艰苦边远地区机关和事业单位人员的工资水平，逐步使其达到或高于全国水平，鼓励和吸引人才在艰苦边远地区工作。其次，在特殊津贴专家选拔、博士后流动站设置、留学人员科研经费等方面加大支持力度，进一步改善西部地区高层次人才的工作和生活条件，充分调动西部地区专业人才的积极性和创造性。第三，加大西部地区的人才培训，采取当地培训、到东部地区培训、出国培训等多种方式，培养西部地区紧缺人才；加强对西部地区少数民族、中青年科技骨干培训和公务员培训的指导与支持。第四，国家鼓励人才和智力向西部地区流动，实行人才和智力对口支援，特别是对到西部地区工作的各类人才实行来去自由的政策。第五，对到西部地区的外籍高科技人才、高层次管理人才和投资者提供出入境便利，改革户籍管理制度。

（七）公共服务政策

公共服务主要涉及科技、教育、文化、卫生等社会事业，它是一个地区发展的软实力，也是体现一个地区公共服务均等化水平高低的重要标志。要实现西部地区的全面开发，就必须注重公共服务领域的政策倾斜。首先，要充分发挥科技主导作用。国家设立的各项科技基金、科技计划经费等专项经费向西部地区倾斜；鼓励西部地区企业提高技术开发经费的开支比重；加大科技型中小企业创新基金支持西部地区的力度；对科技人员在西部地区实施科技成果转让和兴办科技型企业，在实际执行中，提高转让收入提成、科技成果入股等奖励的比例。其次，增加教育投入，主要通过增加资金投入、扩大招生规模、教育对口支援和信息化建设等措施多方面提升西部地区的教育水平。第三，加强文化卫生等社会事业建设，主要是通过中央财政专项补助的形式向西部地区的社会事业建设倾斜。

第二节　西部大开发政策的供给类型分析

政策作为上层建筑的一个重要组成部分，是一种潜在的资本，对社会经济发展具有重大的促进或抑制作用。它能产生一种效应，协调生产力各要素，形成推动经济发展的合力。从世界各国发展历史来看，通过政策倾

斜来实施落后地区的开发是各国政府普遍采用的有效手段。[①] 通过对西部大开发战略政策脉络的基本梳理，我们可以看出：西部大开发政策主要由财政倾斜、金融信贷、税收优惠、资源产业、区域开放、人才开发、公共服务七个方面构成，它们相互交织、共同作用，构建了西部大开发的政策框架体系。由于政策的目标导向和作用机理不同，所产生的政策效应也就不同。因此，需要从不同视角对西部大开发政策的供给类型进行分析。

一、资金投入式的政策供给

西部地区幅员辽阔，资源丰富，然而基础设施严重落后。东西部地区经济发展差距较大，特别是日益严重的生态环境问题，严重制约了中国经济可持续发展。由于历史原因和现实条件的不成熟，西部地区地方政府财力不足，产业发展不均衡，投融资体制发展不完善以及过高的开发资本，使得西部地区的开发面临着巨大的资金缺口，因此，西部大开发的首要供给类型就是资金的投入。资金投入的方式不同，投入方向也有所不同，但是却有着共同的政策目标。

调节西部地区与其他地区财力及公共服务水平的差距。在社会主义市场经济条件下，地区之间的公共基础设施以及公益服务不应有太大的差距，应体现公共服务均等化的区域发展理念。因此，中央必须充分发挥财政杠杆作用，合理分配地区财力资源，调节各分配主体的物质利益关系，实现国民收入和社会财富分配的公平合理。这就需要国家通过各种政策的运用和实施，逐步缩小区域之间的收入分配差距，为西部地区的公共服务项目提供资金支持。

促进资源在西部地区的优化配置，加快投资硬环境建设。资金投入式的政策框架下最核心的就是财政倾斜政策，它有利于盘活西部地区丰富的资源，使资源优势在财政杠杆的作用下转变为经济优势，对于促进区域经济发展具有决定性的作用。加强区域之间资源要素流动的首要前提就是加大对交通基础设施的投入，逐步改善投资硬环境，搭建良好的区域合作平台。因此，区域资源要素的优化配置，公共基础设施建设要先行，财政投入则是支持公共基础设施建设的重要方式。

发展经济学认为，生产落后的发展中地区，贫穷既是这些地区资本形

---

① 江世银：《西部大开发新选择——从政策倾斜到战略性产业结构布局》，中国人民大学出版社 2007 年版，第 126 页。

成低下的原因,也是它的结果。由于这些地区人民生活贫困、文化技术水平不高、劳动生产率低下,使之处于贫困的恶性循环之中,导致资本不足、投资水平低,进而使贫困的恶性循环永久性地保持在低水平上。其实质是收入增长是资本积累即投资的函数,即投资决定于储蓄,而储蓄又是收入的函数,二者互为因果,建立了一个内在循环。要想打破这样的低水平循环,完全依靠自身的力量是不够的,需要地区外的资金投入。这些启动资金主要投资于基础设施和公共服务。由于其投资量大、时间长、正外部性大等特点,决定了完全依靠自身解决是根本不可能的,依靠民间投资也是不可能的。因此,加大中央财政资金的投入就是唯一的现实的出路。这一供给类型可以简单概括为"输血式"的资金投入,通过借助外生资金流向封闭、落后的西部地区注入资金,连通区域内的各要素资本,逐步构建完善的基础网络平台,为西部地区的扩容和内生发展创造条件。

二、产业引导式的政策供给

东西部地区经济发展的差距不仅体现在数量上,更体现在质量上。所谓质量,也就是产业结构的发展水平。从某种程度上说,产业结构的构成反映了该地区经济发展水平和经济发展所处的阶段。随着经济的发展,产业结构的调整成为优化经济的一个重要手段,由初级化的产业结构向高级化的产业结构发展是产业经济发展的必然趋势。东部沿海地区借助自身区位优势和经济总量,迅速完成了产业结构的转型,第三产业的比重逐步增大;而西部地区基本上属于重型产业结构,专业化部门少,高污染、高能耗产业比重大,产业之间的承接度不高,没有形成完整的产业链,因而阻碍了西部地区向纵深方向发展。如何进行合理的产业布局,积极引导西部地区产业朝着"三二一"的产业结构发展,充分挖掘西部地区丰富的自然资源,使之在资源优势转化过程中形成合理、有序的产业链,需要政策的引导与调整,这已经成为区域开发政策的基本范式。因此,西部大开发的第二个供给类型就是产业的引导。产业引导式的政策框架主要包括货币金融政策、税收优惠政策和资源产业政策等。

西部大开发不仅要促进西部地区通过国家资金的投入和民间资本来拉动经济增长,而且还要改变西部地区的产业结构,按照主体功能区的规划,朝着国家鼓励性产业方向发展。目前,国家重点扶持的西部战略性产业包括:一是资源禀赋比较好的地方,比如西部的水力、石油天然气、煤炭、风能、太阳能、生物质能、地热等能源资源富集,铝铜锌等有色金属、稀土、钾磷肥、矿盐等矿产资源丰富，土地、劳动力等资源充裕的地区，可以相应地发展具有资源优势的产业；二是一些国防科技力量比较发达和智力资源比较雄厚的城市，则需要加快发展具有市场竞争力的机械装备工业、航空航天业、新能源、新材料、生物技术和信息技术等高新技术产业；三是农业气候多样性突出的地区可以大力发展以农副产品和加工为主体的肉、奶、毛皮、糖酒、烟、果等食品工业和轻纺业；四是旅游资源和人文资源独特的地方，积极发展特色旅游业和文化产业。①

货币金融政策主要是运用金融杠杆在信贷额度、利率优惠、贴息优惠等几个方面对国家重点基础性产业进行支持，对符合战略性产业导向的企业在融资过程中给予扶持，对有着发展潜力的新兴企业在创办初期的融资给予优惠。这些企业发展、项目建设初期在资金融资方面的政策优惠，有效地促进了企业的健康成长和项目的有序发展。

税收优惠政策是运用税收杠杆通过对不同税种、税率的调整对于优势产业、重点产业给予优惠，并通过税收减免的形式实现，主要涉及企业所得税、增值税、耕地占用税、资源税、农业特产税、关税等税种。这是企业利润分配和项目利润分成阶段在国家税收征收比率方面的政策优惠，有利于调动企业在西部地区长期发展经营的积极性，促进企业朝着鼓励性产业的方向转移。以企业所得税为例，对设在西部地区国家鼓励类产业的内资企业和外商投资企业在一定期限内减按15%的税率征收企业所得税。

资源产业政策主要是通过产业结构的调整来实现经济的持续健康发展，这是通过直接的政策引导方式来合理配置西部地区的产业布局。自1999年以来，党中央、国务院以及各有关部委陆续颁布实施了《中西部地区外商投资优势产业目录》(1999年6月)、《关于加强西部大开发科技工作的若干意见》(2000年8月)、《国务院关于进一步做好退耕还林还草试点工作的若干意见》(2000年9月)、《农业部加快农业发展十大措施》(2000年11月)、《国务院关于实施西部大开发若干政策措施的通知》(以下简称《通知》，2000年12月)、《关于西部大开发若干政策措施的实施意见》(2001年8月)等涉及产业发展的政策措施，对于土地征用与审批、资源开采与保护、地区优势产业与支柱产业等进行了说明。总体来看，资源产业政策可以概括为：加快基础设施建设、调整产业结构以及发展特色农业。它是国家对

① 上海财经大学区域经济研究中心：《2008中国区域经济发展报告——西部大开发区域政策效应评估》，上海财经大学出版社2008年版，第67页。

地区的倾斜政策与国家产业政策和地区的优势有机结合，即对重点发展地区的优势产业或国家重点支持发展的产业进行倾斜。[①]

三、多元投资式的政策供给

要促进西部地区经济的发展，不仅要求国家资金的大量投入，还需要构建多元化的投资渠道，充分依靠民间资本来探寻市场化运作道路。西部地区拥有丰富的土地资源、矿产资源以及富裕的劳动力，“欠发达、欠开发”是西部省份的基本特点，这也就决定了需要大量的投入，特别是充分打造优良的投资环境，为外商资本和民营资本的进入做好政策铺垫；同时，还要对投资领域由工业向服务贸易方向拓展，努力向第三产业进行调整，在产品出口贸易、技术合作以及地区之间合作方面实施优惠的投资政策，鼓励东部地区企业向西部地区转移，鼓励外资企业在西部地区设立公司，鼓励西部地区优势产业向东部地区转移，鼓励西部地区进行劳务输出和劳务合作，真正形成依托政府、企业、民间组织和国际组织的综合性投资框架。因此，西部大开发的第三个供给类型就是投资的区域化，这主要指的是区域贸易政策。

多元投资式政策框架是一个内外互动的支撑体系，从内部助推机制来看，通过转变政府职能和减少审批事项为企业、项目的落户提供便利；通过深化国有企业改革建立完善的现代企业制度，实现投资主体多元化，放宽外资企业、民营企业的市场准入门槛，逐步朝着国有、民营、外资多种经济成分共同发展的所有制模式发展。近年来，西部地区充分依据《对外经济合作“十一五”发展规划》，结合本地的资源禀赋、产业结构和发展潜力等实际情况，开展了企业“走出去”战略，进一步开拓了东部地区市场和国际市场。对于外商开放的投资领域，依照有关法律法规，原则上允许国内各种所有制企业进入，从而带动了一批非公有制企业的发展。从外部集聚机制来看，通过全面的对外开放，扩大外商投资领域和经济贸易合作领域，以期起到“筑巢引凤”的聚集效应。我国西部地区对外贸易依存度与东部和全国平均水平相比有较大差距，特别是在西部各省市之间，由于与陆地边境开放口岸的距离远近不一，以及各地地理区位和开放条件的不同，贸易依存度水平也是各不相同的。聚集效应需要政策之间的相互配合，坚持利用

---

① 徐国弟、陈玉莲：《西部大开发战略的理论基础和实施对策》，经济科学出版社 2004 年版，第 13 页。

外资数量和质量的共同发展，促进对外贸易和区域合作的新发展。近年来，国家启动了“双百市场工程”、“东桑西移工程”、“万村千乡市场工程”、“西部开发品牌行”等一系列深化市场体系建设的举措，积极促进国际投资洽谈合作、改善投资环境、积极争取国际无偿援助与国际贷款等有效利用外资的措施，有效促进了西部地区商务的良性运行，活跃了区域贸易，吸引和利用外资金额逐步增长。

四、人力资本式的政策供给

西部大开发不仅是项目的开发，是资源的开发，更是人力资本的开发。地区经济的发展水平与人力资本的开发程度是密切相关的，地区经济发展水平对于人力资本开发具有重要作用，相反，人力资本的合理开发与配置对于促进地区经济发展、改变地区落后面貌也具有能动作用。区域经济发展非均衡性的根本原因在于人力资本生产和形成方面的区域差异。发达地区之所以发达的根本原因就是在人力资本方面有优势，落后和贫困地区之所以落后必然与不能有效地开发利用人力资本有关。由此可见，经济发展水平的高低与人力资本开发配置是互为因果的，二者如果处理不妥容易形成一种恶性循环。人力资本的开发从某种程度上说是西部大开发的关键，加快西部地区的人才开发，不仅是一项紧迫的现实任务，也是一项长期的战略任务。人力资本式政策框架是通过内涵的人力资源开发与管理，以提升人才的素质，通过人才的培养促进地方的经济社会发展。因此，西部大开发的第四个供给类型就是人才的投入。人力资本式的政策框架主要包括人才开发政策和与之相关的教育投入政策。

人力资本的开发既需要引进高层次人才到西部地区工作，将先进的科学技术和管理经验带到西部地区，使之转化为生产力，促进地方发展；同时，还需要加大对本地区人才的自身培训和内在教育，在不断学习中提升自己的学习能力和工作能力。人力资本的开发是一个长期的过程，需要一个很长的阶段，西部大开发中，可能其他许多政策效应能够很快体现出来，特别是基础设施建设等方面的投入，然而，人力资本所产生的区域效应是隐形的，但是却是最为重要的一个资本要素。一个经济高度发达的区域，往往都聚集着许多优秀的高层次人才，他们是推动区域发展的内在动力，也是区域政策创新的设计者。要激发一个区域发展的活力，首先必须充分调动区域最为活跃的要素——人力资本。可以说，人力资本式的政策框架是整个西部大开发供给模式中最根本的，它是在西部地区经济发展基础上的一种延续性开发，是西部地区长期发展的根本保障。近年来，国家有关部委相继制定了《"十五"西部开发总体规划》、《西部地区人才十年规划》、《关于贯彻落实"十一五"规划纲要，加强人才队伍建设的实施意见》、《关于进一步加强高技能人才工作的意见》、《关于做好高校毕业生"三支一扶"工作的通知》等文件，同时，国家还成立了中央西部地区人才开发协调小组，协调解决西部地区人才开发中的重大问题，各地区、各部门还制定了西部地区人才开发的政策和规划，加强了西部地区领导班子建设，积极为西部地区提供人才和智力支持。通过人才队伍建设，培养了西部地区各类人才，使得人才开发与教育培训有机结合起来，推动了西部地区各项事业的综合发展。

第三节　西部大开发政策的演进路径分析

西部大开发政策从出台至今，经历了不同的社会发展阶段，也体现了不同时期西部地区政策的不同特点，呈现出逐步推进、分类细化的演进趋势。众所周知，任何一项政策的制定和演进，都必须坚持从实际出发，而不是墨守成规，一成不变。由于受到西部地区自身条件的变化以及国内外政治和经济等因素的影响，西部大开发政策也将逐渐得到扩展和完善。实施西部大开发战略以来，国务院出台了《国务院关于实施西部大开发若干政策措施的通知》，明确了国家实行重点支持西部开发的政策措施，包括增加资金投入、改善投资环境、扩大对内对外开放、吸引人才和发展科技教育的重大政策。随后颁布的《关于西部大开发若干政策措施的实施意见》，在原来政策的基础上进一步明确了优先安排建设项目、扩大外商投资领域等方面的政策措施。2004 年 3 月，国务院颁布了《国务院关于进一步推进西部大开发的若干意见》，强调了农业和农村基础设施建设、培育增长极、深化经济体制改革等工作。从以上这一系列文件的颁布出台中，我们可以看出西部大开发中的一些基础性、重点性领域都得到了深化和扩展。与之相配套的，国务院各部委办也出台了一系列措施支持西部大开发的投资、财政、税收、价格、外经贸等优惠政策，保证了西部大开发的总体方向和政策的延续性。

一、从初步总体开发向区域重点开发演进

西部大开发的步骤遵循了"全面开发、以点带面、稳步推进"的指导方针。在开发的最初阶段，国家坚持加快基础设施建设、加强生态环境保护

和建设、巩固农业基础地位、调整工业结构、发展特色旅游业、发展科技教育和文化卫生事业等多方并进，对于西部地区进行初步的总体开发，特别是对于改善西部地区交通环境起到积极作用，这也是西部地区深入开发的重要前提。国家在有限的财力情况下，不可能兼顾西部所有地区、所有领域的发展，在资金投入、产业引导等方面进行了适当的调整，坚持区域重点开发、城市带动开发的战略。

《国务院关于进一步推进西部大开发的若干意见》中明确了"贯彻以线串点、以点带面的区域发展指导方针，依托水陆交通干线，重点发展一批中心城市，形成新的经济增长极"。西部地区通过培育西陇海兰新线经济带、长江上游经济带和南贵昆经济区等重点经济区域，同时发挥中心城市的辐射带动作用，形成区域性的经济、交通、物流、金融、信息、技术和人才中心，带动周围地区和广大农村发展。《西部大开发"十一五"规划》中也进一步明确了"坚持以线串点、以点带面，依托交通枢纽和中心城市，充分发挥资源富集、现有发展基础较好等优势，加快培育和形成区域增长极，带动周边地区发展"。通过推进重点经济区率先开发，鼓励城市圈集聚发展，引导资源富集地区集约发展，推动重点边境口岸城镇跨越发展，扶持少数民族地区加快发展，以此推动整个西部地区的总体发展。

由此可见，西部大开发的政策思路是一种非均衡推进与"点—轴开发"相结合的演进路径。区域的发展，要以城市或发达地区的资本密集型产业为主导，以此刺激经济发展，并通过向外扩散促使整个区域的发展，这是增长极理论的基本观点，其实质就是强调区域经济的不平衡性，要把有限的稀缺资源集中投入到发展潜力大、规模经济和投资效益明显的少数部门或区位，使增长点的经济实力更强，同周围区域经济构成一个势差，进而通过市场机制传导、媒介力量引导整个区域经济发展。目前，在由总体初步开发向区域重点开发的政策演进过程中，逐步培育出成渝经济区、关中—天水经济区、环北部湾（广西）经济区等西部地区重要的增长极，成为带动和支撑西部大开发的战略高地。除此之外，国家对于边疆地区的开发也已经成为新一轮西部大开发的区域重点，2010 年 5 月，新疆工作会议的召开标志着对新疆的支援开发已经上升到国家战略层面的高度，是提高新疆各族群众生活水平、实现全面建设小康社会目标的必然要求，是深入实施西部大开发战略、培育新的经济增长点、拓展我国经济发展空间的战略选择，是我国实施互利共赢开放战略、发展全方位对外开放格局的重要部署。

二、从外延式开发向内涵式开发演进

西部大开发是一项系统性工程，是对西部地区各种资源要素的合理配置，要通过一系列政策措施的实施，努力改变西部地区的落后面貌，实现经济社会又好又快发展。因此，除了加大对西部的投入之外，还要加大对西部的环境保护力度，走资源节约和环境友好的可持续发展道路。西部大开发不仅意味着经济指标的大幅度提高，其中还包含着政治文明、精神文明、生态文明在内的一系列完整的内容。许多人认为西部大开发就是简单、纯粹的资金投入，将西部地区丰富的资源要素开发出来，在国家政策导向上也就过多注重资金的投入，注重项目建设，而没有更多地注重资源的破坏、环境保护以及区域间的有效协调，属于一种外延式的开发。随着西部大开发的深入推进，逐步认识到西部大开发的重点不在于国家能投多少资金、上多少个项目，关键在于要从当地经济社会发展的现实可能性出发，从如何实现区域开放引资、走出西部拓展自身、产业承接优势互补等方面思考政策制定，更加注重了西部地区的内涵式开发，使二者相互促进、相互补充，形成区域经济社会质的飞跃。

内涵式的发展主要还是充分借助于国家的各项优惠政策，依靠自身的特色，拓展思维观念，在不断学习、不断开放、不断合作中寻求自身的最大发展，走出“等、靠、要”的思维误区。由于受到传统的计划经济思维模式的影响，在市场经济条件下，西部地区容易陷入“等、靠、要”的陷阱，等着国家扶贫式地注入大批资金。其实，国家对西部的投入主要放在基础设施和生态环境的建设与保护上，主要是从政策环境和投资硬环境的改善上予以支持。西部必须依靠市场，靠广泛吸引国内外客商到西部投资，才能真正得以大开发。要想面向市场，吸引国内外资金，西部就必须主动创造条件。[①] 这种主动创造条件的过程也正是新时期西部内涵式大开发的基本路径。

在西部大开发初期，西部建设投资大部分是靠政府直接投资的，国家财政及国债项目在西部地区投资明显增加。但是，由于其他形式的融资渠道没有跟进，许多依托自身发展的项目缺乏资金，导致了项目的难产。随着金融信贷政策逐步明晰，特别是对于贷款年限、贷款质押形式、贷款条件进行了政策调整，有力地支持了西部地区的建设投资和企业的融资问题，促使企业愿意到西部地区投资，产生较好的政策效应。与此同时，西部也

---

① 高路、葛方新：《大决策出台——西部大开发方略》，经济日报出版社 2000 年版，第 98 页。

根据本地区实际情况，制定了改善政府服务、打造服务型政府、优化审批程序、减少项目流转、努力寻找外部机遇、积极招商引资等一系列符合西部地区发展的各项政策，真正从观念上改变了过去那种完全依赖国家投入的思想。内涵式的开发策略并不只是体现在资本的进入和区域环境的改善，更体现在产业的合理布局上，使基础设施建设投资、资源的开发、生态的保护符合区域的总体功能布局，合理安排产业结构比例，促进西部地区特色优势产业发展。2007 年，由国务院西部开发办、国家发改委等六部委联合印发的《关于促进西部地区特色优势产业发展的意见》中明确规定了要重点开发西部地区能源及化工、重要矿产开发及加工、特色农牧业及加工、重大装备制造、高技术产业和旅游产业 6 类特色优势产业，进一步打造长江上游和关中地区等重点经济带、省会城市及周边地区、资源富集地区和重要口岸城镇 4 类增长极。之后，国家先后出台了《国务院关于编制全国主体功能区规划的意见》、《关于进一步加强国家重点领域紧缺人才培养工作的意见》、《外商投资产业指导目录(2007 年修订)》、《中西部地区外商投资优势产业目录(2008 年修订)》、《关于加强东西互动深入推进西部大开发的意见》等一系列内涵式开发的政策意见，逐步由“输血型”的外延开发向“造血型”的内涵开发演进，从区域功能规划、产业合理布局、区域合作、自身人才开发等方面进行了详细说明，充分调动了西部地区的积极性。地方政府强化了服务意识，企业强化了竞争意识，也增强了市场的有序合作。

三、从外部政策规划向体制机制建设演进

西部大开发是一个长期的过程，需要长期的政策支持。政策支持不仅是外部的政策规划，还是内在的体制机制建设。从目前西部地区的发展现状来看，西部地区要实现基本现代化的目标，不是几个“五年规划”或者“十年规划”能够达到的，它至少需要四五十年甚至更长的时间。作为一个长期而又宏大、复杂的区域发展战略，其战略重心不可能一成不变，而应该随着经济社会和政策环境的变化而不断变化，体现出循序渐进的过程。大开发初期，国家及相关部委根据西部大开发总体战略制定了一系列政策规划，有效保证了西部大开发的稳步推进。然而，只注重政策的规划过程而不注重政策的实施过程是不可能取得显著成效的。要保障规划的有效实施，就必须以科学发展观为指导，进一步改善西部地区的法制环境，建立保障西部大开发顺利实施的体制机制。2000 年《国务院关于实施西部大开发若干政策措施的通知》、2001 年《关于西部大开发若干政策措施的实施意

见》、2002 年《“十五”西部开发总体规划》、2004 年《关于进一步推进西部大开发若干意见》等政策规划都是注重外部的政策制定层面，而缺乏相应的政策协调与保障体制。也就是说，缺乏相应法制层面上的内容。这样，在政策的具体实施过程中就容易出现政策沟通问题，影响政策的执行效率。这也是西部大开发初期阶段在政策探索中所必须经历的过程。

2007 年《西部大开发“十一五”规划》中特别明确了“建立健全西部大开发保障机制”，主要包括政策扶持机制、金融服务支持机制、企业发展激励机制、资源合理开发机制、政府协调服务机制、规划有效实施机制。如果说政策措施是一种静态的思维模式，那么体制机制就是将静态的政策措施有机地串联在一起，进一步从动态的层面去考察西部大开发政策的组织实施、推进过程。交易成本理论认为，交易主体间冲突发生的根源在于交易成本过高，作为有限理性的交易主体可能会选择对抗而非合作。经济、社会、文化、自然等多种因素的存在决定了一个地区发展过程的艰巨性。在这个过程中，区域的协调需要一个相对稳定和连续的政策，这就必须使相关政策法律化。稳定的法律制度对于落后地区的开发与发展具有重要的意义。[①] 因此，要实现西部大开发各项政策真正落到实处，就必须加强地方政府间的合作与沟通，切实从体制机制建设上协调好西部地区地方政府间的关系。通过制度设计不断完善地区利益获得机制和地区间利益的辐射机制，并在新的制度框架下进行组织创新，从而克服地区间冲突和增加地区间合作的机会。制度是通过提供一系列规则界定人们的选择空间，约束人们之间的相互关系，减少市场条件下的不确定性因素，减少交易成本，从而减少冲突，增加合作。着力改善西部地区的法制环境也是西部大开发政策未来的演进方向，从外部政策规划向体制机制建设转变也是近年来总体政策演化的主要特点。

---

① 唐亮:《西部大开发政策演进分析》，载《边疆经济与文化》2004 年第 11 期。

第二章

西部大开发政策绩效评价指标体系的构建

西部大开发实施以来，国家对西部地区的发展倾注了大量的心血，各部委投入了大量的人力、物力、财力，全国人民给予了极大的关注与支持，也取得了举世瞩目的成就，进一步加快了西部地区现代化建设的总体步伐。评价西部大开发政策绩效的好坏，关键在于设计一套科学、成熟、可操作的评价指标体系，充分明确评估重点和基本思路，使之更好地指导政策效应的总体评估。对于西部大开发政策而言，政策的综合效应不仅要通过不同领域进行专项分析评估，还要通过制定一套既具有较高信度和效度，又具有较强可操作性的西部大开发政策绩效评价指标体系。

第一节　西部地区经济社会发展的总体概况

西部大开发的范围包括重庆、四川、贵州、云南、西藏、陕西、甘肃、青海、宁夏、新疆、内蒙古、广西等12个省、自治区、直辖市，面积685万平方公里，占全国面积的71.4%。西部地区资源丰富，市场潜力大，战略位置重要。但由于自然、历史、社会等原因，西部地区经济发展相对落后，人均GDP(7728元)仅为全国平均水平(10561元)的三分之二略高一点，不到东部地区平均水平的40%。因此，迫切需要继续推进西部大开发以加快西部地区现代化建设步伐。

一、西部地区经济社会发展的10年主要成效

自1999年中央提出实施西部大开发战略以来，有关部门先后制定实施了一系列的规划和政策措施。在国家政策的有力支持下，西部大开发各

项工作稳步推进，10年来成效显著，各项经济指标都呈现出逐步递增的趋势，主要体现在以下六个方面：

一是地区经济呈现高速增长。实施西部大开发以来，西部地区生产总值增长速度连续8年逐年加快，自1999年的7.3%迅速提高到2007年的14.5%。2008年，受金融危机的影响，西部增速有所回落，但仍高达12.4%，分别比全国和东部平均水平高0.5和1.1个百分点。

二是固定资产投资增速加快。1999—2008年，西部地区全社会固定资产投资年均增长23.4%，比全国平均增速高1.9个百分点，比东部地区增速高4.4个百分点。在投资拉动和国家政策支持下，近年来西部地区基础设施和生态环境建设快速推进。

三是地区工业化快速推进。1999—2008年，西部地区工业增加值占生产总值的比重由32.9%迅速提高到41.1%，增加了8.2个百分点，而同期东部、东北和中部地区仅分别增加4.5、4.5和6.4个百分点。

四是居民生活水平明显改善。经过10年的开发，西部地区经济社会发展水平显著提高，综合发展能力不断增强。从1999年到2008年，西部地区人均生产总值由4283元迅速提高到15951元，其相对水平(以各地区平均为100计)则由60.7%提高到63.8%。西部地区城乡居民收入均获得了较快增长。

五是对外开放水平显著提高。1999—2008年，西部地区出口额年均增长26.4%，在全国四大区域中最高，比全国平均水平高1.6个百分点。2008年，西部地区出口额占全国的比重达到4.5%，分别比1999年和2004年提高0.5和1.0个百分点。西部地区实际利用外商直接投资占全国比重近年来也迅速提高，由2004年的2.88%提高到2006年的3.45%，2007年又提高到4.92%。

六是投入产出效益稳步提升。1999年，西部地区工业各项经济效益指标大都低于全国平均水平。到2008年，西部地区规模以上工业企业平均总资产贡献率已达到13.8%，超过东部地区0.5个百分点；工业成本费用利润率达到10.4%，分别超过全国和东部地区平均水平2.6和5.4个百分点。

二、西部地区经济社会发展面临的主要问题

实施西部大开发是一项长期而艰巨的历史任务。要实现中央提出的建设一个经济繁荣、社会进步、生活安定、民族团结、山川秀美、人民富裕的

现代化新西部目标，今后仍将任重而道远。当前，西部开发面临的主要突出问题表现在以下五个方面。

一是基础设施薄弱，软环境有待改善。西部地区，尤其是农村地区、贫困地区、偏远山区和边境地区，交通、通信、医疗卫生、文化、自来水、垃圾处理等基础设施仍然十分薄弱，尤其是信息化基础设施与东部的差距有扩大的趋势。西部投资软环境也有待进一步改善。

二是发展层次低，产业配套不完善。西部地区采掘和原料工业所占比重大，产业链条短，加工深度和综合利用程度低。2007 年，西部高技术产业增加值仅占规模以上工业增加值的 5.6%，比东部地区低 7.8 个百分点。同时，西部生产者服务业发展滞后，物流成本较高，产业配套不完善，中小企业融资难，企业税负重，经营环境偏紧。

三是城镇化滞后，城乡二元结构明显。2007 年，西部地区城镇化率仅有 37.0%，比全国平均水平低 8.0 个百分点，比东部地区低 18.0 个百分点。2000—2007 年，西部与东部地区间城镇化率的差距由 7.2 个百分点扩大到 18.0 个百分点。同时，西部地区城乡居民收入差距大，二元结构明显，中心城市的带动作用不强。2008 年，西部有 8 个省区城镇居民人均可支配收入与农村居民人均纯收入之比超过 3.5∶1，其中云南、贵州、陕西、甘肃超过 4∶1。

四是地方财力薄弱，公共服务能力低。2008 年，西部地区人均地方财政本级收入为 1413 元，仅相当于全国平均水平的 64.5%，东部地区的 40.5%。西部地方政府尤其是县乡政府公共服务能力明显不足，地区公共服务水平较低，离中央要求的实现基本公共服务均等化目标仍有很大差距。

五是资源消耗高，三废排放量大。2008 年，西部地区万元 GDP 能耗高达 2.02 吨标准煤，万元工业增加值能耗高达 3.43 吨标准煤，分别比全国平均水平高 83.6%和 56.6%，比东部地区高 117%和 126%。西部地区万元工业增加值三废排放量也远高于全国平均水平。

第二节 西部大开发政策绩效评估指标的理论遴选

区域政策评价是一项复杂而又艰巨的任务，不仅要分析区域政策对经济社会发展各个方面等的影响，而且还包括更广泛的区域政策所带来的社会收益和社会成本评价。关于区域政策效应，目前学术界还没有形成一致的看法。从国外有关区域政策有效性的理论研究来看，一个有效的区域经济政策与经济发展的不同阶段政策的目标分不开，并且随着政治、社会、技术、经济环境的不同，有效区域政策的要求也在不断发生变化。所以，对于西部大开发政策绩效的评价是一个系统性工程，不仅要从整体状况入手，还要考虑经济、社会、环境等方面因素。以目前我国政府绩效评估为例，仍然处在原始的手工业水平上，评估制度具有"半自发性"、"盲目性"、"随意性"、"单向性"、"消极被动性"和"封闭神秘性"等特征。而对于政策的绩效评估也同样存在着类似的问题。深入地分析国内有关政策绩效评估体系的设计与实践，可以发现存在着若干明显的缺陷：一是没有对政策绩效概念进行严格的定义，极大地降低了政策绩效评价的表面效度；二是没有对政策绩效评价体系进行严密的理论构思，评价指标的选择主观随意性很强，极大地降低了政策绩效评价的内容效度；三是没有对评价指标进行相关分析，一些评价指标之间存在着高度的相关性，极大地降低了政策绩效评价的有效性；四是没有对评价指标进行鉴别力分析，评价指标缺乏足够的鉴别力，极大地降低了绩效评价对政策实施效果的解释能力。西部大开发10年来，对许多政策的实际运用效果都应进行综合评价，探索一套既具有较高信度和效度，又具有较强可操作性的政府绩效评估体系是很有必要的。

一、西部大开发政策绩效的内涵与结构分析

要对西部大开发政策绩效做内涵的科学界定，首先必须科学地界定西部大开发政策的基本内容。国务院颁布的《关于西部大开发若干政策措施的通知》和《关于西部大开发若干政策措施的若干意见》这两个文件明确了国家层面支持西部大开发的各项优惠政策。在此基础上，国家相关部委、地方政府相继制定并出台了一系列的配套政策和具体措施，进一步推动了西部大开发的顺利实施。因此，对于西部大开发政策内容的界定主要是依据这两个纲领性的政策文件展开的，它主要核心思想是国家加大资金投入力度和人才开发力度，积极运用财政政策和货币政策进行协调，强调在以资源利用基础上进行产业结构调整等深层次的结构性开发，突出财政在公共服务领域方面的支出，以实现西部地区社会事业的全面发展。本书把西部大开发政策绩效界定为：政策绩效是指西部地区的各级政府在一定时期内充分运用各种优惠政策对区域内各种社会事务和资源进行宏观调控和合理配置，使其在振兴经济发展和社会事业的各个领域内实现质的转变，是政策综合效应

的集中体现。它主要表现在财政投入、货币金融、资源产业、区域贸易、人才开发和公共服务等领域的绩效。

第一,财政投入绩效。财政投入绩效是评判政府在改善基础设施建设和社会事业发展方面取得成效的重要依据。加大对西部地区的资金投入是实施西部大开发的首要举措,有限的财政资金和国债必须用在大宗公共物品和涉及民生的社会保障、农村扶贫等方面,以此带动其他产业和社会事业的发展。可以说,财政投入绩效的好坏直接关系到西部地区其他纬度的开发质量和速度。因此,评估政府财政投入政策绩效可以从一个地区基础设施建设情况、人民生活水平以及区域经济发展总体状况等方面来衡量,包括铁路营业里程数、公路里程数、高速公路通车里程数、全社会固定资产投资总额、人均固定资产投资额、GDP 增长率、GDP 空间产出率、工业增加值、农村居民恩格尔系数、城镇居民人均可支配收入、农村居民人均收入和每年中央财政转移支付数等指标。

第二,货币金融绩效。金融税收绩效是评判政府运用货币信贷政策和税收优惠政策在调整产业结构和区域金融环境等方面取得成效的重要依据。金融、税收政策能够对一个区域的产业发展起到一个导向作用,它鼓励国家支持性产业方向的信贷投入,对于符合国家产业政策性企业给予税收优惠,涉及产业结构升级和金融环境的优化两个方面,对于盘活民间资本和产业资本都具有积极的推动作用。因此,评估政府金融税收政策绩效可以从一个地区产业结构比例、金融机构质量、主要税收数量等方面来衡量,包括第一产业占 GDP 比重、第二产业占 GDP 比重、第三产业占 GDP 比重、金融机构存款余额、金融机构贷款余额、金融保险业从业人员数、每年上市公司家数、保险费用收入、企业所得税、营业税等指标。

第三,资源产业绩效。资源产业绩效是评判政府在生态资源保护与利用、土地资源的使用与开发等方面取得成效的重要依据。西部地区资源丰富,西部的开发不能以牺牲环境、破坏资源为代价。资源产业政策是一个约束性的政策,强调在发展经济的同时要注重人与自然的和谐,这也是科学发展观的本质要义所在,它要求注重资源的节约与保护,特别是土地资源的合理审批与有效利用。因此,评估政府资源利用政策绩效可以从一个地区的土地资源利用状况、环境保护状况、重点生态工程实施情况等方面来衡量,包括天然林保护工程面积、退耕还林工程面积、土地调查面积、建设用地面积、人均公共绿地面积等指标。

第四,区域贸易绩效。区域贸易绩效是评判政府在区域开放、投资环境改善以及区域间经济协作等方面取得成效的重要依据。由于西部地区自身地理环境、经济环境方面的薄弱，限制了区域外的内资企业和外资企业的投资，导致了地方经济的发展缺乏外在动力，仅仅依靠财政投入和自身企业的投资是不可能解决西部地区贫困落后的局面。区域贸易政策正是通过借助外在动力共同助推西部地区经济的发展，它是西部大开发实施好坏的重要评估维度，也是区域经济政策的核心。因此，评估政府区域贸易政策绩效可以从一个区域的对外贸易依存度、区域经济合作程度、外商企业投资力度等方面来衡量，包括进出口总额、外商投资企业登记注册数、实际利用外商直接投资金额、实际利用内资直接投资金额、对外承包工程和劳务合作实际营业额、亿元以上商品交易市场成交额等指标。

第五，人才开发绩效。人才开发绩效是评判政府在人才引进和智力开发以及管理干部培养等方面取得成效的重要依据。人力资本开发是区域发展的第一生产力，它推动其他各个领域的发展，也是引领西部大开发的内在核心要素。加大对西部地区人力资本的投入是一个长期的过程，也是一个渐进的过程。可以说，人才开发政策是西部大开发的内在动力，也是衡量整个政策效应不可或缺的核心要素。因此，评估政府人才开发政策绩效可以从一个区域内各种专业技术人才培养情况、高层次人才的引进情况、后备人才的储备情况以及专利授权量等方面来衡量，包括在校大学生数、每年专利授权数、国有企事业单位专业技术人员数、国家机关、党政机关等从业人员数等指标，也可以适当加入一些调查性的软指标，诸如每年培训干部的专项经费、高层次人才生活和工作条件的改善程度、人才和智力区域交流幅度、人事政策和户籍制度的柔性化程度等。

第六，公共服务绩效。公共服务绩效是评判政府在实现区域公共服务均等化方面取得成效的重要依据。提供良好的公共服务是政府的社会管理基本职能之一，也是人民群众共享改革发展成果最主要的体现，它是与人民群众切身利益相关的服务，可以说，公共服务均等化水平体现了一个区域的总体人民群众的幸福指数。因此，评估政府公共服务政策绩效可以从一个区域的科技、教育、文化、公共卫生、社会保障等方面来衡量，包括R&D经费支出、R&D占GDP比重、人均技术市场成交额、人均技术市场成交额、国家财政性教育经费、普通高校生师比、小学适龄儿童入学率、卫生机构人员数、城镇职工基本医疗保险人数、城镇社区基本服务设施个数、登记失业率、基本医疗保险覆盖率、基本养老保险覆盖率、基本失业保险覆盖率等指标。

因此，对西部大开发政策绩效的评估应该是全方位的评估，指标体系应构成一个多层次的系统，不仅要包括经济方面的指标，还要包括人才开发、生态环境、科技教育、社会事业等方面的指标；不仅要反映区域经济整体的运行状况，还要体现经济、社会与环境发展的协调性。西部大开发政策绩效评估，就是运用科学的评估体系、评估方法、评估标准和评估程序，对政府这一行为主体在财政投入、货币金融、资源产业、区域贸易、人才开发、公共服务等政策领域的实施效果进行全面的分析与评估，对政策的综合效应进行客观的评价与诊断，以期为政府的政策调整与制定提供有效信息和可行思路，进而提高政策制定的科学性和政策执行的有效性。

二、西部大开发政策绩效评估指标的功能

按评估的功能和目的来分，评估可以分为分析性评估、预测性评估、调节性评估三种基本类型。分析性评估是指在某项活动终结时，对这项活动所取得的最终成果或成就所作出的价值判断；预测性评估是指在某项活动开始前(或下一阶段活动开始前)，为了解和把握这项活动的发展趋势而进行的评估；调节性评估是指在某项活动进行中，为了调节活动过程，保证目标实现而进行的评估。分析性评估具有事后总结的性质，其主要功能是对评估对象当前的发展状态和水平作出合理的价值判断。预测性评估的主要功能则是为了把握评估对象的发展趋势，寻找解决问题的办法。调节性评估的主要功能是及时反馈评估对象的活动信息，并进行及时调节控制，以缩小活动过程与目标实现之间的差距。分析性评估是评估的最基本功能，预测性评估和调节性评估是评估的高级功能。

建立西部大开发政策绩效评估指标体系的基本出发点是把西部大开发政策绩效结构系统中所涉及的所有领域的复杂关系简单化，用简单的评估指标获取尽可能多的评估信息，为把握和了解西部大开发政策绩效现状提供科学的判断依据。同时，完整的西部大开发政策绩效评估指标体系还应对政策绩效结构的各个方面发生的变化趋势和变化程序进行反映，由此发现阻碍和影响政策绩效持续提高的不利因素，分析原因，并采取积极有效的对策。因此，科学、合理的政策绩效评估指标体系应当具有分析、预测和调节等基本功能。

(一)分析功能

政策绩效结构系统是若干能力要素的综合和集成。根据统计资料和实际调查所获得的数据，并结合专家评判意见，运用现代统计手段，可以计

算出政策绩效系统的综合得分，据此对政策绩效作出综合性判断，并对西部大开发中不同政策进行比较分析，这样可以使中央有关部门较为准确地把握我国目前西部大开发政策实施10年来的绩效现状及潜力。同时，通过测评和分析各个能力要素指标的具体得分，可以了解各个能力要素对政策绩效的影响状况，并发现整个政策绩效结构系统中哪个能力要素最强，哪个能力要素最弱，以及哪个能力要素起主导作用。由此可见，通过对西部大开发政策绩效的评估，可以帮助中央了解西部大开发战略实施的政策绩效现状，及时总结经验，发现所存在的问题，并制定积极有效的应对策略。

（二）预测功能

在西部大开发政策绩效研究过程中，我们可以借助各种统计资料（如《统计年鉴》、《统计公报》和《政府工作报告》等），获得大部分政策绩效评估指标的实际数据，根据统计数据计算出西部某一省份在一定发展时期内各个年份在各个维度上的政策绩效的实际得分（也可以用能力指数来表示），并把这些得分按时间顺序进行排列，形成某一省份政策绩效得分的时间序列。政策绩效时间序列分析，不仅可以帮助我们正确认识和了解西部大开发政策绩效的积累过程和发展现状，而且可以把握政策绩效的发展规律，预测和描绘未来的发展趋势，分析和判断政策绩效对地方经济社会发展的近期、中期乃至远期的影响，实现政策绩效评估的预测功能，为西部大开发政策的调整提供理论和事实依据。

（三）调节功能

政策绩效系统是一个复杂的多元的非线性系统，政策绩效的发展水平要受到财政投入、货币金融、资源产业、区域贸易、人才开发和公共服务等众多因素的综合影响，因此在政策绩效的建设和培育过程中，现实发展状况和预定发展目标发生偏离是难以避免的。通过对政策绩效实测指标在一定时期内持续的整理和分析，不仅可以从不同的角度反映政策绩效的现状、潜力以及变化趋势，而且还能发现政策绩效建设现状与预定发展目标的偏离状况，找出产生偏离的原因，采取积极有效的对策，以实现对政策绩效系统的监控和调节功能。

三、西部大开发政策绩效评估指标的遴选原则

政策绩效评估指标是度量一个政府绩效强弱的工具，要使这种测度工具有效而可信，测评结果应全面、客观、准确地反映以下几项基本原则。

（一）系统性原则

西部大开发政策绩效系统是由财政投入、货币金融、资源产业、区域贸易、人才开发和公共服务等方面的绩效子系统综合集成的，各个绩效子系统必须采取一些相应指标才能反映出来，这就要求所建立的评估指标体系具有足够的涵盖面，能充分反映政府绩效的系统性特征。同时评估体系并不是评估指标的简单堆积，为了清晰而便于评估，应该按某些原则合理地将评估指标分成目标层、准则层和指标层等若干层次。系统性原则意味着评估指标体系要能够反映充分的信息量，n 个评估指标相互独立，构成一个 n 维空间，空间中的每个点都对应着政府绩效的一个状态；由若干个相互独立的指标构成一个指标群，反映政府绩效某一个层面的实质内容；若干个相互独立的评估指标群综合成一个完整的评估指标体系，用来测度和评估西部大开发政策绩效的整体水平。

（二）可操作性原则

评估指标体系建立的目的主要是在西部大开发政策绩效评估中得到应用。这就要求所建立的指标体系具有可行性和可操作性，指标的数据容易采集，计算公式科学合理，评估过程简单，有利于掌握和操作。它主要包括三个方面的内容：一是数据资料的可获得性。数据资料尽可能通过查阅全国性和地方性统计年鉴和各种专业年鉴（如地区统计年鉴、财政统计年鉴、教育统计年鉴、科技统计年鉴、商务统计年鉴）获得，或者是在现有资料上通过简单加工整理获得，或者通过对研究对象进行问卷调查和现场访谈获得。二是数据资料可量化。定量指标数据要保证其真实性、可靠性和有效性，而定性指标和经验指标应尽量少用，或者选取那些能通过专家间接赋值或测算予以转化定量数据的定性指标（如等级）。三是指标体系的设置应尽量避免形成庞大的指标群或层次复杂的指标树，指标尽可能少而精。

（三）有效性原则

有效性原则是指所构建的评估指标体系必须与所评估对象的内涵与结构相符合，能够真正反映西部大开发的实际，体现西部大开发政策绩效的本质或主要特征。如果我们所设计的西部大开发政策绩效评估体系不能反映政策绩效，那么这种评估体系可以说是无效的。在心理测量学上，人们通常用效度来表示评估体系的有效性好坏。所谓效度就是指用该评估指标体系究竟在多大程度上能够真正测量到想要测量的特质（东西），即测量的有效程度。从统计学上讲，效度是指测量结果与某种外部标准（即效标）之间的相关程度，相关程度越高，则表明测量结果越有效。根据研究目的不同，效度评定通常有多种方法，常用的方法有内容效度、预测效度、构思效度、聚合效度、辨别效度和效标关联效度等。

（四）可比性原则

必须明确评估指标体系中每个指标的含义、统计口径、时间、地点和使用范围，以确保评估结果能够进行横向与纵向比较，以便更好地了解和把握不同地区（或者同一地区在不同发展阶段）绩效的实际水平和变化趋势。在进行西部大开发政策绩效的评估时，为了确保可比性，评估指标应尽量采用相对指标，少用绝对指标。

（五）动态性原则

西部大开发政策绩效是一个动态的积累过程，它对整个社会经济影响的滞后性受其他因素的影响，不易在较短的时间内取得其真实值。因此在选择指标时，既要有测度西部大开发政策绩效结果（即政策绩效实际水平）的现实指标（静态指标），又要有反映西部大开发政策绩效活动过程（即政策绩效发展趋势）的过程指标（动态指标），从而能综合反映政府绩效发展的现状和未来趋势。此外，由于在西部大开发政策绩效系统的运行过程中，系统内部的各种因素及外部环境总是处于不断的发展变化之中，导致政策绩效的内涵与结构也会不断发生变化，因此其评估指标也不能保持长期不变，应根据政府所处的发展阶段的不同对评估指标进行适当的调整。

（六）导向性原则

西部大开发政策绩效评估的目的就是通过绩效评估，获得有效的绩效信息，了解和把握西部大开发政策绩效建设现状，发现问题，找出差距，增强政策的及时性、有效性和导向性，更好地促进西部地区经济社会的全面发展。因此，评估指标的选择必须有利于实现西部大开发政策绩效评估的目的。

（七）独立性原则

选入指标体系的各项指标都应具有独立的信息，相互不能代替。要选择反映信息多、能最恰当地反映目标工作特点和完成程度的指标。

四、西部大开发政策绩效评估体系的理论构建

借鉴国内外政府绩效和相关政策评价的评估指标，浙江大学西部大开发战略研究重大招标课题中的政策绩效评估板块课题组（以下简称为课题

组）在对浙江大学100多名MPA学员的问卷调查和召开多个专家会议的基础上，以科学发展观为主线，围绕区域经济社会协调发展和国家区域的整体布局思路，根据公共经济学、公共管理学、财政学、区域经济学、统计学等学科原理，结合西部大开发政策的整体框架构建了一个由评估目标、评估因素和具体评估指标构成的测度我国西部大开发政策绩效的第一轮评估体系 $X^{(1)}$。它由财政投入、货币金融、资源产业、区域贸易、人才开发和公共服务6个评估政策领域和50个评估指标构成（如表2-1所示）。

表2-1　西部大开发政策绩效第一轮评估体系 $X^{(1)}$

目标层	领域层	指标层（评估指标）	变量标识	单　位
西部大开发政策绩效评估	财政投入	1. 铁路营业里程数	X_1	公里
		2. 公路里程	X_2	公里
		3. 高速公路通车里程	X_3	公里
		4. 全社会固定资产投资总额	X_4	亿元
		5. 人均固定资产投资额	X_5	亿元
		6. GDP增长率	X_6	%
		7. GDP空间产出率	X_7	%
		8. 工业增加值	X_8	亿元
		9. 农村居民恩格尔系数	X_9	—
		10. 城镇居民人均可支配收入	X_{10}	元
		11. 农村居民人均收入	X_{11}	元
		12. 每年中央财政转移支付数	X_{12}	万元
	货币金融	13. 第一产业占GDP比重	X_{13}	%
		14. 第二产业占GDP比重	X_{14}	%
		15. 第三产业占GDP比重	X_{15}	%
		16. 金融机构存款余额	X_{16}	亿元
		17. 金融机构贷款余额	X_{17}	亿元
		18. 金融保险业从业人员数	X_{18}	人
		19. 每年上市公司家数	X_{19}	个
		20. 保险费用收入	X_{20}	亿元
		21. 企业所得税	X_{21}	亿元
		22. 营业税	X_{22}	亿元

续表

目标层	领域层	指标层(评估指标)	变量标识	单　位
西部大开发政策绩效评估	资源产业	23.天然林保护工程面积	X_{23}	万公顷
		24.退耕还林工程面积	X_{24}	万公顷
		25.土地调查面积	X_{25}	万公顷
		26.建设用地面积	X_{26}	万公顷
		27.人均公共绿地面积	X_{27}	平方米
	区域贸易	28.进出口总额	X_{28}	万美元
		29.外商投资企业登记注册数	X_{29}	个
		30.实际利用外商直接投资金额	X_{30}	万美元
		31.实际利用内资直接投资金额	X_{31}	亿元
		32.对外承包工程和劳务合作实际营业额	X_{32}	亿元
		33.亿元以上商品交易市场成交额	X_{33}	亿元
	人才开发	34.在校大学生数	X_{34}	人
		35.每年专利授权数	X_{35}	个
		36.国有企事业单位专业技术人员数	X_{36}	人
		37.国家机关、政党机关等从业人员数	X_{37}	人
	公共服务	38.R&D经费支出	X_{38}	亿元
		39 R&D经费占GDP比重	X_{39}	%
		40.人均技术市场成交额	X_{40}	亿元
		41.国家财政性教育经费	X_{41}	亿元
		42.普通高校生师比	X_{42}	—
		43.小学适龄儿童入学率	X_{43}	%
		44.卫生机构人员数	X_{44}	人
		45.城镇职工基本医疗保险人数	X_{45}	人
		46.城镇社区基本服务设施个数	X_{46}	人
		47.登记失业率	X_{47}	%
		48.基本医疗保险覆盖率	X_{48}	%
		49.基本养老保险覆盖率	X_{49}	%
		50.基本失业保险覆盖率	X_{50}	%

第三节　西部大开发政策绩效评估指标的实证筛选

西部大开发政策绩效的理论评估体系 $X^{(1)}$ 是依据政策绩效的内涵和特征并参考相关区域经济政策和国内外政府绩效评估研究的大量成果后构建的，集中体现了课题组成员的专业知识和对政府绩效评估体系的理论构思，具有较强的主观色彩，因此，很有必要对理论遴选的指标进行隶属度分析、相关性分析和辨别力分析等实证筛选，以增强评估指标的科学性、合理性和可操作性。

一、西部大开发政策绩效评估指标的隶属度分析

课题组主要针对西部地区 12 个省市选择了 100 位浙江大学 MPA 西部班学员和部分专家进行了问卷咨询。这些学员主要来自西部各省市的政府机关，主要从事行政管理和政策研究工作，处于政府工作一线，具有丰富的实际工作经验，而且熟悉西部大开发的各项政策；这些专家主要来自于高等学校和研究机构，主要从事政府管理、区域经济等方面的理论研究和教学工作，具有丰富的专业知识，对区域政策绩效有着较为深入的认识和理解。可以说，通过对这些学员和专家进行问卷咨询充分体现了绩效评估指标选择的科学性、适用性和稳定性，代表了理论界和实务界对于西部大开发政策绩效的主要看法和观点。虽然学员和专家在判断和选择西部大开发政策绩效评估指标时具有个人主观性，是学员、专家个人知识和经验的反映，但是集成多数学员和专家的意见，可以化主观为客观。根据专家的总体意见，删除一些不能较好地反映西部大开发政策绩效的评估指标，可以在很大程度上改善评估指标的质量，增强评估指标的科学性和合理性。

课题组将理论遴选的评估指标制成专家咨询调查问卷，采用电子邮件、现场访谈和专家会议等多种方式，把专家咨询调查问卷送给浙江大学 MPA 西部班学员和部分专家，要求学员、专家根据自身的专业知识和实际工作经验，从 50 个评估指标中选出 25 个最理想的西部大开发政策绩效的评估指标。课题组有选择地发放 100 份专家咨询调查问卷，回收 80 份，有效专家咨询调查问卷 64 份。

为了深入分析各位学员和专家对理论遴选评估指标的总体看法，课题组以有效的专家咨询调查问卷为基础，对评估指标进行隶属度分析。隶属

度这个概念来自于模糊数学。模糊数学认为，社会经济生活中存在着大量模糊现象，其概念的外延不是很清楚，无法用经典集合论来描述。某个元素对于某个集合(概念)来说，不能说是否属于，只能说在多大程度上属于。元素属于某个集合(概念)的程度称之为隶属度。如果把西部大开发政策绩效评估体系$\{X\}$视为一个模糊集合，把每个评估指标视为一个元素，对每个评估指标进行隶属度分析。假设在第i个评估指标X_i上，专家选择总次数为M_i，即总共有M_i位专家认为X_i是评估西部大开发政策绩效的最理想指标，那么该评估指标的隶属度为：$R_i=\frac{M_i}{64}$。若R_i值很大，表明该指标在很大程度上属于模糊集合，即评估指标X_i在评估体系中很重要，可以保留下来进入第二轮评估体系$X^{(2)}$；反之，则该评估指标必须予以删除。通过对64份有效专家咨询调查问卷的统计分析，分别得到了50个评估指标的隶属度，删除了隶属度低于0.3的10个评估指标(如表2-2所示)，保留了39个评估指标，构成了西部大开发政策绩效第二轮评估体系$X^{(2)}$。

表2-2 第一轮评估体系$X^{(1)}$中被删除的隶属度低于0.3的10个评估指标

目标层	领域层	指标层(评估指标)	变量标识	隶属度
西部大开发政策绩效评估	财政投入	GDP空间产出率	X_7	0.0625
	货币金融	金融保险业从业人员数	X_{18}	0.0623
		每年上市公司家数	X_{19}	0.0312
		保险费用收入	X_{20}	0.0938
	区域贸易	外商投资企业登记注册数	X_{29}	0.25
		对外承包工程和劳务合作实际营业额	X_{32}	0.156
		亿元以上商品交易市场成交额	X_{33}	0.125
	人才开发	国家机关、政党机关等从业人员数	X_{37}	0.188
	公共服务	R&D经费支出	X_{38}	0.25
		人均技术市场成交额	X_{40}	0.0937

二、西部大开发政策绩效评估指标的相关性分析

经过专家筛选的第二轮评估指标$X^{(2)}$中，一些评估指标之间很可能存在着高度的相关性，这种高度的相关性会导致被评估对象信息的过度重复使用，从而极大地降低评估结果的科学性和合理性。相关分析是通过对评估指标之间的相关性分析，删除一些隶属度偏低而与其他评估指标高度相

关的指标，以消除或降低指标重复反映评估对象信息而带来的对评估结果的影响。评估指标相关分析通常包括以下三个基本过程：

第一，评估指标的标准化处理。由于评估指标的量纲不同，需要对原始数据进行无量纲处理，以减少评估指标的不同计量单位对分析结果的影响。设 X_i 为评估指标的原始数据，S_i 为评估指标的标准差，Z_i 为标准化值，则有如下标准化计算公式：

$$Z_i = \frac{X_i - \overline{X}}{S_i}$$

第二，计算各个评估指标之间的简单相关系数 R_{ij}。计算公式为

$$R_{ij} = \frac{\sum_{k=1}^{n}(Z_{ki} - \overline{Z}_i)(Z_{kj} - Z_j)}{\sqrt{\sum_{k=1}^{n}(Z_{ki} - \overline{Z_i})^2 (Z_{kj} - Z_j)^2}}$$

第三，根据课题研究要求，确定一个临界值 $M(0 < M < 1)$，如果 $R_{ij} > M$，则可以删除其中的一个评估指标（X_i 或 X_j）；如果 $R_{ij} < M$，则同时保留两个评估指标。

由于西部大开发政策绩效评估主要是针对西部 12 省市的政策实施效应的综合评估，因此，课题组通过查阅西部重庆、四川、贵州、云南等 12 个省市的统计年鉴以及政府统计公报（以 2006 年为例），采集了西部重庆、四川、贵州、云南等 12 个省市第二轮评估体系 $X^{(2)}$ 中的 40 个统计（硬性）指标的数据。运用 SPSS 16.0 统计软件包对第二轮评估指标体系 $X^{(2)}$ 进行相关性分析，得到了各个评估指标的相关系数矩阵。给定临界值 M 为 0.9，在相关系数矩阵中共有 10 对评估指标的相关系数大于该临界值，由此删除了其中隶属度相对较低的 10 个评估指标（如表 2-3 所示），保留其余的 30 个评估指标构成了西部大开发政策绩效的第三轮评估指标 $X^{(3)}$。

表 2-3　相关系数大于临界值(0.9)的评估指标

保留的评估指标（X_i）	删除的评估指标（X_j）	相关系数
工业增加值	全社会固定资产投资总额	0.977
工业增加值	金融机构贷款余额	0.925
金融机构存款余额	企业所得税	0.920
工业增加值	营业税	0.973
工业增加值	国有企事业单位专业技术人员数	0.908

续表

保留的评估指标(X_i)	删除的评估指标(X_j)	相关系数
国家财政性教育经费	每年财政转移支付数	0.953
在校大学生数	卫生机构人员数	0.912
国家财政性教育经费	城镇职工基本医疗保险人数	0.943
基本医疗保险覆盖率	基本养老保险覆盖率	0.933
基本养老保险覆盖率	基本失业保险覆盖率	0.901

三、西部大开发政策绩效评估指标的鉴别力分析

在构建评估体系中所遇到的一个不可回避的问题是评估指标的鉴别力分析，它是对评估指标区分评估对象特征差异的能力判断。西部大开发政策绩效评估指标的鉴别力则是评估指标区分和鉴别西部大开发中不同政策绩效强弱的能力。如果所有被评估的政策在某个指标上都几乎一致地呈现很高(或很低)的得分，那么就可以认为这个评估指标几乎没有鉴别力，不能诊断和识别出不同政策绩效的强弱；相反，如果被评估的政策在某个指标上的得分出现明显的不同，则表明这个评估指标具有较高的鉴别力，它能够诊断和识别不同政策绩效的强弱。在评估的指标反应理论(index response theory)中，通常用指标的特征曲线的斜率作为评估指标的鉴别力参数，斜率越大表明其鉴别力就越高。然而，在实际的数据分析过程中，要构造上述的特征曲线需要获取较多的实际资料，具有一定的操作难度。在实际应用中，人们通常用变差系数 γ 来描述评估指标的鉴别力：

$$V_i = \frac{S_i}{\overline{X}}$$

其中：$\overline{X} = \frac{1}{n}\sum_{i=1}^{n} X_i$ 为平均值；$S_i = \sqrt{\frac{1}{n-1}\sum_{i=1}^{n}(X_i - \overline{X})^2}$ 为标准差。

变差系数越大，该指标的鉴别能力越强；反之，鉴别能力则越差。根据实际需要，可以删除变差系数相对较小(即鉴别力较差)的评估指标。

根据上述原理，运用 SPSS 16.0 统计软件包对这些评估指标进行方差分析，在方差分析基础上计算出第三轮评估体系 $X^{(3)}$ 中各个评估指标的变差系数(如表 2-4 所示)，删除了变差系数较小的“城镇居民人均可支配收入”、“普通高校生师比”、“小学适龄儿童入学率”和“登记失业率”等 4 个指标，保留其余的指标构成第四轮评估体系 $X^{(4)}$。

表 2-4　第三轮评估体系 $X^{(3)}$ 中各个评估指标的变差系数

指标层(评估指标)	变差系数	指标层(评估指标)	变差系数
1.铁路营业里程数	0.6236	16.土地调查面积	0.9160
2.公路里程	0.4884	17.建设用地面积	0.6038
3.高速公路通车里程	0.6045	18.人均公共绿地面积	0.3560
4.人均固定资产投资额	0.4184	19.进出口总额	1.1380
5.GDP 增长率	0.1546	20.实际利用外商直接投资金额	0.8158
6.工业增加值	0.7099	21.实际利用内资直接投资金额	0.9229
7.农村居民恩格尔系数	0.1106	22.在校大学生数	0.8411
8.城镇居民人均可支配收入	0.0842	23.R&D 经费占 GDP 比重	1.1257
9.农村居民人均收入	0.1559	24.国家财政性教育经费	0.5442
10.第一产业占 GDP 比重	0.2333	25.普通高校生师比	0.0914
11.第二产业占 GDP 比重	0.1539	26.小学适龄儿童入学率	0.0092
12.第三产业占 GDP 比重	0.1342	27.城镇社区基本服务设施个数	0.9265
13.金融机构存款余额	0.7109	28.登记失业率	0.0569
14.天然林保护工程面积	1.2077	29.基本医疗保险覆盖率	0.3506
15.退耕还林工程面积	0.5237		

第四轮评估体系 $X^{(4)}$ 由目标层、领域层和指标层三个层面构成,共有 26 个评估指标。在 26 个评估指标中,24 个指标属于正向指标,即指标值越高,政策绩效越高;2 个指标属于逆向指标(指标后面注有"*"),即指标值越高,政策绩效越低(如表 2-5 所示)。

表 2-5　西部大开发政策绩效第四轮评估体系 $X^{(4)}$

目标层	领域层	指标层(评估指标)	变量标识	单　位
西部大开发政策绩效评估	财政投入	1.铁路营业里程数	X_1	公里
		2.公路里程	X_2	公里
		3.高速公路通车里程	X_3	公里
		4.人均固定资产投资额	X_4	元
		5.GDP 增长率	X_5	%
		6.工业增加值	X_6	亿元
		7.农村居民恩格尔系数*	X_7	—
		8.农村居民人均收入	X_8	元

续表

目标层	领域层	指标层(评估指标)	变量标识	单 位
西部大开发政策绩效评估	金融税收	9.第一产业占 GDP 比重*	X_9	%
		10.第二产业占 GDP 比重	X_{10}	%
		11.第三产业占 GDP 比重	X_{11}	%
		12.金融机构存款余额	X_{12}	亿元
	资源产业	13.天然林保护工程面积	X_{13}	万公顷
		14.退耕还林工程面积	X_{14}	万公顷
		15.土地调查面积	X_{15}	万公顷
		16.建设用地面积	X_{16}	万公顷
		17.人均公共绿地面积	X_{17}	平方米
	区域贸易	18.进出口总额	X_{18}	万美元
		19.实际利用外商直接投资金额	X_{19}	万美元
		20.实际利用内资直接投资金额	X_{20}	亿元
	人才开发	21.在校大学生数	X_{21}	人
		22.每年专利授权量	X_{22}	件
	公共服务	23. R&D 经费占 GDP 比重	X_{23}	%
		24.国家财政性教育经费	X_{24}	万元
		25.城镇社区基本服务设施个数	X_{25}	个
		26.基本医疗保险覆盖率	X_{26}	%

(1)评估财政投入政策绩效的指标有 8 个,主要包括铁路营业里程数、公路里程、高速公路通车里程、人均固定资产投资额、GDP 增长率、工业增加值、农村居民恩格尔系数、农村居民人均收入。

(2)评估金融税收政策绩效的指标有 4 个,主要包括第一产业占 GDP 比重、第二产业占 GDP 比重、第三产业占 GDP 比重、金融机构存款余额。

(3)评估资源产业政策绩效的指标有 5 个,主要包括天然林保护工程面积、退耕还林工程面积、土地调查面积、建设用地面积、人均公共绿地面积。

(4)评估区域贸易政策绩效的指标有 3 个,主要包括进出口总额、实际利用外商直接投资金额、实际利用内资投资金额。

(5)评估人才开发政策绩效的指标有 2 个,即在校大学生数和每年专利授权量。

(6)评估公共服务政策绩效的指标有 4 个,主要包括 R&D 经费占 GDP 比重、国家财政性教育经费、城镇社区基本服务设施个数、基本医疗保险覆盖率。

西部大开发政策绩效是指国家实施西部大开发战略以来中央政府和地方政府制定各项政策效应的综合水平，体现了某一时期内政策的实施效果。从某种程度上说，西部大开发政策绩效也是对中央各项优惠政策以及地方配套政策实施成效的综合检验，它主要体现在外在的总体绩效和内在供给质量两个层面。而西部大开发政策绩效评估体系是对西部各省市总体绩效的考核，它也区别于一般的区域经济政策绩效和地方政府管理绩效。因此，对于外在总体政策绩效的综合评估，仅简单地通过计算某一时点上各项指标的加权平均值的传统做法是不合理的，应该采用某一时期内各项指标的“增量值”的加权平均来反映西部大开发政策绩效。为此，我们提出了“指数增量法”的新思路，即用指数值来表征政府在某一时期内各项指标的绩效“增量值”。

设 V_i^0 为第 i 项指标的期初值，V_i^1 为第 i 项指标的期终值，则某项政策在第 i 项指标的绩效增量值 I_i 为

$$I_i = \frac{V_i^1}{V_i^0} \times 100 \text{（当 } V_i \text{ 为正向指标时）}$$

$$I_i = \frac{V_i^0}{V_i^1} \times 100 \text{（当 } V_i \text{ 为负向指标时）}$$

通过对各项指标的指数值的计算，不仅获得了各项指标的“增量值”，而且将不同性质、不同量纲的指数换算成可以进行同度量的指标，有利于指标之间的综合比较与评估。

设 W_{ij} 为第 j 领域层第 i 项指标的权重值，Y_{ij} 为第 j 领域层第 i 项指标的指数值，Q_j 为某项政策在第 j 领域层的绩效分值，则

$$Q_j = \sum_j \sum_i W_{ij} Y_{ij}$$

设 F 为西部大开发政策绩效的综合评价，W_j 为第 j 领域层的权重值，则

$$F = \sum_j^6 W_j Q_j$$

其中 6 表示领域层数。

根据综合评价结果 F 值的大小，可以判断政策绩效的高低，并对西部 12 省市政策绩效的综合效果进行排序和分类。

由于评估对象的特殊性，对于政策实施效果的评估既要考虑政策本身的制定初衷，又要考虑地方政府在政策实施过程中的执行力度和成效，是

一个全面的考察导向，这也使得研究西部大开发政策绩效具有重要的学术价值和实践意义。课题组根据政治学、公共管理学、区域经济学、产业经济学、财政学、统计学等学科的相关理论，紧密结合政策本身和西部地区12省市的实际情况，通过科学遴选和筛选指标建构的西部大开发政策绩效评估体系，有利于提高测评结果的可信性和可靠性，可以作为地方政府在评估政策绩效的参考依据和测评工具。但是，由于受到调查样本、相关统计数据的限制，以及被调查者自身水平的影响，所构建的西部大开发政策绩效评估体系缺乏相应的调查（软性）指标的支撑，使得很多政策性的实施很难用标准化的数据进行描述。特别是对于人才开发政策绩效评估方面，中央对于西部地区的很多智力支持和人才扶持优惠政策，诸如“每年培训干部的专项经费”、“高层次人才生活和工作条件的改善程度”、“人才和智力区域交流幅度”、“人事政策、户籍制度的柔性化程度”等指标，缺乏统计数据支撑，也很难通过大范围的抽样调查，使得对于这个层面的绩效评估指标有所缺失。

第三章

西部大开发政策供给类型绩效的实证评价

西部大开发战略涉及西部地区建设发展的各个方面，包括经济社会协调发展、产业结构调整、生态环境改善、公共服务优化等多个战略目标，是一项涵盖财政倾斜、货币金融、税收优惠、资源产业、区域贸易、人才开发、公共服务多个政策类别的系统工程。总体来说，西部大开发实施10年来，东西部地区经济差距逐渐缩小，西部地区人民生活水平显著提高，基础设施建设和生态环境建设已取得长足发展；西部地区产业结构趋于合理，朝着有序化、规模化和功能化方向发展；科技教育、文化和卫生等社会公共服务功能逐步完善，整个社会主义市场经济体制在西部大开发中逐步得以深化，西部大开发已经由外延式开发向内涵式开发转变。由于西部大开发战略包含了许多领域，在理论建构的西部大开发政策绩效评价指标体系基础上，有必要从不同视角评估相关领域政策实施的绩效。本章主要包括资金投入政策供给的绩效评价、产业引导政策供给的绩效评价、多元投资政策供给的绩效评价和人力资本政策供给的绩效评价四个部分。

第一节　资金投入政策供给的绩效评价

西部大开发实施以来，为了实现西部大开发设定的目标任务，中央实施了一系列的财政倾斜政策，主要包括公共投资和转移支付两种形式。财政倾斜政策强调加大资金投入，从基础层面上调节西部地区与其他地区财力及公共服务水平的差距；从内在层面上促进资源在西部地区的优化配置，加快投资硬环境建设。加大中央财政资金的投入也是实施西部大开发战略的首要举措和唯一出路。国家以公共投资的形式加快西部地区基础设施的建设和提升公共服务水平，以转移支付的形式改善生态环境和人民生活水平，以期实现经济社会全面发展。由此可见，资金投入模式的政策绩效主要体现在基础设施建设、农业发展和生态环境、社会事业发展等几个方面。

一、基础设施建设领域绩效

基础设施落后是制约西部地区加快发展的瓶颈。重大基础设施建设是西部地区生产力布局和优势资源开发、提高投资效率的基础，也是产业分工协作的基础。对于西部地区特别是落后地区的重大基础设施建设投资而言，仅仅依靠民间资本运作和地方财力是根本无法完成的，必须依靠国家财力加大对基础设施的建设，从而引发集聚带动效应。在美国的西部开发中，铁路的修建起到了西部开发"排头兵"的作用。[①] 西部大开发的基础设施建设包括：加快完善综合交通运输网络，构建联通东西、纵贯南北、对接城乡的大通道、大网络；加强水利设施建设，促进水资源节约、保护和优化配置，开工建设一批水资源开发、调配的重点项目；加快信息基础设施建设，统筹网络基础设施建设，提高西部农村和边远地区的网络覆盖率；改善重点区域基础设施建设，以区域中心城市为重点，继续建设一批供水、供热、供电、供气、污水和垃圾处理、大气污染防治等项目。[②] 在我国的西部大开发中，交通基础设施的建设是整个西部地区基础设施建设的薄弱环节，也是必须先行的基础工程项目，成为西部大开发中公共投资的"先行者"。西部大开发实施 10 年来，国家在西部地区相继安排了一批重大开发项目，使西部的基础设施水平有了明显改善。

（一）基础设施建设的资金投入状况

《关于西部大开发若干政策措施的实施意见》明确指出："要加大建设资金的投入力度，提高中央财政性建设资金包括中央基本建设投资资金、建设国债资金用于西部地区的比例。"目前，国家用于西部基础设施建设的资金主要有中央基本建设投资资金、建设国债资金和专项建设资金。实施西部大开发战略近 10 年来，中央不断加大对西部地区的资金支持力度。据统计，为支持改善公共基础设施，国家不断增加中央预算内基本建设资

① 张卫东：《美国西部大开发启示录》，载《今日中国论坛》2006 年第 2－3 期。

② 上海财经大学区域经济研究中心：《2008 中国区域经济发展报告——西部大开发区域政策效应评估》，上海财经大学出版社 2008 年版，第 50 页。

金和国债项目资金用于西部地区的投入。截至2009年9月，中央财政向西部地区下达中央建设投资累计达5507亿元，占已下达投资总额的31.6%，主要用于农、林、水利项目，技术进步和产业升级、社会事业项目，城市基础设施建设、环保、公检法司设施建设等，并适当提高对西部地区项目的补助比例。

西部大开发以来的10年是西部地区经济增长最快、城乡面貌变化最大、发展效益最好的时期。其中，成效最明显、从中得到实惠最多的是西部地区的交通基础设施建设，它也是国家对西部地区投资最多的一项，2000—2008年，西部地区公路水路交通建设累计完成投资13386亿元，是新中国成立到1999年这50年完成投资总和的5.4倍。交通建设完成投资之巨，增长幅度之快，是历史上前所未有的。

（二）基础设施建设的资金投入绩效分析

总体来说，国家对西部地区基础设施建设的投资，极大地改善了西部地区公共基础设施的状况。这种资金投入模式的政策在基础设施建设领域中取得了较为显著的成效，它的绩效主要体现在以下几个方面：

第一，交通基础建设规模不断扩大。公路通车里程快速增加，由1999年的53.3万公里增加到2008年的142.1万公里，是1999年的2.7倍，占全国公路通车总里程的38.1%。路网覆盖范围和等级都不断提升，公路网密度由7.7公里/百平方公里增加到20.6公里/百平方公里，高速公路里程由2529公里增加到16456公里，是1999年的6.5倍，占全国高速公路总里程的27.3%。内河水运基础设施面貌改善明显，长江上游已达到三级航道标准，西江航运干线已达到三级及以上航道标准，嘉陵江、右江航电结合、梯级开发稳步推进，红水河、右江复航工程取得重大突破。民航机场建设力度进一步加大，西部大开发以来共新建、改建机场40多个，西部地区民航运输机场总数达到54个，占全国运输机场总数的38%，已经基本形成了以公路为主体，铁路、航空、内河航道共同组成的初具雏形的综合运输网络。

第二，基础设施技术进步取得新进展。自2000年以来，西部地区国道主干线、西部开发省际公路通道和国家高速公路得到了快速发展。到2008年年底，西部地区国道主干线全部建成；西部开发省际公路通道规划里程15832公里，已全部开工建设，其中86.3%的路段已经建成；国家高速公路网西部地区规划里程35907公里，已建成15493公里，占43%，在建6189公里，占17.2%。西部地区横连东西、纵贯南北、通江达海、联结周边的骨架公路通道初步形成，西部地区干线公路的技术等级和服务水平得到有效提高，西部地区与东中部地区的交通及经济联系明显加强。内河航道渠化和港口建设促进了内河航运作用的发挥，到2008年年底，西部地区内河航道里程达到3.1万公里，占全国内河航道总里程的25%，是1999年的1.4倍；生产用码头泊位数4176个。铁路复线和电气化建设，提高了西部地区的复线率和电气化率，铁路运行速度得到明显提高。

第三，农村基础设施条件有效改善。加强西部地区农村基础设施建设是构建西部农村公共服务体系、建设社会主义新农村的必然要求。2002年，交通运输部启动了针对西部地区12个省市和中部4个少数民族聚集地的“西部通县油路工程”，全面开启了加强农村公路建设的工作。经过近10年的建设，西部地区农村公路建设不断加快，投资力度、通车里程逐年增长。截至2008年年底，西部地区农村公路总里程达120.8万公里，比1999年年底增加了68.7万公里，实现98.29%的乡镇和81.24%的建制村通公路，77.53%的乡镇和35.04%的建制村通沥青(水泥)路。除此之外，还通过人畜饮水工程，解决了西部地区3210万人的饮水困难和饮水不安全问题；通过农村电网改造工程，解决了西部地区969个不通电乡的用电问题，使6.8万个行政村通了广播电视。

第四，综合运输能力明显增强。西部地区的重要运输通道和运输系统的运输能力极大提升，这是交通基础设施建设改善和经济社会迅速发展的重大体现。2000—2008年，西部地区公路货运量和货物周转量分别从25.9亿吨、1581.2亿吨公里增长到49.6亿吨、7101.8亿吨公里，增长了1.9倍和4.5倍；内河水运货运量和货物周转量分别从1999年的0.55亿吨、180亿吨公里，增长到2亿吨、1199.8亿吨公里，增长了3.6倍和6.7倍。广西沿海港口吞吐量由2000年的1288万吨，增长到2008年的5828万吨，年均增长44%。西部地区公路运输车辆逐渐向大型化、专用化、厢式化发展，推动了西部地区快速客运、快速货运、公路集装箱运输以及现代物流业的迅速崛起，推动了传统客货运输向新型现代化的客货运输发展。

第五，重点工程项目稳步推进。2000—2008年，国家已安排西部大开发新开工重点工程102项，投资总规模17400多亿元。2009年国家计划新开工18项重点工程，投资总规模为4689亿元，这18项重点工程主要涉及公路、铁路、机场等交通基础设施建设以及水利枢纽、水电站建设等。这些重点工程的开工建设，对于贯彻落实西部大开发战略，推进西部地区经济社会发展，改善群众生产生活条件发挥了重要作用。

为了能够更好地说明中央建设资金的投入力度对于西部地区基础设施建设所产生的积极作用，充分强调资金投入模式的政策绩效，我们以1999—2008年的统计数据为依据，运用SPSS 16.0统计软件包对西部12省市交通基础设施基本建设投资额和西部12省市铁路营业里程、公路里程、高速公路通车里程进行相关性分析检验。

研究结果表明，西部地区交通基础设施基本建设投资额与铁路营业里程数、公路里程数和内河航运里程数之间的Spearman相关系数分别为$r_1=0.748$、$r_2=0.867$、$r_3=0.636$，在0.05的显著水平条件下达到统计显著性相关。这说明了基本建设资金投入水平与铁路营业里程、公路里程和内河航运里程等交通基础设施产出水平具有高度相关性，中央加大建设资金投入力度的政策绩效总体上是好的，更多地体现在铁路和公路建设方面。

以交通条件为代表的基础设施建设的改善拓展了西部地区资源、矿产、农业、旅游等优势产业的市场空间，提高了产业竞争力，助推了西部经济社会发展。实践也充分表明，加快基础设施建设是促进西部地区经济社会持续发展、不断增强对外开放广度和深度的先决条件，是关系西部大开发全局的重大举措。然而，从政策实施的具体层面看，由于受历史、自然、地理环境和经济社会等诸多因素的影响，西部地区不同省市的自身发展状况和中央建设资金投入力度的不同，也呈现出许多问题，主要体现在以下几个方面：

第一，交通基础设施投资比重仍然较低。西部大开发以来西部地区交通基础设施建设投资要比大开发之前显著增加，基本与中部地区一致，但仍然远低于东部地区。以2008年数据为例，东、中、西部地区交通基础设施基本建设投资的比例为49∶20∶31。

第二，交通基础设施投资空间分布不平衡。交通基础设施建设投资与地区的经济发达程度和地理区位优势有着较为密切的关系，综合比较西部地区12个省市，投资累计排名前四的省市区依次是四川、内蒙古、云南和陕西，分别为4269亿元、3176亿元、2796亿元和2627亿元；投资最少的四个省市分别是西藏、宁夏、青海和甘肃，分别仅为499亿元、566亿元、630亿元和899亿元，远远低于其他省份（如表3-1所示）。

表 3-1　西部大开发以来西部 12 省市交通基础设施基本建设投资变化趋势

（单位：亿元）

地　区	2000	2001	2002	2003	2004	2005	2006	2007	2008
重　庆	138	155	214	309	446	228	263	353	449
四　川	326	344	442	560	887	278	371	433	628
贵　州	47	82	98	97	134	145	176	194	258
云　南	160	168	233	262	434	338	405	421	375
西　藏	24	32	45	58	67	63	68	68	74
陕　西	134	137	182	267	474	241	355	389	448
甘　肃	62	74	77	78	117	137	136	102	116
青　海	37	55	67	68	84	59	70	86	104
宁　夏	39	49	71	90	104	44	51	49	69
新　疆	126	139	186	213	267	212	183	169	247
内蒙古	101	126	203	347	665	362	398	501	473
广　西	78	95	96	127	163	196	229	314	432
西部地区	892	1034	1147	1376	1821	2302	2706	5088	5682

资料来源：根据历年《中国统计年鉴》相关数据整理而得，本表中交通基础设施基本建设投资额来自“交通运输、仓储和邮政业”的固定资产投资额。

第三，交通基础设施投资对于区域增长的直接拉动作用不明显。交通基础设施投资与交通运输业的发展对经济增长有正面的促进作用，但它并不是经济增长的原因，单纯依靠交通基础设施投资并不能促进经济增长，经济增长是各种因素综合作用的结果，这些因素包括地区劳动力状况、技术水平、区域制度、文化背景，等等。

二、农业发展和生态环境领域绩效

农业发展和生态环境建设是西部大开发资金投入模式政策中又一关注的领域。农业问题关系国民经济命脉，生态环境问题关系国家可持续发展的战略选择，特别是在西部地区，由于“三农”问题的突出和生态环境的恶化，这两个问题已经成为区域战略层面高度关注的焦点。从财政投入上说，农业发展主要指的是涉及西部地区的扶贫开发和农村税费改革两个主要方面；生态环境建设主要指的是重点生态建设工程和退耕还林还草工程。

（一）农村扶贫开发的资金投入状况

根据国务院西部开发办的统计资料显示，2000—2009 年中央财政补助西部地区的扶贫资金累计达 787 亿元，占该项资金总额的 62.9%。关于经济增长与缓解贫困关系的计量研究表明，在经济增长的初始阶段，贫困发生率的下降与经济增长密切相关,但经济增长对贫困发生率下降的影响力会随着时间的推移逐渐减小。对于扶贫资金配置的计量研究表明,贫困县的贫困发生率每增加 1 个百分点,人均总扶贫资金、中央扶贫资金、中央扶贫专项贷款、中央财政扶贫资金和中央以工代赈资金的分配则分别增加 0.76 元、0.9 元、0.46 元、0.20 元和 0.23 元。所有扶贫资金的分配乡村人口数呈高度负相关,说明中央扶贫资金配置取决于贫困县的贫困人口数量,而不是乡村人口数量。[①] 这些扶贫资金主要用于发展西部地区,特别是基础设施建设、农村公共设施建设、农村教育投资等,努力提高西部贫困地区人口文化素质,大力发展西部贫困地区经济,从而缓解西部地区的贫困压力,这也充分印证了经济增长与缓解贫困关系、扶贫资金配置问题的实证研究。

(二)农村扶贫开发的资金投入绩效分析

通过扶贫开发,大大改善了西部贫困地区的生产生活条件,促进了贫困地区经济社会发展。西部贫困人口的数量和贫困发生率都有持续下降的趋势。根据国家统计局的相关数据,西部地区低收入以下贫困人口从 2001 年的 5535.3 万人减少到 2008 年的 2648.8 万人,贫困发生率从 19.8%下降到 9.3%,下降了 10.5 个百分点,比全国同期快了 4.5 个百分点。西部国家扶贫开发工作重点县农民人均纯收入有了显著提高。重点县农民人均纯收入从 2001 年的 1197.6 元增加到 2008 年的 2482.4 元,增长 107.3%,比全国重点县的增长幅度高 2.9 个百分点。截至 2008 年年底,西部国家扶贫开发工作重点县通公路、通电、通电话、通广播电视的自然村比重分别为 82.5%、95.6%、83.9%和 91.2%;有幼儿园或学前班、卫生室、合格乡村医生或卫生员、合格接生员的村比重分别为 50%、75.5%、75.6%和 72.8%。这两类指标已经接近全国平均水平。西部贫困地区的交通通信、农田水利、教育卫生等基础设施以及农民的生产生活条件也有了极大的改善,特别是中央对西部地区投入的以工代赈物资和资金,为经济发展打下了坚实的基础,也使得西部贫困地区的大量剩余劳动力得以利用,增加了贫困地区农民收入,产生了巨大的社会和经济效益。

然而,这种资金投入式的扶贫开发也存在许多的问题,诸如扶贫资金投入不足,缺乏科学的政策机制,尤其是扶贫投入中存在着部分县乡转移、挪用资金的问题,导致部分贫困人口没有直接受益,财政扶贫资金的投入

① 《中国可持续发展总纲》第 19 卷,科学出版社 2007 年版。

难以帮助贫困农户完成原始积累等一系列问题；扶贫资金渗透严重，存在着资金挪用、贪污、截流和挤占等问题，而且资金管理较为混乱，监督、审查制度不够健全；扶贫资金使用效率低，这些主要是由于管理不善导致大量资金渗透造成的。

(三)生态环境建设的资金投入绩效分析

在西部地区经济快速发展特别是农业发展总体较好的同时，也必须重视西部地区的生态环境问题，这也是西部大开发中的一项重要任务。截至2008年，西部12省区市林业投资2150.64亿元，其中基建399.61亿元，财政1751.03亿元，分别占全国总投资比例的56.9%、53.1%和57.9%。国家在西部地区先后启动了退耕还林还草、退牧还草、天然林保护、风沙源治理等一批重点生态建设工程。按照国办发[2001]73号文件的精神，为了实施天然林保护工程，国家在安排基建投资、财政专项补助资金和地方财政减收补助资金等方面，对西部地区给予支持。其中，基建投资包括封山育林育草、飞播造林、人工造林和种苗设施建设补助等；财政专项补助资金包括森林管护事业费、国有林区森工企业基本养老保险补助费、政策性社会性支出补助费、下岗职工基本生活保障费补助和下岗职工一次性安置费补助。对因实施天然林保护工程影响地方财政收入部分，中央财政在一定时期内给予适当补助。据统计，仅2000—2009年，中央累计安排西部工程省区市523.7亿元；国家累计免除西部工程省区市森工企业国内金融机构债务48.4亿元，免除到期的世行贷款4.6亿元。截至2009年年底已完成造林面积1.87亿亩，占规划任务的112%。

西部地区环境保护与建设的另一项重点工程就是退耕还林工程。退耕还林是实施西部大开发战略的重大工程。西部大开发实施10年来，中央已累计安排西部12省区市退耕还林资金补助1183.0亿元，安排西部12省区市退耕还林任务2.37亿亩(包括退耕地造林0.87亿亩，宜林荒山荒地造林1.33亿亩，封山育林0.17亿亩)；同时，颁布了《退耕还林条例》，出台了有关于退耕还林还草的政策措施、粮食补助等文件，制订了《退耕还林工程建设验收办法》等管理办法和标准，建立了县级自查、省级复查、国家级核查三级检查验收制度。据不完全统计，2000—2006年西部地区累计治理水土流失1600万公顷，实施生态自然修复面积2800万公顷，累计完成退耕地还林582万公顷(全国926.4万公顷)，荒山荒地造林825.6万公顷(全国1500万公顷)，退牧还草2900多万公顷，生态易地搬迁140多万人。这项工程既有效地改善了西部地区的生态环境，同时退耕还林钱粮补助又直接实现了农民增收。这些补助总体上约占退耕农民人均纯收入的10%，西部地区高于10%。[①]

在开展保护生态环境的同时，国家也在加大对环境保护的投入力度。2000年以来，国家支持西部地区环保项目主要有：全国监测网络（辐射及地表水部分）建设项目、全国危险废物和医疗废物处置设施建设项目、中央环境保护专项资金项目、中央主要污染物减排专项资金项目、冰冻雨雪灾后环境监管能力恢复重建与应急监测项目、地震灾区环境应急监测专项资金项目、中西部环境监察执法能力建设专项资金项目、国家级自然保护区专项资金项目、集约化畜禽养殖污染防治专项资金项目等，资金达518503.9万元。此外，通过开展大规模的水土流失综合防治、中心城市污染治理、三峡库区和滇池流域水污染防治、塔里木河综合治理等工程，共投资450多亿元，陕北地区、内蒙古中东部等局部地区已经再现青山绿水，植被林木恢复很快。但是，西部地区生态环境恶化的态势尚未得到根本性遏制，特别是在以开发资源为主的西部经济发展模式下，资源环境承载着巨大的压力，西部地区水土流失面积占我国水土流失总面积的62.5%，沙化面积占我国沙化总面积的90%以上。西部地区生态破坏依然严重，生态系统呈现由结构性破坏到功能性紊乱演变的发展态势。根据有可比资料的广西、陕西等9省区计算，因生态破坏造成的直接经济损失相当于同期GDP的13%。

三、社会事业发展领域绩效

西部大开发不仅要提高西部地区的经济发展水平，其最终的落脚点还是要切实提高西部地区人民的生活质量。社会事业的发展直接影响到西部地区人民的生活质量。由于受到西部地区经济水平发展的制约，社会事业发展一直是比较薄弱的环节，在一定程度上影响了人民生活质量和公共服务水平的提升。特别是公共服务均等化战略的提出，西部地区的社会事业发展已经成为考验政府提供公共服务能力的一个重要指标，也是西部大开发中必须关注的一个问题。

（一）社会事业发展的资金投入状况

国家加大对西部地区社会事业发展的投入已成为当前及今后一段时

① 2007年10月10日，国家林业局退耕还林专题新闻发布会上公布的数据。资料来源于国务院西部地区开发领导小组办公室网站。

间的主要政策。目前，国家对于西部地区社会事业发展的政策支持是资金投入的模式。具体来说，主要是通过财政转移支付来实现的，包括一般性财政转移支付、专项资金补助（专项财政转移支付）等方式。社会事业包括的内容比较广泛，如科技、教育、文化、卫生、体育、社会保障等。具体来说，在科技事业的发展上，国家设立的各项科技基金、科技计划经费等专项经费向西部地区倾斜；在教育事业的发展上，国家把西部民族地区、山区、牧区和边境地区列为"国家贫困地区义务教育工程"重点地区，中央财政予以重点支持，以多种方式支持西部地区大力发展各具特色的职业教育，加快教育信息化建设；在文化卫生事业的发展上，中央卫生事业补助专款向西部地区公共卫生事业发展薄弱的地区和领域倾斜，全国文化设施维修专项补助经费和全国"万里长廊"专项补助经费向西部边疆地区县级以上（含县级）文化部门所管辖的文化馆、文化中心、群艺馆、图书馆、排演场（厅）、剧院（团）等文化单位倾斜等。因此，财政性转移支付是保障西部地区社会事业持续发展的重要手段。

第一，一般性财政转移支付。一般性转移支付是实现政府间纵向和横向财力均衡与基本公共服务均等化的有效手段。作为1994年分税制财政管理体制改革的配套措施，我国从1995年起实施以均等化为目标的一般性转移支付制度。特别是2002年所得税收入分享改革，将中央财政从所得税改革集中的收入全部用于一般性转移支付，建立了一般性转移支付稳定增长机制，转移支付规模持续快速增长，从2000年的1089亿元增加到2008年的7933亿元，年均增长28.2%；2000—2008年中央财政对西部地区转移支付累计达30338亿元，占中央对地方转移支付总额的43.6%，使中西部地区与东部地区的财力差距明显缩小。

特别是根据国办发[2001]73号文件关于"要加大对西部地区，特别是民族地区（指民族自治区、享受民族自治区同等待遇的省和非民族省份的民族自治州）一般性财政转移支付的力度"的要求，中央财政对西部地区民族地区转移支付从2000年的25亿元增加到2009年的163亿元，年均增长29.6%，2000—2009年累计完成转移支付1232亿元，占民族地区转移支付总额的97.1%。然而，从总量上看，一般性财政性转移支付的数量还是太小，并不能真正起到缩小东西部公共物品供给上的差距、促进东西部公共服务均等化的作用。

第二，专项资金补助。专项资金补助主要是针对某一特殊群体或某一特殊领域的。目前，中央对地方的专项资金补助有国有企业下岗职工基本生活费、企业离退休人员基本养老金和城镇居民最低生活保障金支出，还有教育、科技、卫生、政法、文化、文物等专项事业费补助支出。“十五”期间，国家及国家有关部门按照国办发[2001]73号文件的要求对西部地区给予了多种专项资金补助支持。“十一五”期间，国家更加强化政府社会管理和公共服务职能，加大国家资金扶持力度，着力加强西部地区社会发展薄弱环节，努力提高西部地区基本公共服务水平，相继实施了西部地区农村寄宿制学校建设工程、中西部农村初中改造工程、农村公共服务体系工程、科技公共服务平台建设工程、西部科普专项工程、乡镇综合文化站建设工程、重点文化自然遗产和民族民间文化保护工程等涉及社会事业发展的14项基本公共服务重点工程。有关中央财政以转移支付或通过专项补助资金的方式用于西部地区社会事业发展的主要政策投入见表3-2所示。

表3-2　中央财政用于西部地区社会事业发展的主要政策

（以2003—2006年为例）

年　份	中央财政用于西部地区社会事业发展的主要政策
2003年	1. **科技**：西部科技经费筹集额中来源于政府的投入占经费总额的40%以上。 2. **教育**：农村中小学现代远程教育工程5亿元；“危改”工程20亿元；教科书专项资金4亿元；寄宿制学校改造专项资金6亿元。 3. **文体**：文体广播专项资金5.55亿元；“西新工程”专项经费7.4亿元。 4. **卫生**：疾病预防控制体系建设项目专项资金7.9363亿元；农村合作医疗补助资金1.5亿元。 5. **社保**：企业职工基本养老保险基金补助支出148.11亿元；国有企业下岗职工基本生活保障补助支出43.11亿元；城市居民最低生活保障补助支出33.03亿元。
2004年	1. **科技**：西部科研基地的基础设施建设投入经费4840万元；引导中央及地方配套近1.6亿元。 2. **教育**：农村义务教育专项资金63.81亿元；教科书专项资金8.7亿元；寄宿制学校改造专项资金控制额度30亿元；中央财政设立职业教育专款、民族教育专款。 3. **文体**：图书馆、文化馆建设项目1亿元；送书下乡工程专项经费2000万元。 4. **卫生**：公共卫生服务体系基础设施建设资金48.47亿元；农村合作医疗补助资金1.72亿元。 5. **社保**：下岗职工基本生活和再就业补助资金50亿元；基本养老保险补助资金170亿元；“金保工程”建设西部补助资金1.2亿元。

续表

年份	中央财政用于西部地区社会事业发展的主要政策
2005年	**1. 科技**：通过科技攻关计划、863计划等安排项目1466个，支持经费11.5亿元。 **2. 教育**：农村义务教育专项资金56.9亿元；“危改”工程11.9亿元；教科书专项资金15.4亿元；寄宿制学校改造专项资金30亿元；职业教育专项资金4.4亿元。 **3. 文体**：图书馆、文化馆建设项目1亿元；送书下乡工程专项经费2000万元；文化共享工程专项资金2000万元；西部艺术研究课题资助经费116.5万元。 **4. 卫生**：公共卫生服务体系建设专项资金23.7亿元；公共卫生专项安排资金3520万元。 **5. 社保**：下岗职工基本生活和再就业补助资金58.8亿元；基本养老保险补助资金176亿元。
2006年	**1. 科技**：“西部之光”专项经费1850万元。 **2. 教育**：教科书专项资金15.42亿元；免杂费补助资金58.74亿元；提高公用经费保障水平补助资金13.67亿元；农村中小学校舍维修改造资金15.59亿元；寄宿制学校改造专项资金15亿元；中等职业教育国家助学金2.36亿元。 **3. 文体**：文体广播专项资金10.16亿元；送书下乡工程2000万元；西部艺术研究课题资助经费170万元；农村广播电视节目无线覆盖工程2.23亿元；农村电影放映工程设备补助资金3869.2万元。 **4. 卫生**：公共卫生专项资金23.75亿元；新型农村合作医疗补助资金16.59亿元。 **5. 社保**：下岗职工基本生活和再就业补助资金68.71亿元；劳动力市场建设补助资金380万元；基本养老保险补助资金222亿元；低保补助支出49.29亿元；企业关闭破产补助资金72.3亿元；医疗救助制度建设资金6.96亿元(含彩票公益金4.41亿元)。

资料来源：根据2004、2005、2006、2007年国家西部开发报告相关数据整理而得。

与此同时，西部地区各省、市、区也加大了对社会事业发展的财政投入，以2008年西部12省市的社会事业领域的财政支出为例，地方财政用于教育、社会保障和就业、医疗卫生的支出占较大比重，而对于科学技术的财政支出比例最小。西部地区社会事业的财政支出比较如表3-3所示。

表 3-3　2008 年西部 12 省市社会事业发展财政支出情况　（单位：万元）

地　区	一般预算支出	一般公共服务	教育	科学技术	社保和就业	医疗卫生
重　庆	10160112	1390183	1534951	151279	1722665	516362
四　川	29488269	3637823	3692812	258150	4489554	1435606
贵　州	10537922	1842076	2297665	129878	1074568	674375
云　南	14702388	2171232	2419508	176695	2247201	1045872
西　藏	3806589	640632	470800	29033	279000	163548
陕　西	14285208	2261364	2649055	171448	2455574	783906
甘　肃	9684336	1271358	1829256	94743	1536984	583150
青　海	3635950	694155	488084	39664	655673	246615
宁　夏	3246064	423470	540553	43265	370490	171073
新　疆	10593638	1784436	1992132	148358	1090598	586403
内蒙古	14545732	2433914	2064017	153634	1915179	598205
广　西	12971100	2245366	2512210	162149	1289769	787683
西部地区	137657308	20796009	22491043	1558296	19127255	7592798

资料来源：根据《中国统计年鉴》(2009)整理而得。

（二）社会事业发展的资金投入绩效分析

实施西部大开发以来，国家对于西部地区社会事业的资金投入力度是逐年增长的。从科学技术投入看，国家科技计划对西部的投入由 2000 年的 4.17 亿元增加到 2008 年的 26.15 亿元，增长了 5.3 倍；此外，中央还在农业、能源等领域组织实施了一大批科技项目，累计安排经费 114.8 亿元。从医疗卫生投入看，2008 年，中央财政对西部地区 12 个省（区、市）共投入卫生专项经费 242.3 亿元，占全国 47%，比 2000 年的 1.5 亿元增加 240.8 亿元，增长 161 倍；2009 年以来，安排中央专项投资 200 亿元，其中安排西部地区 89.7 亿元，支持 2137 个机构建设，分别占总投资和项目总数的 44.9%、37.6%。

通过加大对社会事业各方面的资金投入，使得社会各项事业发展也呈现出强劲的势头。以科技活动为例，截至 2008 年，西部地区拥有科技活动人员 79.3 万人，从事研究、开发的科学家和工程师达到 53.4 万人，分别占全国的 16%和 15.5%，人数比 2000 年分别增长 16.14%和 44.09%。专利数量大幅增加，2008 年，西部地区国内专利申请数为 64152 件、授权数为 33353 件，比 2000 年分别增长 291.6%和 195.2%；西部地区高新技术产业实现产值3304亿元，比2000年增长262.37%；技术交易额达到214.5亿元，比上年增长32.5%，大大高于全国平均19.7%的增速。以医疗卫生为例，截至2009年，西部地区有1052个县(市、区)开展了新型农村合作医疗，占全国总数的38.7%，西部地区所有有农业人口的县(市、区)均已建立新型农村合作医疗制度；西部实际参加新型农村合作医疗农业人口2.6亿，参合率[①]达到93%；与此同时，西部地区农村公共卫生设施建设得到加强，建成疾病预防控制体系和公共卫生突发事件医疗救治体系建设项目3000多个，并进一步增加对农村乡镇卫生院及县级医疗机构建设的支持。

但是，从财政资金转移支付的政策本身来看，由于受到政府职能转变不到位、政府间权责不清晰、政府统计体系不完备、既得利益刚性等因素的制约，社会事业和公共服务的发展水平与东部地区的差距仍然很大。加之对规范转移支付的重要性认识不足、专项转移支付项目管理不够规范、专款配套政策缺乏、转移支付监管力度缺失，使得财政转移支付的手段在分配总体上不足以起到缩小西部地区发展差距的作用。自身的政策体制存在一些问题：

第一，财政转移支付种类过多，转移支付结构不尽合理。由于我国一般性转移支付规模偏小，中央在出台新的重大政策时，特别是要求地方政府提供配套资金的政策时，为保证政策的顺利实施，往往会对财力相对困难的省市相应地转移支付补助，从而造成我国现行的转移支付种类众多的现象。例如，为照顾民族地区发展出台的民族地区转移支付补助；为国家出台的增资政策而实行的调资转移支付补助等。这种种类复杂的转移支付补助的存在，造成年终中央与地方结算时，手续繁杂，不利于转移支付制度的规范。

第二，转移支付的总体结构偏离了公共服务均等化的初衷。世界上大多数国家都以均等化和专项转移支付两种类型的转移支付为主，而我国却形成了以体制补助、专项补助、结算补助、税收返还和公式化补助等五种形式的转移支付类型。在现行的财政转移支付体系中，除了一般性转移支付(2002年前是过渡期转移支付)外，其他形式的转移支付基本上起不到均等化作用。前者明显偏低，后者明显偏高，结构极不合理，没有根据中央政府政策目标的优先次序进行确定。

第三，转移支付的分配不规范，带有相当大的随意性。目前，我国财政

① 注：参合率为专有名词的缩略语，即参加新型农村合作医疗的比率。

上所采用的分税制体制中保留了原有的体制补助和体制上解。这种资金的双向流动不仅不符合分税制的要求，而且不论是补助还是上解，其数据的确定都是各种利益博弈的结果，缺乏统一规范的科学方法和合理的科学依据，根本上无法实现财政均衡化的目标。此外，现有的财政专项拨款范围太宽，几乎覆盖了所有的预算支出科目，不少专项资金的分配使用缺乏事权依据，费用分摊标准和专项资金在各地区之间的分配方法都缺乏严格的制度约束，容易出现资金使用的分散、浪费和低效率。

第四，财政转移支付监督机制不够健全，转移支付资金的使用缺乏有效制约。目前我国还缺乏针对财政转移支付资金使用情况而设置的监督制约机制，当中央财政转移支付补助资金下达到地方后，地方政府支配转移支付资金存在相当大的随意性，往往不能充分贯彻中央政府通过转移支付补助所表达的政策意图。特别是当地方政府与中央政府的支出偏好不一致时，挪用资金的情况就时有发生。对转移支付资金，特别是一般性转移支付资金拨付后的使用情况过问得少、检查得少，没有建立一套有效的监督、审计系统，对资金的使用效果还不能及时、准确地掌握翔实、可靠的信息，不能作出有效评价。

第二节　产业引导政策供给的绩效评价

继续实施西部大开发，把战略重点从财政倾斜转移到西部地区战略性产业结构布局，是更为有效可行的。合理的产业布局是缩小东西部地区经济发展差距的内在本质要求，也是优化经济的一个重要手段。如果说资金投入的政策模式带动了西部相关的大开发，那么产业引导的政策模式也助推了西部经济的增长，使其遵循经济结构的内涵开发演进，按照主体功能区的定位要求，朝着国家鼓励性的产业方向发展。国家通过货币金融、税收优惠、资源产业政策调整三大产业之间的经济结构，注重以特色农产品开发和农业现代化为代表的第一产业，以能源、电力、石油等重工业为代表的第二产业，以现代服务业和金融业、高新技术产业为代表的第三产业，真正实现产业结构内部的有机协调和合理配置，以期提升整个产业的综合竞争力。而产业竞争力也是区域竞争力中的一个主要评价指标。由此可见，产业布局实际上是政府对产业空间发展的一种调控行为，是对产业分布的一种重新调整和组合。产业引导模式的政策绩效主要体现在三大产业之间的比例结构、特色优势产业以及现代金融服务业的发展等方面。

一、西部地区的产业结构调整绩效

区域战略性产业是关系到国民经济发展和区域战略性产业结构合理化的关键性、全局性、长远性产业。它是指对一国或一个区域经济长期发展,即对区域战略性产业结构的升级、转换、经济可持续发展起根本性、全局性作用的产业。一国或一个区域的产业发展,既与产业政策导向有着密切的关系,也与产业结构调整有着必然的联系。而产业结构的调整是一个不断由低级向高级、从不合理到相对合理的发展过程。这个过程的时间延续与一个地区的经济发展水平或工业化程度有着极其重要的关联性。实施西部大开发战略以来,国家相继开工建设了一批重大工程设施和项目,以加大对西部地区经济的支持和投资力度;同时,针对西部地区的特色资源和国家能源战略布局,提出了巩固农业基础地位、调整工业结构、发展特色旅游业等任务目标。为此,在货币金融政策、税收优惠政策和资源产业政策的相互协调、作用下,国家大力支持西部战略性产业的发展。目前,国家重点扶持的西部战略性产业包括:一是在资源禀赋比较好的地方,比如西部的水力、石油天然气、煤炭、风能、太阳能、生物质能、地热等能源资源富集的地方,铝铜锌等有色金属、稀土、钾磷肥、矿盐等矿产资源丰富的地方,土地、劳动力等资源充裕的地方,可以相应地发展具有资源优势的产业;二是在一些国防科技力量比较发达和智力资源比较雄厚的城市,则需要加快发展具有市场竞争力的机械装备工业、航空航天业、新能源、新材料、生物技术和信息技术等高新技术产业;三是在农业气候多样性突出的地区可以大力发展以农副产品和加工为主体的肉、奶、毛皮、糖、酒、烟、果等食品工业和轻纺业;四是在旅游资源和人文资源独特的地方,积极发展特色旅游业和文化产业。

(一)产业结构的总体变动状况

库兹涅茨的统计分析表明:随着经济的发展,第一产业实现的国民收入相对比重下降,而第二、三产业实现的国民收入所占比重呈上升趋势,这也是经济发展过程中产业结构的变动趋势。总体来说,西部地区产业结构随着西部大开发政策实施推进,西部 12 个省市的三次产业产值占地区 GDP 比重发生了较大的变化,产业结构总体得到进一步优化和提高,以产业引导模式的政策框架在产业结构的变动中起到一定的作用。如图 3-1 所示,国民经济三大产业比重由 1999 年的 23.79 ∶ 41.01 ∶ 35.20 调整为

2008年的15.56∶48.1∶36.34。其中，第一产业比重持续下降，累计降幅8.23%；第二产业平稳中略有上升，累计增长7.09%；第三产业总体呈现起伏波动状态，2005年第三产业比重达到峰值39.52%，2008年后回落至36.34%，与第二产业的发展呈现此消彼长的态势。

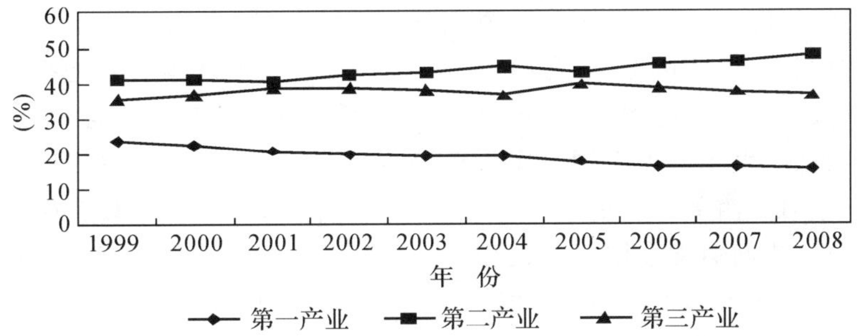

图3-1　1999—2008年西部地区三次产业占地区GDP比重

资料来源：根据《中国统计年鉴(2000—2009)》三次产业比重数据整理所得。

由此可见，在适度宏观调控和国家整体发展战略的积极影响下，特别是西部大开发的10年中，西部地区不仅经济总量和经济增长速度有明显提升，西部地区国内生产总值由1998年的14647.38亿元增加到了2008年的58256.58亿元，年均增长率11.42%，高于全国9.64%的年均水平，是新中国成立以来增长最快的10年。此外，三次产业结构也有较快的上升和升级，西部地区的工业化进程在逐步提升。从产业结构的绝对比例上看，2008年全国三次产业的比重为11.3∶48.6∶40.1，西部地区的第一、三产业结构仍然存在进一步优化和提高的空间，逐渐呈现出“二三一”的产业结构。

(二)第一产业发展的绩效评价

第一产业是国民经济的基础，关系到地区经济的繁荣和社会的稳定。农业发展模式必须从粗放型向集约型转变，进一步降低第一产业在国民经济中的比重，逐步改善农业基本生产条件，加快农业科技进步，提高农业综合生产能力。因此，在金融信贷上国家继续加大对西部地区支农贷款额度，完善小额信用贷款、小额联保贷款等运作与管理，扩大在西部的覆盖面，鼓励农村基础设施建设和农业机械化等发展农业生产力的信贷投向。西部地区农业实现了较快增长，取得了长足的进步，但同时产业内部也存在一些质的问题。第一产业发展的绩效主要表现在以下几个特点：

第一，农业生产总值大幅上升，但是农业生产力仍处于较低水平。西部地区第一产业有很大程度的发展，增长速度快于全国平均水平。从西部地区总体看，农林牧渔业总产值从1999年的5640.1亿元增长到2008年的14860.3亿元，累计增幅62.05%，比同期全国累计增幅高出个4.32百分点；从西部地区12个省市看，农林牧渔总产值环比增长速度除了2000年广西、重庆、青海、宁夏等省市有下降以外，其他各年度各省市均实现了不同程度的增长。由此可见，与之相关的产业引导模式的政策有效地推动了西部农林牧渔总产值的增长，有效地提高了西部地区农业的综合生产能力。然而，较低的生产力水平制约了农业综合生产能力的进一步提升，主要是由于国家对于西部地区的农业机械化投入不足和农民自身教育文化的缺陷。这里，我们通常采用农业机械总动力水平、农村用电量和农用化肥使用量三个量化指标来描述农业的生产力水平，其中，农业机械总动力水平、农村用电量两个指标反映了农业机械化水平，而化肥使用量指标反映了农业的科技水平。以2008年数据为例，西部12省市三个指标分别为18430.1万千瓦、557.7亿千瓦时和1402万吨，仅为全国同类指标总水平的22.42%、9.76%和26.77%，从某种程度上揭示了农业机械化水平和农业科技水平总体不高的特点。

第二，第一产业比重下降速度较快，但是产业内所吸纳的就业人数比例与全国平均水平仍然存在一定的差距，这也说明了西部地区有着大量的劳动力需要向第二、三产业转移，逐步走工业化、城市化的发展道路。在国家财政投入、金融信贷、税收优惠等政策的综合作用下，西部地区农业改变了以往的粗放式的发展模式，坚持以市场为导向，着力调整产业结构，走以集约型为主的农业现代化之路。经过数十年的调整与转变，第一产业所占GDP的比重由1999年的23.79%下降到2008年的15.56%，总共下降了8.23个百分点。但是，从其绝对数与全国和东部地区相比仍然偏高，主要体现在产业内所吸纳的劳动力就业人数上。按照不同产业之间的就业比例划分，发达国家三次产业就业比例一般为5∶31∶64，中等收入国家为32∶27∶41，低收入国家为69∶15∶16。2008年，全国三次产业劳动力就业分布比例中第一产业占39.6%，东部地区为28.24%，而西部地区则为50.16%。第一产业就业比例的过大就相应地导致了收入差距的扩大，使其仍然处于低收入地区水平范围。由此可见，第一产业总量比重的下降并不能完全代表产业结构的合理、有序，还应该充分关注劳动力就业、GDP贡献率、农业现代化水平等因素。

第三，主要农产品产量大幅增长，农业内部结构调整合理，但是特色农业的带动作用不凸显。从西部地区总体看,粮食、棉花、油料等主要农产品产量从1999年的13375.9万吨、149.8万吨、598.5万吨分别增长到2008年的13951.9万吨、327.1万吨、754.1万吨,均高于同期全国增幅水平。同时,由于西部地区退耕还林还草、特色农业发展态势良好,种植业、畜牧业都有较大幅度发展,农业内部结构优化明显。1999年西部农业内部结构中,农业所占比例高达62.19%,而林业、牧业和渔业分别仅为3.92%、30.84%和3.05%;2008年农、林、牧、渔业比重分别为50.23%、4.25%、39.61%和2.73%,其中农业所占比重有大幅下降,累计降低了近12个百分点,基本与全国水平持平;而在《关于加快西部地区特色农业发展的意见》的政策引导下,西部地区的优势产业林业和牧业比重分别上升了0.33和8.77个百分点,在农业总产值中的比重均超过全国平均水平。然而,许多特色农业和农产品还没有形成规模效应,许多农副产品的深加工还有待进一步挖掘,诸如对于西部地区而言的特色蔬菜、药材、瓜果以及其他一些经济作物等。应该在此基础上加大对特色农业企业的贷款支持力度,促进西部特色农产品尽快走向市场,形成较好的现代农业产业链,以提升国内及国际市场上的竞争力。

(三)第二产业发展的绩效评价

第二产业在三大产业中居于主导地位,是国民经济的命脉,也是三大产业良性互动的枢纽和经济增长的主要动力,更是缩小东西部差距、协调区域经济发展的关键。第二产业主要包括工业和建筑业,这里主要以西部地区工业发展为代表,对建筑业则不做详细评价。总体而言,西部地区第二产业呈现出良好的发展态势,主要得益于西部大开发各项政策的稳步推进,提出了西部地区应该着重发展能源、电力等优势产业,提高西部地区的科技创新能力,培育高新技术产业等战略。在具体的实施过程中,国家以税收优惠、税收减免以及相关矿产资源开采等政策措施向重点产业倾斜,同时也加大了对西部地区能源、电力等建设资金的投入和金融信贷支持。在国家宏观调控的引导以及西部大开发战略的指引下,工业增加值、固定资产投资呈现逐年增长的趋势。但是,产业内部仍然存在着比较突出的结构性矛盾,企业综合竞争力有待进一步提高。第二产业发展的绩效主要表现出以下几个特点:

第一,工业生产总值大幅增长,但工业规模总量仍然较小。西部大开发政策实施以来,西部地区工业总产值实现了量的飞跃,从1999年的8555.18亿元上升到2008年的61527.74亿元,累计增长86.1%,充分说明了西部各省市工业经济在以较快的速度实现增长，给西部区域总体经济带来了新的活力，已经成为支撑和带动西部经济发展的主要力量。但是，从西部地区工业总产值占全国的比例来看，其上升速度比较缓慢，西部地区第二产业总值所占全国的比例从1999年的11.77%到2008年的12.12%，远远落后于东部地区，工业总体规模较小、发展水平较低。特别是在西部大开发初期，国家将开发投资的重点主要放在基础设施建设、生态环境保护以及农村扶贫等方面，使得第二产业的设备更新、技术升级等资金相对不足，而金融信贷政策对于工业企业设备的更新改造带动作用不够明显，导致生产能力无法得到及时改造与提高，也就进一步阻碍了西部地区的工业化进程。

第二，能源、电力等重工业发展迅猛，而轻工业发展相对缓慢，导致轻、重工业比例不协调。西部地区煤炭、石油、天然气等资源丰富，从资源储备上具备了优先发展重工业的基础，这也是国家能源战略布局的结果。在西部大开发过程中，国家的资源产业政策有力地促进了西部地区能源经济的发展，西部各省区的能源产量都实现了较大幅度增长。2008年，内蒙古、陕西和贵州三省原煤产量分别达到4.73亿吨、2.43亿吨和1.18亿吨，居于西部地区前列；新疆、四川和陕西的天然气生产量分别达到236.03亿立方米、192.71亿立方米和143.79亿立方米，仍然保持了西部最快的增长速度；内蒙古和四川的发电量也分别达到2136亿千瓦小时和1255.61亿千瓦小时。总体来说，国家关于西部地区能源、电力等重工业发展的资源产业政策效果是显著的，一些省区的能源产业已经成为地区的支柱产业。但是，资源产业政策在向重工业方面倾斜的同时，却忽视了轻工业的发展，而轻工业处于价值链的下游，“乘数效应”作用大、经济辐射能力强，更有利于拉动经济快速发展。以2008年数据为例，西部12省市轻、重工业增加值平均比例为32.54∶67.46，轻、重工业比例极不协调。从长远看，重工业的发展始终是以消耗能源资源为基础的，是一种能耗较高的产业，而轻工业的发展则更多体现在改善人民生活方面。这种不协调的经济结构不利于产业间的相互配合，不利于优化工业内部的产业机构，最终会阻碍经济的良性、可持续发展。

第三，高新技术产业发展迅速，但是科技创新能力和高新技术研发产业技术转化效应相对过低。西部大开发以来，西部各省市对科技创新的重视，同时加大对高新技术产业的投资力度，使得西部高新技术产业快速发展，整体科研地位有相当程度的提升，增强自主创新成为调整产业结构、转变增长方式的中心环节。例如在云南白药集团股份有限公司、西部矿业股份有限公司、内蒙古蒙西高新技术集团有限公司等22家西部企业开展了创新型企业的试点工作，激励企业加大研发投入、健全研发机构、培育创新人才，增强工业企业技术创新的内在动力和能力，取得了较为显著的成效，但与全国平均水平还有一定差距。以2008年的数据为例，西部地区工业新产品总产值5441.41亿元，仅占全国的10.39%，工业新产品销售收入5339.21亿元，仅占全国的10.41%。与此同时，西部地区技术商品交易的整体规模和水平也有显著提高。2008年西部地区技术市场成交额为214.53亿元，与1999年相比累计增长57.62%。研究数据还表明，与东部地区相比，科技成果的转化效应和企业的自主创新能力相对较低，主要体现在专利授权数和企事业单位的专业技术人员数上。2008年西部地区专利授权数为33353件，仅占全国的9.46%；企事业单位专业技术人员562.91万人，占全国的24.37%，这主要是由于西部地区企业自身创新基础比较薄弱和研发人才的缺失所造成的。要改变这种内在的因素既需要很长的过程，也需要努力培育企业科技创新人才，还要进一步加大研发投资力度和税收优惠力度。

第四，工业企业经济效益水平有所提高，但缺乏核心竞争力。西部地区通过加大科技投入，发展特色优势产业，培养新的经济增长点，不仅使西部地区工业总产值高速增长，还有效地提升了经济效益水平。2008年西部地区规模以上工业企业实现利润总额4766.56亿元，占全国的15.6%，增长速度达到13.2%，超过全国平均增速11.15%，也高于东部和中部地区的增速。经济效益水平的显著提高既是产业科技投入和合理管理的结果，很大一部分原因更在于由于西部地区工业企业起步比较低，故而经济效益增长提升的空间较大。与东部地区工业企业相比，虽然增长速度处于领先地位，但是企业的核心竞争力却相对较弱，没有形成产业集群效应和比较优势，工业企业的总资产贡献率、流动资产周转次数、产品销售率等衡量企业竞争实力的关键指标都低于全国平均水平，企业的核心竞争力和经营能力都有待进一步提高。

（四）第三产业发展的绩效评价

大力发展第三产业不仅是产业结构调整的内在要求，更是经济发展的必然选择。产业经济学认为，第三产业的发达程度决定了整个经济发展的程度，"三二一"的产业结构是三次产业间的合理配置，而目前西部地区的产业结构还处于产业结构调整的第二阶段，即"二三一"的产业结构。因此，国家在西部大开发战略实施的初期，就强调以加快基础设施建设为契机，以此带动旅游业、物流业、仓储业等第三产业的发展。随着市场经济的不断发展，第三产业逐渐成为西部地区经济发展的又一增长动力，而又主要以旅游业为代表。但是，现代服务业的发展仍然相对落后，产业的GDP贡献效应差别很大，产业内部结构不尽合理。第三产业发展的绩效主要表现在以下几个特点：

第一，第三产业总产值持续增长，但与东部地区相比仍然存在较大差距。总体来说，第三产业已经成为西部地区经济增长、安排就业、提高人民生活质量的重要手段之一。2008年西部第三产业实现总产值21172.86亿元，占全国比重的36.34%，在西部地区经济中的比重也达到17.57%，说明了第三产业在西部地区的产业结构调整中还有进一步转型升级的空间，特别是与东部地区相比差距甚远。但是，从产业总产值的绝对数来看，由1999年的5404.59亿元持续上升到2008年的21172.86亿元，累计增幅将近74.47%，西部地区第三产业已经成为经济社会发展的新坐标。

第二，第三产业内部结构不够合理，现代服务业的服务支撑功能不够健全。西部地区第三产业的繁荣只是在西部地区工业化水平处于低水平的表面现象，它仍然处于较低层次，其内部结构不够合理。第三产业中传统部门占第三产业总产值的41.51%，而现代服务业如金融、证券、物流、房地产等现代部门所占比重相对较低，仅占16.51%。服务支撑功能①相对较弱，主要是现代服务业之间的关联性较弱，吸纳的劳动力就业人员相对较低，对于地区经济发展水平和其他产业的促进作用较小。

第三，旅游业发展迅速，逐渐成为西部地区新的经济增长点，但是旅游相关产业之间的协同效应尚未凸显。旅游业的发展，促进了西部地区农民增收和老百姓脱贫致富，促进了生态环境的改善和文化资源的保护，促进了基础设施建设综合效益的不断提高，促进了民族团结和边疆稳定，有利于区域协调发展。1999—2008年，西部地区入境旅游者增长了1.25倍，目前已达到984万人次；同期旅游外汇收入增长了1.76倍，目前达到37.56亿美元。2002—2008年，西部地区旅游总收入增长了2.19倍，目前达到5279亿元，年均增长24.5%，高于同期12省区市的GDP增长率，其中部分省区市的旅游总收入相当于GDP的比重超过或接近10%，旅游业在第三产业中的地位十分明显，成为西部各省区市的支柱产业或先导产业。但

① 注：这里指的是现代服务业的服务支撑功能。

是，旅游相关产业之间由于存在着内部的竞争，产业之间的协同效应在竞争中会产生抵消效应，从而降低了旅游产业的整体效益。

由此可见，以货币金融、税收优惠、资源产业为主要代表的旨在西部地区产业发展的产业引导政策模式具有一定的效应，西部产业结构有了比较明显的改善。不同产业在原有的基础上都有不同程度的发展，尤其是在产业组织和产业布局以及产业技术进步等方面与东部地区相比还存在较大差距，这在一定程度上影响了西部产业结构的优化和产业发展效率，主要表现在农业集约化水平低下、重轻工业比例失衡、现代服务业发展相对滞后等方面。然而，西部地区拥有丰富的煤炭矿产资源，拥有适合农牧产品加工的自然环境，使得西部地区特色优势产业的发展在西部大开发的进程中凸显了重要地位，对于产业结构调整升级和特色经济的培育起到了促进作用。因此，很有必要对西部地区的特色优势产业发展进行总体评价。

二、西部地区特色优势产业的发展绩效

一个后发国家区域内部之间的产业发展差异和国与国之间的产业发展差异在表现形态上可能有所不同，但在工业化道路政策选择上肯定是具有显著性差异的。在后发优势的理论框架中，不仅劳动力要素的利用和配置具有后发优势，而且自然资源、资本、技术和制度各要素的运用和获得都具有后发优势。这种后发优势，无论是对一国的后发地区还是对后发国家，既有普遍性也有特殊性。对于西部地区而言，自然资源和特色资本已经成为区域经济发展的后发动力优势。西部地区自然资源比较丰富，已探明的石油和天然气储量分别占全国的20%和30%左右，水能资源占全国的80%以上。从西部地区的发展看，它还是我国20世纪50—70年代初期经济建设和国防建设的重点地区，其产业基础多以采掘原材料、能源供给为主。

总体来说，西部地区在石油、天然气、钢铁、有色金属等能源原材料、国防军工制造和电子信息产业方面都有较强的基础和一定的优势。因此，在继续实施西部大开发的推进过程中，基于现有产业优势条件已初步形成了以石油、天然气、水电为主的能源产业、高耗能产业、特色农牧产品加工业、生物制药产业、电子信息业、重大装备制造业、国防工业等为主的特色优势产业格局。西部大开发以来，国家通过项目核准、国债支持和重大项目生产力布局等方面，对西部地区给予了积极支持，西部地区特色资源开发和优势产业发展取得了重大进展。

（一）能源产业

西部地区拥有丰富的石油、煤炭、天然气资源，主要集中在新疆、青海、陕西、内蒙古和四川等地。它以石油、煤炭、天然气为主要能源产业，要建立全国内陆最大的石油、煤炭、天然气后备资源基地，为区域经济发展提供化工原材料。相关统计资料显示，国家发展改革委核准了西部地区一批煤炭重点建设项目，总规模达 5650 万吨，占全国核准总规模的 56%；全国共安排煤矿安全改造资金 30 亿元，其中西部地区 5.51 亿元，占全国的 18%；全国油气勘探开发投入达 1412.16 亿元，其中西部地区 668.95 亿元，占全国的 47.37%；全国原油、成品油和天然气长输管道建设投资 136.38 亿元，其中投资西部地区 77.62 亿元，占全国的 56.91%。随着西部大开发能源战略的逐步推进，新疆独山子 1000 万吨炼油和百万吨级乙烯、四川彭州 1000 万吨炼油、广西钦州 1000 万吨炼油项目相继开工建设，新疆、青海、陕甘宁、川渝、广西等地已经成为我国石油天然气的重要生产基地。

（二）矿产资源开采及加工业

资源开发和深加工业蓬勃发展，能源及化学工业、重要矿产资源开采及加工业在全国占有重要位置，建成了一批天然气、煤炭、钾盐、磷矿、有色金属等优势矿产资源开发利用基地。例如，2006 年国家发改委核准了中国铝业股份有限公司重庆 80 万吨／年氧化铝工程，项目总投资为 48 亿元；核准了国家开发投资公司新疆罗布泊钾肥有限责任公司百万吨级钾肥项目，项目总投资为 31.4 亿元。在西部大开发产业政策的积极引导下，西部地区矿产资源开采及加工业已具有规模效应。目前，广西氧化铝生产基地生产规模占全国的四分之一；甘肃金昌镍年产量占全国总产量的 90%；新疆罗布泊 120 万吨钾肥、青海柴达木 100 万吨钾肥项目相继建成投产。

（三）特色农产品加工业

西部地区充分发挥独特的光热水土资源优势，积极发展特色优势农业，一批生产及加工基地正在形成。2008 年，西藏自治区财政安排农牧业特色发展资金 3.2 亿元，支持饲草奶牛基地、绵羊培育基地、优质绒山羊基地、藏猪藏鸡基地等农牧业特色产业项目建设。目前，四川、内蒙古等区域性商品粮生产基地加快建设，新疆优质棉基地播种面积和产量分别占全国的 22.9%和 32.8%；内蒙古牛奶、羊肉、山羊绒产量连续 5 年居全国之首；广西、云南蔗糖总产量占全国的 90%；陕西苹果种植面积和产量均占全国的近四分之一；云南、贵州烟叶播种面积和产量分别占全国的 45%和 43%。

随着农牧业产业化进程不断加快，国家认定的大型农业产业化龙头企业已经发展到231家，形成了伊利、蒙牛、鄂尔多斯等一大批知名品牌。

（四）装备制造业

西部地区工程机械、国防科技产业独具优势。陕西、四川、贵州具有发展航空航天业的基础；重庆、西安、成都具有发展汽车制造业的基础；西安、四川还具有发展重型机械、重大装备制造产业的基础。西部地区积极运用先进实用技术和高新技术改造提升传统产业，重大装备制造研发设计、核心元器件配套、加工制造和系统集成的整体水平明显提高，形成了重庆、成都、西安、乌鲁木齐、德阳重大电力装备及特高压输变电设备生产基地，西安、重庆、包头、柳州、天水重型工程机械装备和大型铸锻件加工生产基地，四川、甘肃核电装备生产基地，重庆、成都、西安、柳州汽车、新型摩托车生产基地，培育和壮大了东方电气、特变电工、柳工机械等一批主业突出、核心竞争力强的大企业大集团。

西部大开发战略实施10年来，西部各省区市依托特色资源，发挥比较优势，加快发展特色优势产业，当地的资源优势正逐步向产业优势和经济优势转化，自我发展能力和经济实力显著增强，特色优势产业的快速发展有力地推动了西部地区经济的发展。1999—2008年，西部地区生产总值由1.53万亿元增加到5.83万亿元，年均增长16%，占全国GDP比重由17.2%提高到19.4%。

三、西部地区现代金融业的发展绩效

金融是一种集自然资源和社会资源属性为一体的对经济发展具有战略意义的资源，它既是资源配置的机制，又是资源配置的对象。作为现代经济核心的金融业成为支持西部大开发的重要推动力。现代金融业主要包括政策性金融和商业性金融两个方面。政策性金融与商业性金融是一个国家和经济体中的不可或缺的完整两翼，二者相互对称，彼此平行、并列，是相互补充的而不是替代的，是平等协调合作的伙伴而非对立的或从属的或竞争的对手。在当代各国经济金融体制中，只有同时存在这两翼，才是协调与均衡的，才是稳定和有效的，否则，就将会是扭曲的、非均衡的、不稳定的和低效的，其中，政策性金融显得尤为重要，它弥补了商业性金融在西部大开发中的缺失，有效促进了弱势产业、弱势群体的发展，促进了产业结构升级，保障基础设施建设。

（一）商业性金融发展

在我国金融领域最具覆盖性的金融机构是商业银行，主要包括国有独资或控股商业银行、其他商业银行、外资金融机构等。首先，评判一个地区的金融发展水平有多高，其中一个重要的指标就是银行网点数量的多少。目前，工行、农行、中行、建行4大国有控股商业银行的网点主要集中在我国东部发达地区，西部地区相对较少，12家股份制银行在西部地区设立分支行的有10家，且主要集中于省会城市。在西部各省银行网点分布中，四川省银行机构网点最多，西藏地区仅有中行、农行和建行设有分行。

其次，金融机构的存贷款增幅也是一个地区的金融发展水平的一个重要指标。存贷款额和存贷比指标大小直接反映了商业银行在某一地区的业务发展状况，间接反映了其利润来源状况，同时也反映出金融对一地区经济发展的贡献程度。[①] 西部大开发以来，西部地区存贷量呈现上升趋势，本外币贷款余额从2001年末的19348亿元增长到2009年8月末的67265亿元，增长了2.5倍。从全国来看，西部地区信贷总量占比始终保持在17%左右，信贷增长速度基本与全国平均水平保持一致，较为客观地反映了西部地区商业银行主要业务发展的增长态势，说明西部开发政策极大地盘活了区域金融，有效带动了西部经济的快速发展。与此同时，西部地区银行存贷比呈现出逐年下降的趋势，西部银行借贷现象严重，许多西部分支行将资金上存总行，使得相当一部分资金流出西部地区。同期西部地区GDP在全国所占比重上升与存贷量在全国比重下降并存的现象从另一个侧面证明了西部资金有相当部分已经流向发达地区，这将会增大西部地区发展的资金缺口，导致经济发展的后劲不足。[②]

第三，股份制商业银行的网点数和资产规模也是判断一个地区金融生态的重要方面。目前，股份制商业银行在西部地区的网点分布过少，全国共有301家，西部只有49家，占总数的16.28%；各股份制银行分布网点数不均，除交通银行外，招商银行在西部地区营业分行最多，网点的分布主要集中在一些大型省会城市或直辖市，呈现出明显的区域性特征。重庆、西安和成都由于其经济实力与地理位置优势，成为股份制商业银行在西部的集中区。从资产规模上看，西部地区在股份制银行总资产规模中所占比例很小。从已公布的各银行年报来看，招商银行西部6个分行资产规模总数

① 李忠民：《西部发展报告——西部金融发展报告》，经济科学出版社2008年版，第6页。

② 李忠民：《西部发展报告——西部金融发展报告》，经济科学出版社2008年版，第7页。

为 510.11 亿元,占其总资产规模的 8.5%;深圳发展银行西部 3 个分行资产规模为 65.64 亿元,占其总资产规模的 4%;华夏银行西部 5 个分行资产规模为 277.87 亿元,占其总资产规模的 9%。由于股份制银行是按照商业化模式进行运作,以追求投资收益最大化为最终目标的,它十分关注一个区域的投资环境和货币信用水平。由此可见,造成网点数和资产规模较低主要是受到西部地区投资环境、金融生态环境以及资金收益率、货币乘数效应等因素的影响。

(二)政策性金融的发展

政策性金融是一种规范意义上的政策性贷款,是市场机制"失灵"和"不足"的产物,负责承担商业性金融机构无力或不愿意承担的长期资金信贷业务,主要是补充、完善商业性金融机构的功能。西部地区经济落后主要是金融业的落后,特别是政策性金融的滞后。西部大开发以来,国家在政策性金融上给予了大量的政策优惠和重点产业的金融支持政策,重点支持西部地区加强生态环境的保护和建设,关注县域经济的发展和农村综合改革,支持西部中小企业和高新技术企业的发展,支持西部地区人力资源的开发和教育发展。

农村金融是整个政策性金融关注的焦点,加大支持"三农"的政策性力度是政策性金融推动产业结构调整,促进农村经济发展的重要举措,也是西部大开发金融政策的重要组成部分。例如,中国人民银行陕西分行、成都分行和重庆营业部在总行的政策指导前提下,相应制定和颁布实施了对本辖区内农村金融环境适用的政策条例和指导文件,积极推进小额贷款政策,增加支农再贷款,加大对西部乡镇企业的信贷支持。据银监会统计数据,截至 2009 年 6 月末,西部 11 省正式开业的新型农村金融机构 52 家,占全国开业总数的 44%,其中村镇银行 41 家,贷款公司 3 家,农村资金互助社 8 家;贷款余额达到 17.3 亿元,向 25000 多户累计发放贷款 15 亿元,向 526 户小企业累计投放 6.7 亿元。西部"三农"获得的政策性金融供给逐渐增强,西部农业优势产业进一步凸显,加快了西部农业产业化经营,推动了西部地区农业和农村经济发展。

第三节 多元投资政策供给的绩效评价

推进西部大开发,促进西部地区经济社会发展,需要进一步拓宽投资渠道,扩大西部地区市场化程度和对外开放的水平,积极实施"走出去"战略，着力改善投资软环境，以投资模式的多元化促进西部产业结构的优化升级，形成一个依托政府、企业、民间组织和国际组织的综合性投资框架。深化对外开放程度、发展区域贸易和改善投资环境是多元投资模式下政策支持的出发点和切入点。通过切实转变政府职能，扩大外商投资领域，发展对外经济贸易和区域经济协作来实现西部区域的全面开放。由此可见，多元投资模式的政策绩效主要体现在对外开放程度、外资利用的行业结构、投资环境的改善等几个方面。

一、西部地区对外开放程度的绩效

从理论上讲，一个地区的对外开放程度主要从以下三方面衡量：首先是贸易的对外开放程度，包括商品的对外贸易和服务的对外贸易；其次是投资的对外开放程度，包括对外直接投资和接受外来直接投资；再次是金融的对外开放程度，主要涉及对外资产和对外负债。[①] 实施西部大开发战略10年来，国家出台了一系列扶持政策和措施，加快了西部地区对外开放进程，加强了西部地区市场体系建设，取得了显著成效。

"引进来"取得了快速增长。西部地区实际使用外资由1998年的23.51亿美元增长到2008年的66.19亿美元，增长了181.54%，占全国的比重由1998年的5.2%，上升至2008年的7.2%。截至2008年年底，西部地区累计设立外资企业39990家，实际使用外资金额累计达到403.57亿美元。

"走出去"迈出了稳健步伐。10年来，西部地区通过境外投资方式设立了近1000家境外企业。对外劳务合作已具备一定规模，形成了具有一定实力的对外承包工程经营主体队伍。截至2009年8月，共有286家西部地区企业拥有对外承包工程资格，共批准西部地区对外劳务合作经营企业81家，2008年末西部地区在外劳务人员达2万人。

区域贸易合作平台逐步搭建。10年来，商务部累计向西部地区拨付外贸发展基金113.5亿元；与西部省、区、市人民政府共同主办8个对外经济技术展览会，有力地促进了西部地区对外合作和交流。引导西部地区承接加工贸易梯度转移。先后认定了两批共31个中西部地区为加工贸易梯度转移重点承接地，会同国家开发银行出台了300亿元优惠贷款政策，支持加工贸易梯度转移重点承接地，并在西部认定了10个西部地区科技兴贸创新基地。

---

① 李红梅、周英：《中国西部地区对外开放战略研究》，中央民族大学出版社2007年版，第75页。

(一)对外贸易开放程度

对外开放首先表现为商品贸易的对外开放。对外贸易是一个地区对外开放的基础,也是开放程度的最直接体现。对外贸易不仅有利于发挥本地区的比较优势,优化资源配置,提高劳动效率,增加社会财富,也有助于引进更多的先进信息、技术、生产方式和管理经验,提高劳动者素质,培育本地区的后发优势。西部大开发10年来,西部地区克服了地理位置、交通信息等不利条件,对外贸易迅猛发展。西部地区出口额由2000年的12.3666亿美元增加到2008年的94.2703亿美元,进口额由2000年的12.9422亿美元增加到2008年的128.8883亿美元。表3-4统计了2000—2008年西部地区12省市外商投资企业的进出口总额。

表3-4　西部地区12省市外商投资企业进出口总额　(单位:万美元)

地　区	2000年	2003年	2004年	2005年	2006年	2007年	2008年
重　庆	32389	61754	126518	156092	204656	302297	364846
四　川	61524	95710	130315	149056	289924	496322	821698
贵　州	5690	27763	38766	26798	19308	24415	37301
云　南	19658	26776	31640	39961	48572	55764	63625
西　藏	634	379	436	339	246	138	601
陕　西	35433	52999	65751	82341	93795	161132	208113
甘　肃	5657	14162	16665	23118	23720	26707	19994
青　海	925	1411	956	4942	4617	12273	25805
宁　夏	6125	11913	13456	23038	37857	40806	54698
新　疆	11557	14779	17758	18618	18242	28119	31207
内蒙古	18157	20930	27169	82847	67556	79136	149335
广　西	55339	103708	146909	178976	220081	288997	454363
西部地区	253088	432284	616339	786126	1028573	1516107	2231587

资料来源:根据2001、2004、2005、2006、2007、2008、2009年《中国统计年鉴》整理而得。

考察对外贸易开放程度的指标主要有对外贸易依存度和人均进出口额。对外贸易依存度是将一地区对外贸易规模用GDP进行修正,是外商投资企业进出口总额占区域内生产总值(GDP)的比重,反映了区域经济对进出口的依存程度。人均进出口额是将一地区对外贸易规模用人口数进行修正,是进出口总额占区域内人口密度的比重,反映了单位人口密度的进出口额。表3-5、表3-6分别反映了2000—2008年西部地区12省市对外贸易依存度和人均进出口额的基本情况。

表 3-5 西部地区 12 省市对外贸易依存度

地 区	2000 年	2003 年	2004 年	2005 年	2006 年	2007 年	2008 年
重 庆	0.01687	0.022711	0.039287	0.041643	0.04726	0.055759	0.049717
四 川	0.0127	0.014519	0.016452	0.016534	0.026757	0.035925	0.045631
贵 州	0.004741	0.016945	0.020156	0.011092	0.006778	0.006771	0.007772
云 南	0.008324	0.00899	0.008849	0.009426	0.009726	0.008943	0.007752
西 藏	0.004468	0.0017	0.001706	0.001105	0.000674	0.000307	0.001055
陕 西	0.017661	0.018289	0.018873	0.018351	0.016542	0.022417	0.021096
甘 肃	0.004762	0.008985	0.008848	0.009792	0.008305	0.007515	0.004372
青 海	0.002905	0.002993	0.001699	0.007451	0.005756	0.011909	0.018639
宁 夏	0.019093	0.025589	0.024193	0.031137	0.04246	0.034895	0.034581
新 疆	0.007012	0.006515	0.00668	0.005856	0.004775	0.006069	0.005156
内蒙古	0.010729	0.008056	0.008292	0.017421	0.011123	0.009879	0.013362
广 西	0.022346	0.031384	0.036623	0.035972	0.036335	0.036898	0.044001
西部地区	0.01258	0.015587	0.018493	0.019227	0.020761	0.024086	0.026604

资料来源:根据 2001、2004、2005、2006、2007、2008、2009 年《中国统计年鉴》整理而得。

由表 3-5 中可以看出,尽管 2005—2008 年受人民币汇率升值影响,但是西部地区地区的平均对外贸易依存度仍然是不断增大的,由 2000 年的 0.01258 上升到 2008 年的 0.026604,这也从另一个侧面反映了西部地区的进出口总额在大幅提升。从总体来看,西部地区的对外贸易依存度与全国一般水平的差距都是非常明显的,说明对外贸易在西部的发展还是相当落后的。

表 3-6 西部地区 12 省市人均进出口额 (单位:美元/人)

地 区	2000 年	2003 年	2004 年	2005 年	2006 年	2007 年	2008 年
重 庆	10.48188	19.74474	40.00144	55.84242	71.37973	105.2485	126.6858
四 川	7.386721	10.96198	14.82404	18.16905	34.4533	59.3995	98.86408
贵 州	1.614184	7.187294	9.912111	7.191872	5.05166	6.353112	9.695272
云 南	4.584422	6.138394	7.154551	8.988934	10.65176	12.1611	13.78258
西 藏	2.419847	1.410834	1.597785	1.225045	0.866477	0.480751	2.070703
陕 西	9.828849	14.33194	17.63241	22.1567	24.60577	42.17751	54.29457
甘 肃	2.208041	5.426404	6.335704	8.920956	8.923542	10.01925	7.47066
青 海	1.785714	2.652246	1.771525	9.106922	8.294496	21.89403	45.71441
宁 夏	10.89858	20.70525	22.95743	38.69258	61.98974	66.05232	87.68621
新 疆	6.003636	7.705785	9.085926	9.280458	8.856905	13.40982	14.56583
内蒙古	7.641835	8.742139	11.29654	34.75082	27.62527	32.27706	60.71705
广 西	12.32769	21.36786	29.93463	38.44503	46.08832	59.8724	93.17949
西部地区	7.123019	11.70457	16.51847	21.87397	27.90061	40.99408	60.11606

资料来源:根据 2001、2004、2005、2006、2007、2008、2009 年《中国统计年鉴》整理而得。

由表 3-6 中可以看出，西部地区对外贸易规模发展是不平衡的，从人均规模上看，重庆、四川、广西和宁夏相对较高，这主要由于区域资源相对丰富。以 2008 年人均进出口额为例，重庆、四川、广西、宁夏、内蒙古高于西部地区的平均水平，而贵州、甘肃、西藏最为落后，人均进出口额小于 10 美元。通过比较，可以发现表 3-6 中人均进出口额与表 3-5 中对外贸易依存度在西部地区的排序结果基本一致，其人均进出口额与对外贸易依存度两组数据的相关系数为 0.943879，相关程度非常显著。

（二）引进外资开放程度

对外开放其次表现为引进外资的水平。一般来说，外商在该地区的直接投资水平反映了该地区产业环境的软硬件设施是否成熟，也在一定程度上反映了该地区资本的活跃程度和开放程度。西部大开发 10 年来，西部地区吸收外商直接投资新设立项目(企业)数、合同外资金额和实际使用外资金额均实现了稳步增长，但是外商直接投资也大多用于工业、旅游、房地产等行业，这些领域大多属于投入少、收益快的行业，整个引进外资的质量不高，外商在我国西部地区直接投资的力度仍然不大。长期以来，西部地区吸收与利用外资主要是通过国际金融组织、外国政府的优惠贷款和开发援助项目进行基础设施建设、农业资源开发、生态环境治理等项目，外商大规模的直接投资在我国西部地区仍然面临许多障碍。

考察引进外资开放程度的指标主要有引进外商投资依存度和人均实际利用外商直接投资额。引进外商投资依存度是一年内本地区外商投资总额占区域内生产总值(GDP)的比重，是衡量各地区对国际投资开放程度的一个指标，反映了区域经济对外商投资的依存程度。人均实际利用外商投资额是实际利用外商直接投资额占区域内人口密度的比重，反映了单位人口密度的外商投资额，单位为美元 / 人。表 3-7、表 3-8 分别反映了 2000—2008 年西部地区 12 省市引进外商投资依存度和人均外商投资额的基本情况。

表 3-7　西部地区 12 省市引进外商投资依存度

地　区	2000 年	2003 年	2004 年	2005 年	2006 年	2007 年	2008 年
重　庆	0.3438791	0.2407993	0.224978	0.2142308	0.2147588	0.3647279	0.3249733
四　川	0.2086297	0.206797	0.1765192	0.1841303	0.1836563	0.1944757	0.233865
贵　州	0.1244422	0.1281909	0.1161528	0.096857	0.0912712	0.0775795	0.0669896
云　南	0.204036	0.2454079	0.2207162	0.1986073	0.2142467	0.1897677	0.1718757
西　藏	0.236426	0.1611346	0.1295084	0.1141314	0.1095742	0.1130311	0.0964279

续表

地　区	2000 年	2003 年	2004 年	2005 年	2006 年	2007 年	2008 年
陕　西	0.4147992	0.4002842	0.3577368	0.3053228	0.2627831	0.2291858	0.1387903
甘　肃	0.2158962	0.1373052	0.162411	0.1338472	0.0980412	0.0862129	0.0836823
青　海	0.18129	0.1666791	0.1704303	0.1055398	0.2493135	0.2354056	0.2391835
宁　夏	0.2931184	0.8343158	0.7312207	0.6021171	0.4934988	0.1866383	0.1548442
新　疆	0.0693776	0.0551315	0.0544727	0.0581933	0.0680621	0.0666896	0.0753383
内蒙古	0.1498693	0.1476505	0.3299334	0.2657984	0.2436742	0.214077	0.1982408
广　西	0.4381018	0.3161742	0.3160545	0.2956509	0.2971774	0.2797132	0.2501051
西部地区	0.2499721	0.2304732	0.2315419	0.2126721	0.2066834	0.2034644	0.190331

资料来源：根据 2001、2004、2005、2006、2007、2008、2009 年《中国统计年鉴》整理而得。

表 3-8　西部 12 省市人均外商投资额　（单位：美元/人）

地　区	2000 年	2003 年	2004 年	2005 年	2006 年	2007 年	2008 年
重　庆	213.6572816	209.3447635	229.06654	287.27586	324.36455	688.44708	828.08045
四　川	121.3412174	156.1363851	159.05289	202.34423	236.48263	321.55148	506.6877
贵　州	42.36851064	54.3717813	57.121334	62.799388	68.026308	72.792407	83.570834
云　南	112.3756996	167.5661133	178.45674	189.40172	234.65026	258.04592	305.5765
西　藏	128.0419847	133.7053677	121.2997	126.47957	140.94794	176.9576	189.27733
陕　西	230.8527046	313.6802324	334.21959	368.64605	390.88043	431.21845	357.20079
甘　肃	100.0995316	82.92550882	116.29714	121.94056	105.33826	114.94552	142.99199
青　海	111.4362934	147.6834029	177.70842	128.99323	359.27907	432.76888	586.62641
宁　夏	167.316726	675.0945841	693.87531	748.22225	720.49106	353.28561	392.62984
新　疆	59.39792208	65.20805352	74.087288	92.216391	126.23521	147.35783	212.82259
内蒙古	106.7483165	160.2297363	449.50829	530.19463	605.2119	699.42962	900.79394
广　西	241.6921363	215.2681799	258.33083	315.97894	376.94812	453.87123	529.63462
西部地区	141.5378402	173.0633813	206.82024	241.95248	277.76572	346.29639	430.08351

资料来源：根据 2001、2004、2005、2006、2007、2008、2009 年《中国统计年鉴》整理而得。

二、西部地区外资利用的行业结构绩效

自实行改革开放政策以来，我国在吸收外商投资中一直重视生产型投资，外资主要集中在第二产业，第一产业和第三产业利用的外资相对较少。西部大开发以来，国家制定了各项税收、信贷优惠政策，扩大了外商投资领域，积极鼓励外资企业投资西部地区农业、林业、水利、交通、能源、市政基础设施等基础产业和高新技术产业，充分运用外资利用的杠杆有效协调产业结构的失衡，使外商直接投资向第一、三产业转移。2008 年，第二产业实际投资额 532.56 亿美元，占我国实际利用外资总额的 57.6%，所占比重最大；第三产业实际投资额 379.48 亿美元，占我国实际利用外资总额的 41.1%，所占比重仅次于第二产业；第一产业实际投资额 11.91 亿美元。

从近几年我国批准签订的吸收外资协议的分行业统计来看,西部地区急需发展的农业、能源、交通等基础产业所占比重仍然偏低,而一般加工业、房地产业所占比重则偏高。总体来看,我国外商投资的产业分布很不均衡,存在着明显的行业特征,仅仅依靠税收、信贷政策拉动产业结构调整的政策效应不大。

(一)西部地区 FDI 在三大产业的分布

从全国范围来看,外商在华的直接投资目标以第二产业为主,第一产业最少。如表 3-9 所示:2008 年,在外商直接投资的三大产业中,第二产业无论是金额还是项目数均位居首位,其合同外资实际金额为 532.56 亿美元,所占比重为 57.6%;项目数为 12299 个,所占比重为 44.7%。第一、三产业的签订合同项目数分别占 3.3%和 52%,合同外资实际金额所占比重分别为 1.3%和 41.1%。

表 3-9 2008 年全国外商直接投资产业分布

行业类别	合同项目(个)	比重(%)	实际金额(亿美元)	比重(%)
第一产业	917	3.3%	11.91	1.3%
第二产业	12299	44.7%	532.56	57.6%
第三产业	14298	52%	379.48	41.1%
总计	27514	100%	923.95	100%

数据来源:根据《中国统计年鉴》(2009)整理而得。

我国西部地区 FDI 在不同产业的分布与全国相比,第一产业所占比例高于全国,2008 年全国的平均份额为 1.3%,西部地区为 1.4%;第二产业所占比例低于全国,2008 年全国的平均份额为 57.6%,西部地区为 47.8%;第三产业所占比例高于全国,2008 年全国的平均份额为 41.1%,西部地区为 50.8%(见表 3-10)。

表 3-10 2006—2008 年西部地区外商直接投资产业分布

(单位:亿美元)

年 份	2006 年		2007 年		2008 年	
行 业	实际金额	比重(%)	实际金额	比重(%)	实际金额	比重(%)
第一产业	0.57	0.9%	1.49	1.9%	1.75	1.4%
第二产业	38.80	64.7%	49.92	61.7%	59.57	47.8%
第三产业	20.64	34.4%	29.47	36.4%	63.28	50.8%
总计	60.01	100%	80.88	100%	124.6	100%

数据来源:根据西部 12 省市《统计年鉴》(2007、2008、2009)和《中国商务年鉴》(2007、2008、2009)有关数据整理而得。

（二）FDI在三大产业的内部的结构特征

在三大产业内部，外商直接投资也呈现出部分不均衡的特点。在第一产业内部，从全国范围来看签订的农业合同数比例为3.3%，高于实际投资额比例；从利用外商直接投资总量来看，农业所占比重仍然明显偏低。相比之下，西部地区在2006—2008年外商直接投资项目中，FDI对第一产业的投入总量呈现出逐渐增加的趋势，但是所占比重仍然较小。

在第二产业内部，从全国范围来看FDI主要聚集在制造业，特别是一般加工制造业和劳动密集型制造业。西部地区制造业的投入总量也呈现逐渐上升的趋势，相对而言，建筑业的投入总量则呈现逐年下降的趋势。从西部地区工业的分布来看，外商制造业直接投资所占比重迅速提高，逐渐成为重要的加工制造业生产基地。

在第三产业内部，从全国范围来看FDI主要聚集在房地产业，成为该产业利用外商直接投资的主要行业。西部地区在2006—2008年中，FDI对房地产业的投入也占有较高比重，比同期全国数据11.44%、10.96%和10.74%分别高4.83、5.39和2.9个百分点，成为拉动西部地区经济发展的重要支撑，而外商投资到地质勘探业、文教卫生、科研技术服务业的所占比重仍然偏低。这也在一定程度上延缓了科研技术开发与服务的进程，使得诸如在金融、内外贸易、广告、咨询服务业等利用外商直接投资较高的行业，吸收外商投资却相对有限。

三、西部地区投资环境的总体绩效

投资环境评价的理论源于西方古典经贸理论。亚当·斯密、李嘉图、俄林等早期的经济理论学家从宏观层次提出比较成本和地域分工学说，为投资环境奠定了理论基石。也正是由于比较成本的驱使和地域分工规律的制约，才使得投资在区际、区内流动，促进投资者和受资者对投资区域的评价与研究。以上两个部分主要讨论了西部的区位特征和产业机构特征对西部地区吸引外商直接投资的绩效。总体来说，扩大外商直接投资、拓宽投资渠道多元化都受到西部整个投资环境的影响和制约。西部大开发实施以来，多元投资模式对于优化投资环境，增加外商直接投资起到了积极作用。

在对已有关于投资环境的研究成果进行分析总结的基础上，课题组通过头脑风暴法，借鉴有关FDI与其决定因素相关性的计量分析方法，构建了评价西部地区投资环境的综合影响因素，主要有市场规模、市场经济的

发育程度、第三产业发展水平、城市吸纳能力、劳动力成本、贸易依存度、地方政府对外资企业进口的控制程度以及人力资本积聚水平等 7 个。

（一）投资环境基本测度指标及基本假设

下面是对上述因素的基本测度指标以及与外商直接投资的相关性假设。

（1）GDP：国内生产总值，作为西部地区市场规模的替代变量，单位是人民币亿元。理论上 GDP 与 FDI 呈正相关关系。

（2）STA：国有及控股企业工业产值与全国规模以上工业企业总产值之比，可以代表市场经济的发育程度，单位是%。理论上 STA 与 FDI 呈负相关关系。

（3）TER：第三产业增加值与 GDP 的比重，主要反映金融、交通、信息业、服务业等的发展水平，单位是%。理论上 TER 与 FDI 呈正相关关系。

（4）CITY：城市人口密度，代表着一个地区城市的人口吸纳能力，单位是人 / 平方公里。理论上 CITY 与 FDI 呈正相关关系。

（5）WAGE：该地区城镇单位就业人员平均劳动报酬，可以代表为该地区的劳动力成本，单位是人民币元。理论上 WAGE 与 FDI 呈负相关关系。

（6）FTD：贸易依存度，等于进出口总额与 GDP 之比，代表该地区经济发展的外向程度，单位是%。理论上 FTD 与 FDI 呈正相关关系。

（7）FI：外资企业进口额占当地进出口总额的比重，主要反映当地政府对外资企业进口的控制程度，单位是%。理论上 FI 与 FDI 呈正相关关系。

（8）HC：该地区抽样调查的 15 岁及以上人口的文盲率，代表当地人力资本积聚水平，单位是%。理论上 HC 与 FDI 呈负相关关系。

（二）投资环境综合评价的实证分析结果

本书分别使用了西部地区 12 个省、自治区、直辖市的相关统计指标数据，所采集的统计数据均来自于《中国统计年鉴 2009》。数据年份为 2008 年，这也是目前为止评价投资环境的最有效、最权威的数据。我们利用 SPSS 16.0 统计分析软件包中的主成分分析法来评价西部地区的投资环境。

通过主成分分析法，将经过标准化处理的西部各省、市、自治区解释变量数据代入以上模型，得到各地区外商直接投资环境评价指数，结果见表 3-11。

表 3-11　西部地区外商投资环境评价主要指标及综合指数

地　区	GDP	STA	TER	WAGE	CITY	FTD	FI	HC	指数	排名
四　川	12506.25	31.93	34.78	24725	2677	12.28	37.16	10.24	99.95	1
广　西	7171.58	37.50	37.37	24798	1461	12.82	34.33	5.61	89.30	2
内蒙古	7761.8	40.51	33.29	25949	649	7.98	16.74	8.14	85.01	3
重　庆	5096.66	41.92	40.97	26640	1574	12.97	38.32	7.8	79.00	4
宁　夏	1098.51	48.67	36.16	30050	883	11.88	29.10	10.09	65.57	5
陕　西	6851.32	66.85	32.92	25478	5488	8.44	24.99	8.19	64.81	6
青　海	961.53	67.83	33.96	30101	2051	4.98	37.47	16.68	59.74	7
云　南	5700.1	57.60	39.09	23305	3386	11.69	6.63	13.29	52.55	8
贵　州	3333.4	60.39	41.30	23979	3172	7.01	11.08	14.58	48.63	9
甘　肃	3176.11	78.80	39.09	23632	3802	13.33	3.28	17.77	31.68	10
新　疆	4203.41	78.42	33.91	24686	4987	36.71	1.41	4.64	31.24	11
西　藏	395.91	44.37	55.48	44055	1557	13.43	0.79	37.77	0.10	12

研究结果表明，我国西部地区外商直接投资环境前 4 位的省、市、区是四川、广西、内蒙古、重庆。随着西部大开发政策的实施，多元投资模式的政策已初见成效。从 GDP、市场经济发育程度指标来看，2008 年四川位居西部地区首位，内蒙古、广西位居西部地区二、三位；从地方政府对外资企业进口的控制程度来看，重庆位居西部地区首位，四川、广西、内蒙古分别位居西部地区第三、四、七位。这三个指标从某种程度上是评价投资环境的关键性指标。以四川为例，2008 年世界 500 强已有 145 家入驻四川，比 10 年前增加了 1 倍多；全省实际利用外资 33.4 亿美元，是 10 年前的 3 倍多。2009 年 10 月举办的第十届中国西部国际博览会上，四川签约项目投资额达 4700 多亿元。由于西部各地区的自身区位优势、投资优惠政策、贸易依存度的不断变化，FDI 环境在整个西部大开发政策的激励引导下也有所变化。广西、内蒙古近年来 FDI 发展迅速，2008 年的投资环境评价排名已经超越了重庆。以广西为例，广西充分借助北部湾经济区的发展平台，已经成为带动广西加快发展的龙头。特别是 2008 年国家批准实施《广西北部湾经济区发展规划》，经济区开放开发上升为国家战略，更为广西投资环境的改善创造了难得的历史机遇。广西还以东盟为重点加强了多区域开放合作的步伐，成功举办了六届中国—东盟博览会和四届泛北部湾经济合作论坛，全力参与和积极推进中国—东盟自由贸易区建设，积极参与和推动国内外区域经济合作，对外贸易和招商引资快速发展，2008 年全区外

贸进出口总额 132.4 亿美元，是 1999 年的 17.5 亿美元的 7.6 倍，年均增长 25.2%。

研究结果还表明，西部地区外商直接投资环境最差的地区是西藏、新疆、甘肃和贵州，其中西北地区三个。总体来说，西南地区比西北地区具有更好的投资环境。但是，青海、宁夏的投资状况已远远改善，居于整个西部地区投资环境排序的第二位置。从 FDI 追求扩大市场容量和降低运销成本的角度出发，西藏等部分西北地区并非理想的投资场所，因为轻工业的投资策略是大生产与大分销，以规模经营来降低成本。汪丁丁(2005)曾对西部若干省、市、自治区外资企业进行的投资软环境问卷调查表明：外资企业认为“经济基础薄弱，配套能力差”、“产品或服务的市场容量小，市场潜力不大”、“地理区位的劣势突出”等硬件方面是制约西部地区吸引外商直接投资的主要原因。从以上的分析数据也可以得到相互印证：西藏的 GDP 总量最低，仅为 395.91 亿元；外资企业进口额占当地进出口总额的比重最低，仅为 0.79%；当地的人力资本积聚水平最低，2008 年抽样调查文盲率达 37.77%。甘肃、新疆的市场发育程度最低，STA 分别为 78.8% 和 78.42%，也说明了产品或服务的市场容量相对较小。青海、贵州的贸易依存度最低，FTD 分别为 4.98% 和 7.01%。外向型经济的发展由于受到经济总量、城市发展水平、地方政府开发政策以及地理区位等因素的影响，使得外资企业进军西部部分省市的步伐较为缓慢，加之有些地区的地方政府保护主义仍然较为严重，招商引资项目只看重一些“短、平、快”项目。目前，我国西部地区 FDI 投资主要分布于轻工业和房地产业，这也在一定程度上阻碍了整个外向型经济与区域产业集群的结合。

由于缺乏定量统计数据的测量，在整个西部地区投资环境评价中没有将制度政策放进综合考虑因素。但是，制度环境也是评价投资环境好坏的一个重要因素，它是影响外商企业和民营企业投资的一个潜在变量。在西部一些市场开放程度还比较落后的省份，诸如甘肃、新疆、青海、贵州等，政府官员的服务意识较差、环境质量较差、行政审批的效率低以及政策法规的透明度、连续性、执行力不够都极大地影响了多元投资模式政策的整体推进。因此，加大投资软环境改善与创新地区经济活力并重，将成为新一轮西部大开发关注的焦点。

第四节 人力资本政策供给的绩效评价

亚当·斯密在《国富论》中把全体国民的能力(包括体力和智力)看成是社会资本的一部分,人力资本的合理开发与配置对于促进西部地区经济社会发展具有重要作用,也是改变当地贫困落后面貌的内在动力。舒尔茨在《人力资本投资》一书中指出:“美国的国民收入,新增加的财富有80%是由人力资本所提供的,只有20%左右来自物质形态。不发达国家的经济之所以落后,主要就在于它们重视物质资本投资而忽视人力资本投资。”[①]我国经济发展的实践也充分证明,依靠有形资本投入或以自然资源开发为主的粗放型投资方式已不是最佳的投资取向。因此,西部大开发中应该牢固树立“以人为本”的科学发展意识,注重人力资源的开发,改善人力资源质量,加大教育投入力度,调整教育发展结构,提高人力资源回报率,营造西部地区学习与创新的良好氛围,实现西部地区经济社会的跨越式发展。

人力资本模式的政策框架既包括现有人才存量的增加和人才结构的调整政策,即高层次人才和技术型人才的培养、领导班子和干部队伍建设、人才专项经费支持等,也包括潜在人力资源的开发与提升,即教育经费的投入、教师队伍建设等。由此可见,人力资本模式的政策绩效主要体现在人才队伍建设和教育投入发展两个方面。

一、西部地区人才队伍建设的绩效

西部大开发战略实施以来,得益于中央一系列政策措施,西部地区人才总量有所增加,人才队伍素质进一步提高,人才队伍稳定工作有新的起色,人才创业的政策环境、工作环境和生活环境进一步改善。但是,由于受到多种主客观因素影响,目前西部地区人才队伍建设仍存在不少困难和问题:西部的人才建设基础不够雄厚、人才队伍总量不足、人才队伍不够稳定、结构不够合理的矛盾仍很突出。具体来说,人才队伍建设的绩效主要体现在以下几个方面。

(一)高层次人才培养规模不断扩大

加大西部地区高层次人才的智力支持。人力资源与社会保障部组织实

① 西奥多·W. 舒尔茨:《论人力资本投资》,北京经济学院出版社1990年版。

施“西部之光”访问学者培养项目，自2003年从西部地区选拔了具有发展潜力的青年科技骨干6批共1416人作为“西部之光”访问学者到国内著名高校、科研院所、医疗卫生机构进行为期一年的培训和研修，共支付培养经费6135.5万元。

开展“博士服务团”选派工作。自2001年以“博士服务团”方式从中央国家机关、东部有关省市、高等院校、科研院所、医疗卫生机构选派了九批共1059名高层次专业技术人才赴西部地区进行为期一年的服务锻炼。

支持西部地区高级专家的选拔培养。截至2008年年底，已从西部12个省(区、市)选拔2166名各行业领域专业技术人才享受国务院颁发的政府特殊津贴，为西部12个省(区、市)选拔培养160名新世纪百千万人才工程国家级人选。

加强西部地区博士后队伍建设。在国家制定的《博士后工作“十五”规划》中对西部地区给予倾斜，加大西部地区高层次急需人才的培养。截至2008年年底，西部地区共设立了292个博士后科研流动站、273个博士后科研工作站，占全国设站总数的16.3%。2008年，西部地区招收了750名博士后研究人员，占当年全国总招收人数的9.1%。

(二)领导班子和干部队伍素质显著提升

领导干部的挂职锻炼加强了中央与地方、东部与西部之间的沟通交流，有效提升了领导干部自身综合素质。一是从中央单位选派干部到西部地区挂职锻炼。2001年以来，中央组织部统一组织选派了3批500多名中央国家机关、中央企业和高等院校的干部到西部地区挂职锻炼。重点到市县级党委、政府班子挂职，直接为基层经济社会发展服务。四川发生“5.12”汶川特大地震后，中央组织部从部分省(区、市)和中央有关单位，选派了两批51名干部到重灾区市县和对口省直部门挂职，为灾区实现恢复重建取得阶段性成果做了大量工作。二是从西部地区选派干部到中央、国家机关和经济相对发达地区挂职锻炼。2000年，中央组织部、中央统战部和国家民委印发了《2000—2009年选派西部地区和其他少数民族地区干部到中央、国家机关和经济相对发达地区挂职锻炼工作规划》，拟为西部地区和其他少数民族地区培训领导干部和科技、经济管理人才。10年来已为西部地区和其他少数民族地区培养了4100多名干部，总体规划确定的目标已基本实现。

基层一线队伍建设取得显著成效，高校毕业生到村任职数量逐年增加。一是做好选聘高校毕业生到村任职工作，努力向西部地区输送新农村建设急需的高素质人才。2008 以来，中组部分配给西部地区 2.8 万名招聘名额，占总数的 33%，中央财政的补助资金已达 3.5 亿元；2004 年以来，中组部会同共青团中央累计选拔 5000 多名大学生志愿者，专门支持西部地区开展农村党员干部现代远程教育工作。二是加强基层一线队伍建设。通过采取组织选派、公开招录、定向培养、内地引进等方式，把优秀干部优先配给基层；各地开展县直部门包村、乡镇干部包片包村、县乡机关干部到村居任职工作；指导各地加大从优秀村党支部书记中选拔乡镇领导干部、考试录用乡镇机关公务员、招聘乡镇事业编制人员的力度，激励他们在基层干事、创业。

（三）基层党建经费投入力度不断加大

建立健全基层党建投入机制，指导各级将基层党建经费列入财政预算，重点向偏远地区和农牧区基层倾斜，支持基层党建工作，形成了基层党建和政权建设经费投入的保障体系。随着基层党建经费投入的不断增加，专项经费的使用范围也在逐步扩大，充分保障了基层党组织建设和困难党员的扶助。一是推进村级组织活动场所建设。在 2007 年结束的第一轮建设中，中央财政共补助西部地区无活动场所的村近 4 万个，占全国补助村总数的 40%；补助资金 10.3 亿元，占全国补助资金总数的 58.9%。二是支持农村党员干部现代远程教育设施建设。西部地区共有 198124 个乡镇、建制村，计划建设终端站点 201988 个。截至 2009 年，已建设终端站点 172868 个，完成建设任务的 85.6%，按照 60%比例给予补贴，共拨付西部地区中央专项补贴资金 6.58 亿元，占全国中央专项补贴资金的 58%。三是积极开展党内激励、关怀、帮扶活动。建立党内激励帮扶资金，对困难党员进行帮助，对想致富、缺资金的党员进行项目扶持，对农村社区老党员、老干部、老劳模提供生活补助。10 年来，中央党费已累计投入近 5 亿元用于西部地区的党内激励帮扶等工作。

（四）人才队伍不稳定和结构不合理矛盾凸显

西部大开发 10 年来，西部地区人才总量有所增加，中央组织部、原国家人事部组织举办各项培训班，极大地提升了领导干部的综合素质；通过对口支援帮扶，各种高层次专业人才聚集到西部，为西部地区的经济建设和社会发展提供了智力支持。在人才总量增加、领导干部素质提升和人才经费投入加大的同时，也必须清醒地意识到：人才流失严重和高层次人才结构不合理等体制性的根本问题尚未解决。人才流失严重和结构性矛盾

与地方经济、工作环境、创新氛围、人才管理体制等有着密切的关系。

首先，经济落后、工资待遇低已成为西部地区人才流失和结构性矛盾的一个重要原因。相比东部发达省份，西部地区受自然等条件制约，经济发展远远落后于中东部地区，部分省份的工资待遇仅为东部地区的二分之一。在这样一种现实环境显著差异条件下，仅仅凭借奉献精神留住人才的可行性是非常小的。

其次，缺乏人才发展的空间成为西部地区人才流失和结构性矛盾的又一重要原因。这主要表现在：人才观念落后，缺乏人才观念上的时代开放性和创新性；人才管理模式缺乏科学化，难以适应市场经济发展对人才资源配置的要求；人才管理者水平不高，违背人才管理规律的现象时有发生，人才自身的发展没有得到真正重视。大锅饭式的薪酬分配制度、论资排辈的传统观念，桎梏了人才的发展空间，挫伤了人才的积极性和创造性。

第三，人才管理体制陈旧成为西部地区人才流失和结构性矛盾的内在原因。传统计划经济条件下形成的人才分配制度，用人单位以低成本使用着高价值的人才，对人才的合理要求和合理流动采取“关、卡、压”的管制办法，成为制约人才发展和人才结构失衡的制度性障碍。有的地方过分看重“重量级”人才，忽视占绝大多数的一般人才，而许多“重量级”人才往往是通过柔性引进形式开展工作的，这种短时期的挂职工作并不能对一个地区的管理创新和科技创新产生根本性作用，而一般性人才又由于缺乏相应的工作待遇导致流向东部地区，从而造成西部地区缺乏众多的中等层次的、年轻化的人才。这种结构性矛盾还表现在注重专业技术性人才而缺乏管理复合型人才，注重现阶段人才的挖掘而缺乏长期人才的储备，从而导致人才结构不合理、人力资源配置不协调，造成人才资源的内在性缺失。近几年，通过采取有效措施，在一定程度上遏制了人才外流的趋势，在某些省份人才流入、流出基本达到平衡。

二、西部地区教育投入发展的绩效

西部大开发战略实施以来，教育投入始终是西部大开发所关注的一个焦点问题，在每年的政府工作报告和西部大开发“十五”、“十一五”总体规划中都有专项说明。在此基础上国家还制定了《2004—2010 年西部地区教育事业发展规划》、《关于进一步加强农村教育工作的决定》等专项政策文件。这推动了西部地区基础教育、职业教育和高等教育的共同发展，成为西部地区人力资本积累的重要保障，也培育了西部地区教育发展的新经济增长点，使基础教育得到长足发展。2006年儿童净入学率达到98.2%，小学升初中的比率达到100%，高中入学率达到42.3%。职业教育体系逐步完善，已经形成了高等、中等和初等职业教育的综合办学体系。强调中等职业技术教育以推进骨干体系建设为重点，以农村劳动力转移为切入点，围绕着提高效率、上规模、树品牌，出现了良好的发展局面。高等教育总体发展水平相对滞后。西部高等教育的现有状况不能满足西部经济文化的发展对各类高素质人才的需求，但在高校数量、在校大学生数量和高等教育的层次结构、学科结构、大学类型等方面也有所突破，10年来，西部地区累计培养高中阶段及以上教育的毕业生近3300万人，每10万人口拥有普通高校学生数由2001年的422人增加近1200人。具体来说，教育投入发展的绩效主要体现在以下几个方面。

（一）重大教育工程取得重大突破

国家西部"两基"攻坚计划实现了西部"普九"的突破，农村寄宿制学校建设新增校舍面积近1200万平方米，"两免一补"政策广泛实施，农村中小学现代远程教育工程覆盖中西部36万所农村中小学校。"国家贫困地区义务教育工程"二期计划、"中小学危房改造工程"、"中西部农村初中校舍改造工程"中央累计投入的360亿元中多数投向西部地区。职业院校基础能力建设工程，有力地推动了西部地区职业教育的加速发展。"西部一省一校工程"等，带动了西部地区高等学校的办学水平和科技创新能力的整体提升。"农村义务教育阶段学校教师特设岗位计划"等，显著提高了西部地区特别是农牧区教师素质。

（二）人民群众受教育机会不断增加

到2008年，西部地区"两基"人口覆盖率接近100%，基本普及了九年义务教育；小学五年巩固率和初中三年巩固率达到96%和90.2%，分别比1998年提高14和5个百分点，义务教育完成率由1998年的74.5%提高到92.0%；高等学校本专科在校生和在学研究生达到562.5万人和26.8万人，分别较1998年增长3倍和7倍以上。自2001年至今，西部地区普通高校招生计划和生源计划安排增幅达到12.3%，高于全国高校分省计划平均增幅近8个百分点；中等职业教育招生达到226.6万人，比1998年增加77.8万，带动高中阶段教育规模不断扩大，达到1191.1万人，比1998年增加555万人，初中毕业生升学率1998年的61.3%提高到2008年的80.0%。

(三)教师队伍综合素质有效提升

2008年，义务教育阶段、普通高中和地方所属普通高校专任教师人数达到270万、38.3万和24.5万，分别比1998年增加28万、22.4万和18.6万，各级学校教师短缺的状况有了明显改善；小学和初中专任教师学历合格率分别由1998年的90.7%、79.5%提高到98.7%与97.6%，小学专科及以上、初中本科及以上高一级学历的教师比例分别达到69.6%和50.6%，比1998提高60和42个百分点；普通高中专任教师本科及以上学历比例从1998年的58.8%提高到86.4%，普通高校教师中具有研究生学历教师比例由1998年的16.7%提高到37.8%，中、高等职业院校“双师型”教师的比例分别由2002年的11.3%、10.7%提高到18%和27%。民族地区教育得到前所未有的发展。2008年，五个少数民族自治区除西藏个别县外均已实现了义务教育的普及；高中阶段和高等教育中少数民族在校生达到188.3万和88.2万人，分别比2002年增加78.2万和37.8万人。

(四)各类教育办学条件显著改善

西部大开发10年来，教育经费总投入从609亿元增长到3434亿元，其中预算内教育经费从362亿元增长到2506亿元，增幅均高于全国平均水平。2008年，小学和初中生均校舍建筑面积达到5.2和5.9平方米，分别比1998年增加1.3和5.4平方米；地方普通高校生均教学仪器设备值达到5630元，比1998年增加了2097元；小学和初中每百名学生拥有生均计算机台数分别达到2.8台和5.0台，较2002年分别增加1.5和2.9台，初中和普通高中建网学校比例分别为26.8%和58.4%，比2002年提高20和32个百分点。

(五)教育发展有力促进了西部经济增长

地区经济的发展是由各地区的资本要素、劳动力成本、市场化程度、产业结构、人力资本禀赋、工业化和城市化水平等多方面因素共同决定的，不同时期不同因素影响的效应也是不同的。教育投入有利于提升人力资本禀赋，进而影响经济发展。本书以西部大开发12个省市为研究对象，实际选取2000—2008年的数据指标值。相关数据来自于《中国统计年鉴》、《中国教育统计年鉴》、《中国劳动统计年鉴》和《中国人口年鉴》。从相关性分析、回归分析的结果来看(如表3-12所示)，人民群众的受教育水平对地区经济增长的影响是非常大的，对人均GDP的增长弹性为0.187，高于工业化和城市化水平、市场化程度的弹性，这充分说明劳动者受教育水平的提升在短时期内能够对地区经济增长产生积极的影响。但是，在以投资拉动地区经济发展的现有结构下，物质资本的投入还是远远高于人力资本的投入，它的增长弹性是最大的(0.326)。

表 3-12 西部大开发以来教育发展对经济增长的影响效应

自变量 \ 因变量	西部地区经济增长	
	系数	标准误
平均受教育年限($n=4$)	0.187**	0.021
物质资本	0.326***	0.071
工业化和城市化发展	0.172***	0.034
公共基础设施	0.152***	0.015
市场发育程度	0.163*	0.087
调整后 R^2	0.917	
F 检验	139.81	
D-W 检验	1.987	

注：*** 表示在 1%水平上显著，** 表示在 5%水平上显著，* 表示在 10%水平上显著。

(六)人力资本总体存量和教育非均衡发展问题凸显

2008 年，根据全国人口变动情况按照 0.887‰比例抽样 6 岁及以上人口的调查数据显示：西部地区未上过学的文盲半文盲人口比例为 10%，比例仍然较高；初中以下文化程度人口比例为 47%，而高中以上文化程度人口比例仅为 16%。从受教育的平均年限①来看，西部 12 省市居民的平均受教育年限是 7.45 年，比东部地区低了 1 年，比中部地区低了半年，整体上呈现阶梯状分布，区域差距明显。

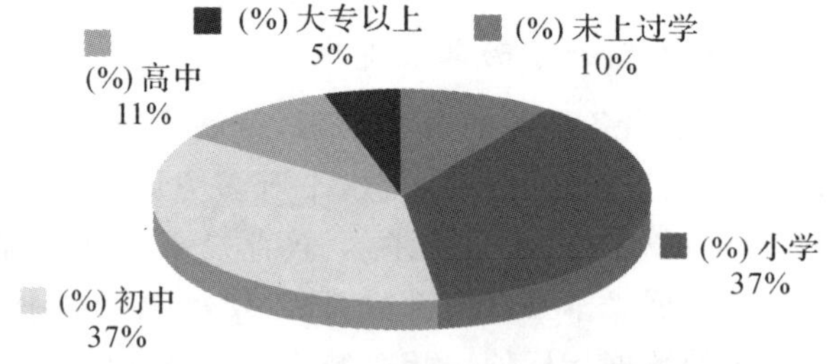

图 3-2 2008 年西部地区居民教育结构

① 注：人均受教育年限是考察教育存量的最主要指标，更能反映一个地区教育的发展程度。人均受教育年限的地区差别反映了地区之间的教育不平等程度。通常，人均受教育年限以现有统计年鉴中各级受教育水平的分组数据为依据，以受过各级教育的人口占总人数的比重为系数，计算居民的平均受教育年限。

表 3-13　2008 年西部地区 12 省市居民受教育程度

地　区	6 岁及以上人口	未上过学	小学	初中	高中	大专及以上
重　庆	24010	1740	9424	9261	2564	1019
四　川	69797	6792	28278	24676	7012	3038
贵　州	31612	4014	13495	10642	2354	1108
云　南	38031	4632	18386	11108	2571	1334
西　藏	2385	818	1131	315	80	41
陕　西	32268	2513	9264	12665	5023	2802
甘　肃	22262	3530	7901	7283	2550	999
青　海	4643	704	1877	1231	483	347
宁　夏	5095	458	1673	1918	656	390
新　疆	17510	849	6039	6894	2029	1699
内蒙古	20742	1631	5945	8741	2886	1539
广　西	39706	2206	14055	17974	4163	1308

资料来源：根据《中国统计年鉴》(2009)相关数据整理而得。

以上这些数据充分说明我国西部地区的整体教育水平和人力资本存量还是非常低的，教育贫困不但会影响地区经济发展，而且会影响劳动力流动和迁移，导致城乡二元结构的加剧和区域协调发展难以实现，这也从另外一个侧面印证了教育投入对经济发展的弹性不是最大的原因。

教育非均衡发展问题的日益凸显也成为社会关注的焦点。西部大开发 10 年来，通过一系列的重大教育工程的实施、财政教育投入的倾斜，使得整个西部地区居民受教育程度相比 10 年前有较大提升，教师队伍素质和办学条件等都有所改善，但是教育结构性矛盾仍然是制约西部教育发展的一个瓶颈。上海财经大学区域经济研究中心课题组通过引入教育基尼系数和广义熵指数两个指标较为准确地分析了西部各省份之间和各省份内部教育发展的教育均衡程度。研究发现：经济和教育发展程度相近的地区教育分布相近，而发展水平不同的地区则差别明显。从反映省内教育分布的不平等程度的教育基尼系数分析（见表 3-14），平均受教育年限及总体教育发展水平高的省份基本上在 0.29～0.3 之间，而平均受教育年限低的省份在 0.3 以上，教育发展水平最低的西藏的教育部均衡程度达到 0.36。

表 3-14 西部地区 12 省市教育平等程度

省份	教育基尼系数	省份	教育基尼系数
重庆	0.32	甘肃	0.37
四川	0.33	青海	0.38
贵州	0.33	宁夏	0.34
云南	0.31	新疆	0.29
西藏	0.36	内蒙古	0.29
陕西	0.31	广西	0.29

资料来源:《2008 年中国区域经济发展报告——西部大开发区域政策效应评估》,第 108 页。

由此可见,西部地区教育分布在同一经济和教育发展程度地区内的趋同性,教育不平等的地区分化反映了这样一个现实:在国家层面上具有公共产品或准公共产品性质的教育,逐渐受到各个地区的社会经济发展水平的影响而逐渐显现区域性特征。①

① 上海财经大学区域经济研究中心:《2008 年中国区域经济发展报告——西部大开发区域政策效应评估》,上海财经大学出版社 2008 年版,第 107—108 页。

第四章

西部大开发政策供给质量与综合绩效评价

从国外有关区域政策有效性的理论研究看，一个有效的区域经济政策与经济发展的不同阶段的目的密切相关，并且随着政治、社会、技术、经济环境的不同，有效区域政策的要求在不断发生变化。实施西部大开发以来，国家采取了一系列的优惠政策，涵盖财政倾斜、金融信贷、税收优惠、资源产业、区域开放、人才开发、公共服务多个政策领域，这些政策组合的实施有力地促进了西部地区的崛起，逐步缩小了东西部地区之间的发展差距，提高了整个地区的公民福利水平。然而，西部地区的低水平均衡态势和"贫困性循环"仍然是制约西部地区发展的瓶颈，这就需要从政策供给的视角考察政策质量的满意度，从政策实施的视角研究综合绩效的好坏。从西部大开发政策供给质量看，通过对现有政策供给进行合理分类，进而提炼政策供给质量的测定标准，以问卷调查和深度访谈的形式综合评价政策供给质量的满意程度；从西部大开发政策实施绩效看，通过对西部地区12省市经济社会发展水平进行总体分析，以西部大开发政策绩效评价指标体系为纲综合考察西部地区12省市的综合绩效水平。本章包括政策供给分类与质量测定标准、政策供给质量的实证分析与评价、西部地区综合绩效的实证评价三个部分。

第一节　西部大开发政策供给分类与质量测定标准

政策是制度性选择的结果，体现了决策群体的理性选择和决策者自身的偏好。一个好的政策体系能够有效促进资源配置，而一个坏的政策体系会阻碍生产力发展。政策选择应该充分考虑不同区域的地理条件、区位优势、经济发展水平和思想观念等因素选择适合本区域发展的政策，采取国家政策倾斜的方式以调节区域发展不平衡的状况。可以说，政策供给质量的好坏直接关系到政策实施的绩效。一个缺乏协调、互相冲突的政策框架体系，在实施运用过程中即使配置了充足的人力、构建了高效的组织、采取了有效的管理，也不能达到良好的效果，可能与初始目标设定产生较大的差距。因此，必须充分重视西部大开发政策的供给质量，它是产生好的政策绩效的前提和基础。西部大开发政策的供给质量必须有统一的测定标准，不同类别的政策质量测定也应该体现差异化、综合性的特点。

一、西部大开发政策供给的逻辑理论分类

以《关于西部大开发若干政策措施的通知》、《关于西部大开发若干政策措施的若干意见》为标志，一个比较完整的政策框架体系正式形成，其进一步明确了西部大开发政策的主要类别和供给方式，提出了西部大开发战略的总体战略目标。按照区域开发的总体步骤和要求，要逐步缩小区域发展差距，实现西部地区持续科学发展，就必须正确处理好“输血与造血”和“规模与结构”两对矛盾关系，它也是指导西部大开发政策供给分类的理论依据。

（一）“先输血、后造血”——资金投入和人力资本的政策供给

“欠发达、欠开发”是西部地区发展的基本特征。“欠发达”是由于地理区位因素和历史原因造成的，特别是基础设施严重落后和社会公共服务水平低下，使得东西部地区经济社会发展差距拉大，成为制约区域协调发展的重要方面。“欠开发”是由于西部地区官员观念意识僵化、地方政府财力不足和发展规划严重滞后等因素造成的。然而，丰富的自然资源和大量的富余劳动力却是西部地区经济发展的强大动力。“先输血、后造血”就是指通过财政杠杆和税收杠杆调节区域间的财政平衡，合理分配地区财力资源，从加快基础设施建设和推进区域公共服务均等化两个方面着手外延式开发；通过加快人力资源开发与培训，活跃人力资本，以技术创新和资本积聚实现内涵式开发。按照这一逻辑框架可以将西部大开发政策供给分为资金投入和人力资本两类，其中，资金投入类政策包括 10 个，人力资本类政策包括 6 个，具体如表 4-1、表 4-2 所示。

表 4-1 列出了实施西部大开发以来国家资金投入类政策向西部地区倾斜的侧重点，凸显了以基础设施建设和重大工程项目拉动财政投入、以公共服务均等化和社会事业协调发展实现财政转移支付、以财政扶贫、生态补偿形式实现财政专项补贴的投入特色。

表 4-1　资金投入类政策的供给框架

序　号	主要政策内容
P1	加大财政性建设资金在西部地区的投入比例
P2	中央专项资金支持西部地区重点项目
P3	优先安排基础设施、生态环境等项目
P4	加大对西部一般性财政转移支付规模
P5	加大对西部财政扶贫资金投入规模
P6	中央对地方专项资金补助向西部地区倾斜
P7	中央对天然林保护、退耕还林财政补贴
P8	科技基金、科技计划经费向西部倾斜
P9	加大对教育的资金投入和信息化建设
P10	加强对文化卫生等社会事业经费投入

公共投资的领域投向体现了政府财政关注的焦点。一般来说，公共投资主要用于公共基础设施的改善和公共服务产品的提供，进而实现经济增长、结构优化和社会发展。转移支付的调节手段体现了各级政府财政的均衡性，主要用于改善民生，增加公共服务的供给，减少地方政府财政负担，提高财政资金利用效率。财政专项补贴的适用范围也体现了区域发展的薄弱环节，通过扶贫专项资金的投入加大对西部重点贫困地区的扶贫力度，实现基础设施扶贫、教育扶贫、科技扶贫、产业扶贫的共同推进；通过生态财政补贴、生态补偿的形式加大对西部地区生态环境的保护力度，实现资源节约、环境良好的可持续发展之路。

表 4-2　人力资本类政策的供给框架

序　号	主要政策内容
P1	调动西部地区专业人才的积极性和创造性
P2	加强西部地区人才培训和实行人才对口支援
P3	改善人才工作和基本生活条件
P4	改革户籍管理制度
P5	鼓励西部地区企业提高 R&D 比重
P6	扩大招生规模和实行教育对口支援

表 4-2 列出了实施西部大开发以来国家人力资本类政策向西部地区倾斜的侧重点，凸显了以合作交流和对口支援促进本地人才集聚、以提高生活待遇、工资福利和柔性引进实现人才合理流动、以专业培训和科技研发提升人才水平的人才发展特色。

合作交流与对口支援有利于拓宽西部地区专业人才的视野，也是稳固区域人力资源和提高人力资源质量的重要途径。管理创新和技术创新都离不开专业人才的培养，加大对人力资本的投资无论是对国民经济增长还是知识技术创新都具有较大的促进作用。专业培训和科技研发是调整人才队伍结构、提升综合竞争力的重要手段；提高生活待遇、工资福利则是稳定人才的外在物质保障。由此可见，人力资本类政策的供给框架体现了“稳定存量、优化结构”和“激励先行、制度保障”的内在规律。

（二）“先规模、后结构”——产业引导和多元投资的政策供给

要实现西部地区的跨越式发展，不仅要在规模上实现总量的突破，还要在结构上实现资源的优化。区域经济社会发展既是资源要素的积累过程，也是资源要素的配置过程。实施西部大开发是一项基于国家层面的区域开发政策，体现了以政府为主导的开发模式。然而，以市场配置资源要素的方式仍然是市场经济体制下最重要的经济规律。政府的宏观政策也必须着眼于“市场”的开发，逐步实现由“主导”向“引导”的方式转型，由“单一”向“多元”的主体转变。“欠发达、欠开发”仍然是长期以来西部各省市的基本特点，因此，西部大开发是一个分阶段的、循序渐进的开发过程，从规模经济扩大化的表层开发向产业结构整合化的深层次开发递进。“先规模、后结构”就是指通过信贷杠杆、税收杠杆和价格杠杆调节区域间的产业规模和结构，允许多种所有制主体参与资源要素的分配，从而激发市场要素活力，从扩大贸易领域和优化投资环境两个方面实现规模经济的扩大；从金融信贷导向和主体功能区布局两个方面实现产业结构的整合。按照这一逻辑框架可以将西部大开发政策供给分为产业引导和多元投资两类，其中，产业引导类政策包括 9 个，多元投资类政策包括 10 个，具体如表 4-3、表 4-4 所示。

表 4-3　产业引导类政策的供给框架

序　号	主要政策内容
P1	加大对基础设施建设的信贷投入
P2	延长有关基础设施项目金融贷款期限
P3	扩大金融贷款质押范围
P4	加强信贷杠杆对经济、产业结构的调整
P5	企业所得税、关税、增值税的减免
P6	提高建设用地的审批效率
P7	保护基本农田和平衡耕地占补
P8	有效开发和利用矿产资源
P9	推进价格和收费机制改革

表 4-3 列出了实施西部大开发以来产业引导类政策针对西部地区的主要内容，突出了以基础设施建设和国家鼓励类产业在整个产业结构中的支柱地位，强化了土地、资源要素在平衡区域产业发展的重要性，凸显了金融、税收、价格齐驱并进的调控策略，是一种结构性的政策导向。

金融、税收、价格杠杆的调节是财政投入机制的有益补充，是缓解西部地区地方财政紧张状况、优化区域经济结构的必要手段，主要用于对基础设施建设、国家重点建设项目以及生态环保型、技术密集型、科技研发型产业的支持，逐步缩小经济二元结构的矛盾。资源要素的配置也是引导产业结构调整的主要方式，资源禀赋已经成为衡量一个区域开发程度和开发绩效的重要参考依据。要通过主体功能区划的合理定位有效配置土地资源、矿产资源，一是通过合理引导矿产资源的开采以控制资源型产业的规模；二是通过加强建设用地的审批监管以约束房地产市场的“混沌”秩序。

表 4-4　多元投资类政策的供给框架

序　号	主要政策内容
P1	推进西部地区国有企业改革
P2	引导个体、私营等非公有制经济
P3	简化投资项目审批程序
P4	优化外商投资的地区布局
P5	转变政府职能和提高政府服务能力
P6	扩大西部服务贸易领域对外开放
P7	拓展利用外资渠道和放宽利用外资条件
P8	推广地区经济技术协作和对口支援
P9	鼓励西部发展优势产品出口
P10	鼓励西部企业开展对外承包和劳务合作

表 4-4 列出了实施西部大开发以来多元投资类政策向西部地区倾斜的侧重点，凸显了以招商引资扩大区域经济总量、以转变政府职能提高服务意识、以区域合作促进经济要素融合的多种所有制特色。

以招商引资的形式活跃区域资本、优化所有制结构是多元投资类的核心政策。转变政府职能是构建服务型政府的根本要求，特别是对于外商资本和民营资本的准入条件来说，应该突出政府“公开、透明、高效”的特点。积极鼓励西部地区企业实施“走出去”战略是企业“修炼内功”的重要举措，而加强地区经济技术协作则是政府助推企业发展和产品出口的主要手段。

二、西部大开发政策供给的聚类实证分类

从“输血与造血”和“规模与结构”两对矛盾关系来看，理论上可以将西部大开发政策供给划分为四大类框架，即资金投入类、人力资本类、产业引导类和多元投资类，包括“财政倾斜政策”、“金融信贷政策”、“税收优惠政策”、“资源产业政策”、“区域开放政策”、“人才开发政策”和“公共服务政策”七个方面。为了进一步验证逻辑分类的科学性、准确性，我们采用了聚类分析的实证分类方法，通过对现有的西部大开发 35 个主要政策的供给质量程度进行问卷调查，在此基础上判断政策供给的分类。

聚类分析是依据研究对象的个体特征，对其进行分类的方法，在经济、管理、社会学等领域都有着广泛的应用。聚类分析的主要思想是：只要指标（变量）之间有一定的相关关系，就可以对所观察的一群个体分类，从而可以对个体进行进一步的研究。如果指标（变量）过多，也可以对指标进行分类，把相近含义的指标聚到一起，把整个指标群分为若干类。本书采用的西部大开发政策供给实证分类就是基于这一主要思想产生的。

（一）研究方法：问卷设计和调研样本

在对《关于西部大开发若干政策措施的通知》、《关于西部大开发若干政策措施的若干意见》等国家层面的西部大开发政策文本进行深入研究分析的基础上，通过走访有关政府部门、召开专家座谈会，运用头脑风暴法概括总结了 35 个西部大开发的主要政策，采用里克特七点量表形式拟定了一份“我国西部大开发政策供给质量调查问卷”。正式的“我国西部大开发政策供给质量调查问卷”包括“背景资料”和“西部大开发政策供给质量程度评价”两个部分。其中，对于政策供给质量程度评价由 1、2、3、4、5、6、7 分构成，分别代表“非常不满意”、“不满意”、“比较不满意”、“一般”、“比较满意”、“满意”、“非常满意”，让被调查对象根据自己的实际感受，判断 35 个西部大开发的主要政策供给质量的好坏。

（二）实证分析：聚类分析的主要过程

本研究采用 SPSS 16.0 统计软件包对调研所获得的数据进行聚类分析(cluster analysis)。聚类分析根据分类对象不同，可以分为样品聚类（Q 型聚类）和变量聚类（R 聚类）两种类型，这里采用变量聚类方法。我们用 $X_1 \sim X_{35}$ 变量分别表示调查问卷中的 35 个主要政策，依次把 35 个变量输入“variables”矩形框中，选择组间连接法“between-groups linkage”和“欧式

距离的平方”方法对输入的变量进行聚类。

表 4-5 显示了被调查样本的基本特征，其中有效样本值 160 个，有效比为 96.4%；缺失样本值 6 个，缺失比为 3.6%。特别值得注意的是，这里涉及的缺失样本是指被调查者对调查问卷中罗列的某些政策供给质量没有作出相应的程度判断。

表 4-5　被调查样本的基本特征

调查样本					
有效样本值		缺失样本值		合　计	
N	有效比	*N*	缺失比	*N*	百分比
160	96.4%	6	3.6%	166	100.0%

表 4-6 显示了 35 个主要政策变量的聚类过程中每一步的结果，它包括变量聚类的步骤、初始变量合并的情况、合并时的类间距离等几个方面。由此可以看出，在聚类过程中类间的距离越来越大。在 Coefficients 列的左边，给出了在第几步哪个政策变量与哪个政策变量合并成一类；在 Coefficients 列的右边，给出了个体首次被聚类的步骤序号。

表 4-6　35 个主要政策变量的聚类基本过程

步骤	群聚类		系　数	首次出现的群组		下一步骤
	聚类 1	聚类 2		聚类 1	聚类 2	
1	9	10	107.000	0	0	7
2	31	32	117.000	0	0	18
3	22	23	126.000	0	0	16
4	1	2	129.000	0	0	15
5	5	6	136.000	0	0	8
6	25	26	142.000	0	0	11
7	9	11	145.500	1	0	12
8	4	5	147.000	0	5	19
9	33	34	154.000	0	0	13
10	27	28	167.000	0	0	14
11	24	25	171.000	0	6	16
12	8	9	171.333	0	7	22
13	33	35	179.000	9	0	18
14	27	29	195.500	10	0	29
15	1	3	196.500	4	0	19

续表

步骤	群聚类		系数	首次出现的群组		下一步骤
	聚类 1	聚类 2		聚类 1	聚类 2	
16	22	24	197.667	3	11	22
17	14	15	201.000	0	0	21
18	31	33	217.833	2	13	26
19	1	4	222.333	15	8	31
20	12	21	229.000	0	0	23
21	14	16	239.500	17	0	23
22	8	22	254.500	12	16	25
23	12	14	259.833	20	21	25
24	19	20	266.000	0	0	33
25	8	12	272.378	22	23	28
26	30	31	280.800	0	18	29
27	17	18	282.000	0	0	30
28	8	13	297.643	25	0	30
29	27	30	301.111	14	26	32
30	8	17	315.400	28	27	32
31	1	7	316.167	19	0	34
32	8	27	321.431	30	29	33
33	8	19	377.346	32	24	34
34	1	8	411.536	31	33	0

图 4-1 用形象直观的图形标识了 35 个主要政策变量的聚类过程，显示了在欧式距离的平方尺度上，哪些变量被聚为一类。根据相关要求把 35 个变量归并为五大类。

（三）调查结果：聚类分析的供给分类

X_1、X_2、X_3、X_4、X_5、X_6、X_7 七个变量被聚为第 1 类，它们分别为“加大财政性建设资金在西部的投入比例”、“中央专项资金支持西部重点项目”、“优先安排基础设施、生态环境等项目”、“加大对西部一般性财政转移支付规模”、“加大对西部财政扶贫资金投入规模”、“中央对地方专项资金补助向西部倾斜”、“中央对天然林保护、退耕还林财政补贴”，这七个政策都与财政投入有关，因此，可以将第 1 类政策框架命名为“财政投入类政策”。

X_8、X_9、X_{10}、X_{11}、X_{12}、X_{13}、X_{14}、X_{15}、X_{16}、X_{21}、X_{22}、X_{23}、X_{24}、X_{25}、X_{26} 15 个变量被聚为第 2 类，它们分别为“加大对基础设施建设的信贷投入”、“延长

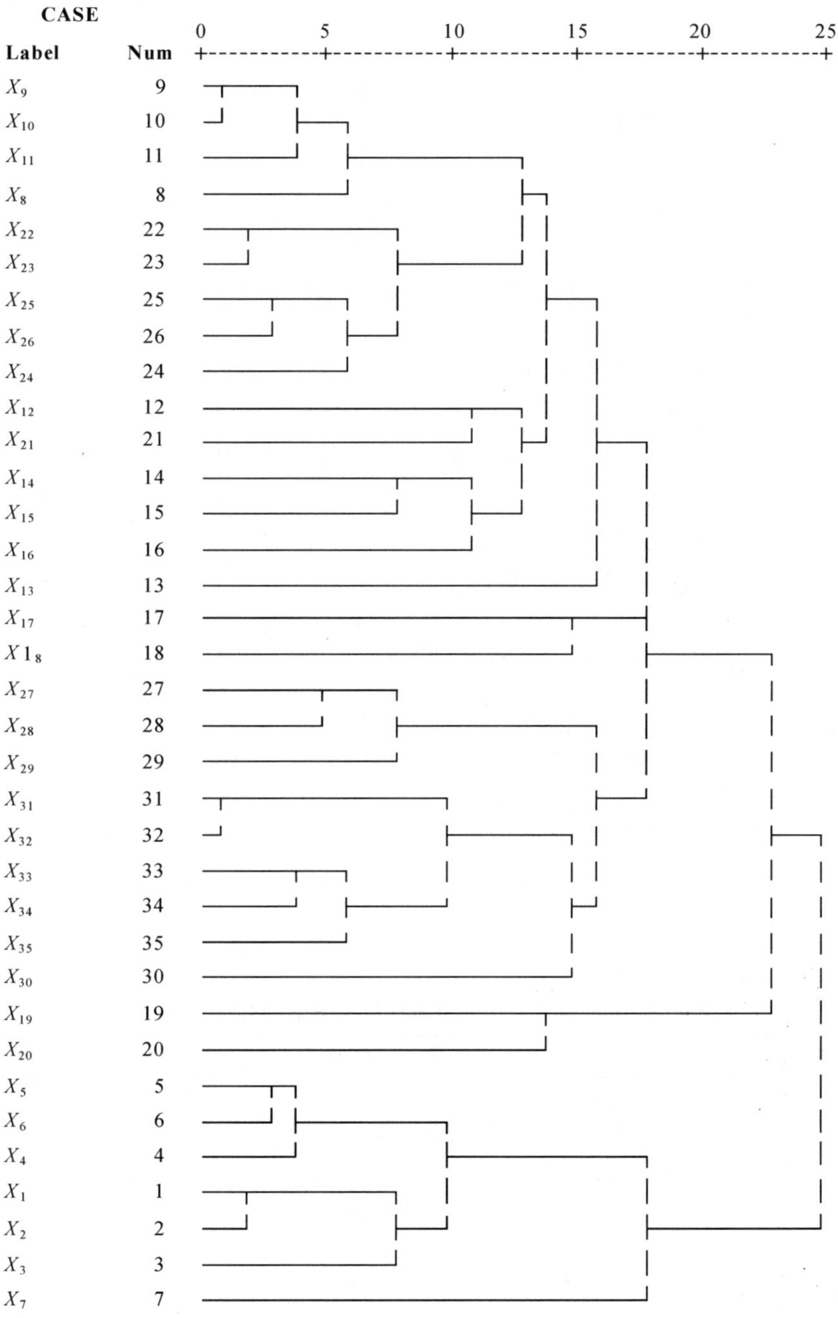

CASE Label	Num	0 5 10 15 20 25
X_9	9	
X_{10}	10	
X_{11}	11	
X_8	8	
X_{22}	22	
X_{23}	23	
X_{25}	25	
X_{26}	26	
X_{24}	24	
X_{12}	12	
X_{21}	21	
X_{14}	14	
X_{15}	15	
X_{16}	16	
X_{13}	13	
X_{17}	17	
$X1_8$	18	
X_{27}	27	
X_{28}	28	
X_{29}	29	
X_{31}	31	
X_{32}	32	
X_{33}	33	
X_{34}	34	
X_{35}	35	
X_{30}	30	
X_{19}	19	
X_{20}	20	
X_5	5	
X_6	6	
X_4	4	
X_1	1	
X_2	2	
X_3	3	
X_7	7	

图 4-1 35 个主要政策变量的聚类树形

有关基础设施项目金融贷款期限”、“扩大金融贷款质押范围”、“加强信贷杠杆对经济、产业结构的调整”、“推进西部国有企业改革”、“引导个体、私营等非公有制经济”、“简化投资项目审批程序”、“优化外商投资的地区布局”、“转变政府职能和提高政府服务能力”、“推进价格和收费机制改革”、“扩大西部服务贸易领域对外开放”、“拓展利用外资渠道和放宽利用外资条件”、“推广地区经济技术协作和对口支援”、“鼓励西部发展优势产品出口”、“鼓励西部企业开展对外承包和劳务合作”，这十五个政策都与金融信贷、区域开放有关，因此，可以将第 2 类政策框架命名为“金融信贷与区域开放类政策”。

X_{17}、X_{18}两个变量被聚为第 3 类，它们分别为“企业所得税、关税、增值税的减免”、“提高建设用地的审批效率”，这两个政策都与税收、土地有关，因此，可以将第 3 类政策框架命名为“税收与土地类政策”。

X_{19}、X_{20}两个变量被聚为第 4 类，它们分别为“保护基本农田和平衡耕地占补”、“有效开发和利用矿产资源”，这两个政策都与资源有关，因此，可以将第 4 类政策框架命名为“资源产业类政策”。

X_{27}、X_{28}、X_{29}、X_{30}、X_{31}、X_{32}、X_{33}、X_{34}、X_{35} 9 个变量被聚为第 5 类，它们分别为“调动西部专业人才的积极性和创造性”、“加强西部人才培训和实行人才对口支援”、“改善人才工作和生活条件”、“改革户籍管理制度”、“科技基金、科技计划经费向西部倾斜”、“鼓励西部企业提高 R&D 比重”、“加大对教育的资金投入和信息化建设”、“扩大招生规模和实行教育对口支援”、“加强对文化卫生等社会事业经费投入”，这九个政策都与人才开发、公共服务有关，因此，可以将第 5 类政策框架命名为“人才开发与公共服务类政策”。

以上分类见表 4-7。

表 4-7　西部大开发政策供给的聚类实证分类($N=166$)

变量名称	主要政策内容	被聚类别
X_1	加大财政性建设资金在西部的投入比例	
X_2	中央专项资金支持西部重点项目	
X_3	优先安排基础设施、生态环境等项目	
X_4	加大对西部一般性财政转移支付规模	1
X_5	加大对西部财政扶贫资金投入规模	
X_6	中央对地方专项资金补助向西部倾斜	
X_7	中央对天然林保护、退耕还林财政补贴	

续表

变量名称	主要政策内容	被聚类别
X_8	加大对基础设施建设的信贷投入	2
X_9	延长有关基础设施项目金融贷款期限	
X_{10}	扩大金融贷款质押范围	
X_{11}	加强信贷杠杆对经济、产业结构的调整	
X_{12}	推进西部国有企业改革	
X_{13}	引导个体、私营等非公有制经济	
X_{14}	简化投资项目审批程序	
X_{15}	优化外商投资的地区布局	
X_{16}	转变政府职能和提高政府服务能力	
X_{17}	企业所得税、关税、增值税的减免	3
X_{18}	提高建设用地的审批效率	
X_{19}	保护基本农田和平衡耕地占补	4
X_{20}	有效开发和利用矿产资源	
X_{21}	推进价格和收费机制改革	2
X_{22}	扩大西部服务贸易领域对外开放	
X_{23}	拓展利用外资渠道和放宽利用外资条件	
X_{24}	推广地区经济技术协作和对口支援	
X_{25}	鼓励西部发展优势产品出口	
X_{26}	鼓励西部企业开展对外承包和劳务合作	
X_{27}	调动西部专业人才的积极性和创造性	5
X_{28}	加强西部人才培训和实行人才对口支援	
X_{29}	改善人才工作和生活条件	
X_{30}	改革户籍管理制度	
X_{31}	科技基金、科技计划经费向西部倾斜	
X_{32}	鼓励西部企业提高 R&D 比重	
X_{33}	加大对教育的资金投入和信息化建设	
X_{34}	扩大招生规模和实行教育对口支援	
X_{35}	加强对文化卫生等社会事业经费投入	

三、西部大开发政策供给质量的测定标准

实施西部大开发以来，中央政府围绕着解决西部地区经济社会发展若干问题先后出台了一系列政策。总体来看，这些政策的供给主要以“是否有利于发展社会主义生产力”、“是否有利于增强社会主义国家综合国力”、“是否有利于提高人民的生活水平”为测定标准衡量其质量的好坏。它是

要从发展西部地区生产力的角度提高区域经济总量、优化经济结构；从增强西部地区综合竞争力的角度提高区域创新能力、优化人才结构；从改善西部地区人民生活水平的角度实现公共服务均等化。具体而言，判断政策供给质量好坏可以从价值性、持续性、普适性、效度性四个维度测定。如图4-2所示，西部大开发政策供给质量的测定标准体现了以"三个有利于"为核心、四个维度为主要内容的框架体系。

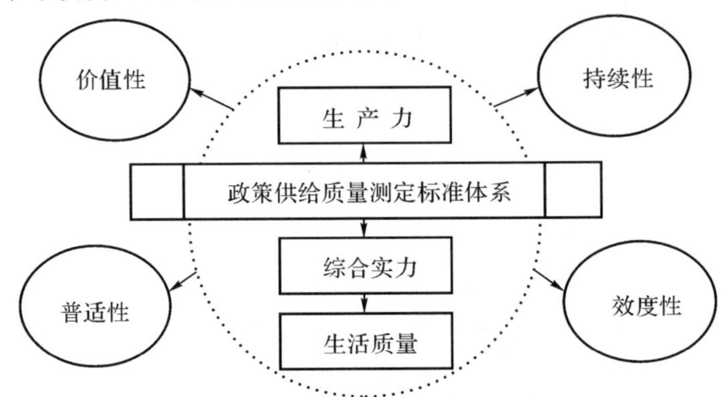

图4-2　西部大开发政策供给质量测定标准框架体系

（一）测定标准之一：政策的价值性

在社会学领域，"价值是思维沉淀的产物，亦是一种思维定势，它表现为一定的主体之于客观世界的具有相当稳定性的看法或观感。换句话说，价值是一定主体所具有的不依具体情况的改变而转移的期望、肯定、支持、讨厌、放弃事物的评价标准"。[①] 政策制定的主体是政府，它对西部大开发中存在的问题和发展模式应该保持一种客观、公正的态度，它是社会公共利益的集中体现。一个没有价值的政策是缺乏相应政策环境支撑的。"马克思主义的理论指出，人的全部活动都是在追求某种价值目标，价值目标越大，越是同活动主体的需要相一致，人们所激发的潜能就越大。政府所制定的政策价值取向，为社会的不同群体的实践活动提供了行动导向，离开了导向，也就失去了政策存在的意义。"[②]因此，价值性是评价任何一项政策供给质量的首要标准。西部大开发政策的价值取向必须遵从政治公正标准、经济效益标准、社会可行标准以及实践检验标准几方面。

① 张国庆：《公共政策分析》，复旦大学出版社2004年版，第29页。

② 陈庆云：《公共政策分析》，中国经济出版社2000年版，第83页。

政治公正要求政策的出发点必须出于公共利益的角度，政策的制定过程必须体现民主协商、回应参与的特点。经济效益要求政策的落脚点在于有效促进区域经济发展，政策的制定过程必须坚持成本效益原则，也就是说，要减少政策的制定成本，提高政策的实施效益。社会可行性要求政策的制定必须充分考虑社会的实际可承受能力，而实践检验体现了要以政策实施的具体效应说明政策供给质量的好坏。

（二）测定标准之二：政策的持续性

价值性是衡量西部大开发政策供给质量的首要标准，缺乏价值意义的政策是没有任何意义的。同样，政策缺乏连续性和稳定性也是影响政策质量的重要标准。持续性强调任何政策的出台必须充分考虑社会各方面因素的影响。政策的制定背景、政策的持续发展和政策的全面性都是持续性标准的重要因素。任何一项政策的制定必须具有示范效应。政策本身的涵义应该清晰，政策的执行主体应该明确，政策的适用范围应该体现，不能因政府官员的更替而随意调整政策。西部大开发政策必须体现一定的持续性，特别是一些投入类的财政政策更应该体现连续性和稳定性，以充分表明中央实施西部大开发战略的决心。可持续性是科学发展观的本质要义，政策供给质量的好坏就是要看政策是否保持一贯性、连续性和稳定性的特点。

（三）测定标准之三：政策的普适性

公共政策的普适性包括两方面的涵义：一是指一国或某一地区针对某一政策问题的公共政策其全部或部分地适用于解决其他国家或地区内的相同或类似政策问题；二是指公共政策作为公共权力机关管理社会的手段和方式，在其规定的有效时间和有效区域内（如全国或某个地区等）对政策客体具有普遍适用性。即在公共政策生效的时间和空间内，任何相同或类似的公共政策问题都适用于该公共政策的普适性。① 对于西部大开发政策而言，政策的实施范围涉及西部 12 个省、市，区域地理范围和政策辐射范围的广泛性也要求政策必须具备普遍适用性的特点。西部大开发政策是西部地区开发过程中最具纲领性和全局性的，各级地方政策在中央总体开发政策的前提下根据地区实际情况制定更为明晰的政策实施方案。因此，要确保地方政府制定的各项政策不偏离总体西部开发政策思路，保证整个政策质量始终处于较高水平，就必须坚持政策的普遍适用性原则。换句话

① 孙萍、张晓杰：《公共政策的普适性与特殊性》，《行政论坛》2007 年第 2 期。

说，普适性是测定西部大开发政策供给质量好坏的第三个标准。

（四）测定标准之四：政策的效度性

效度是统计学上的概念，指的是测量工具究竟在多大程度上测量到了真正想要测量的特质。这里借用这个概念能够更好地说明效度性在衡量政策质量上的重要意义。我们认为，公共政策的效度性也包括两个方面的涵义：一是政策的设计必须理论联系实际，具有强烈的现实导向性，政策的实施必须具有可操作性；二是政策的设计能够很好地反映经济社会发展中存在的问题，特别是对于一些典型问题更应具有针对性。西部大开发政策种类繁多，体现了不同层次、不同幅度的政策支持力度。对于政策供给质量的好坏评价，必须要广泛听取政策制定者和政策实施者的意见，通过对政策自身的评判来反映政策的效度。效度性是测定西部大开发政策供给质量好坏的第三个标准。可以说，政策的效度性直接关系到政策的绩效。一个缺乏操作性、针对性的政策措施很难有良好的绩效。因此，要保证西部大开发政策总体供给质量的水平，必须有针对性地对政策的质量进行宏观评价，一般遵循价值性、持续性、普适性、效度性四个测定标准。

第二节　西部大开发政策供给质量的实证分析

西部大开发政策供给质量是对政策设计水平的总体测定和政策实施效果的预评价，它直接或间接地影响了政策的实施效果。西部大开发政策供给质量水平主要是依据价值性、持续性、普适性、效度性四个测定标准进行评价的。政策供给质量是一个比较抽象化的概念，从理论上很难用严密的逻辑论证，它主要是政策运用主体对政策客体的总体认识描述。由于受到知识水平的限制和客观条件等因素的影响，不同的评价主体必然存在认识和主观判断的偏差，但是仍然能够从有效的调查样本中较为真实地反映整个政策供给质量的水平。因此，我们采取了专题调研和深度访谈相结合的分析路径，通过走访有关政府部门、召开专家座谈会，对于政策供给质量的概念和测定标准向被调查对象进行了详细阐释，在此基础上对有效问卷进行了实证分析与质量水平总体评价。

一、调查问卷的设计与样本的构成

问卷是研究者用来收集资料的一种技术，它的性质重在对个人意见、

态度和兴趣的调查。问卷的目的主要是在经由填答者填写问卷后，从而得知有关被测者对某项问题的态度、意见和看法，然后比较、分析大多数人对该项问题的看法，以作为研究者参考。[①] 在公共管理领域的许多研究中，很多问题无法直接测量，只能通过问卷的方法进行间接调查。西部大开发政策供给质量问题的研究就是选取了问卷调查的方式间接评价供给质量的好坏。因此，调查问卷的设计与调查样本的选取分布就直接影响到对整个西部大开发政策质量水平的评价。

（一）调查问卷的基本结构

调查问卷的结构形式主要取决于调查的实质内容，在对《关于西部大开发若干政策措施的通知》、《关于西部大开发若干政策措施的若干意见》等国家层面的西部大开发政策文本进行深入研究解读的基础上，运用头脑风暴法概括总结了35个西部大开发的主要政策，并按照聚类分析的分类结果将供给政策分为五个类别。《我国西部大开发政策供给质量调查问卷》的主要功能是对35个西部大开发的主要政策的供给质量进行总体评价，它包括引导语、背景资料和政策供给质量水平调查三个部分。

引导语旨在说明调查研究的基本目的和形式，让被调查者大致了解调查内容的基本背景和主要内容，以便有针对性地回答相应问题。

背景资料是对被调查者的基本个人信息的描述，主要包括被调查者的性别、所在省份、年龄、学历、职务级别等，通过对这些个人自然信息的采集进一步增强调查结果的效度。

政策供给质量水平调查是调查问卷的主体部分，以表格的形式列出了西部大开发的35条主要政策，并分别对35条主要政策供给质量程度进行打分，由1、2、3、4、5、6、7分进行量化，分别代表“非常不满意”、“不满意”、“比较不满意”、“一般”、“比较满意”、“满意”、“非常满意”。

（二）调查样本的选取与构成描述

由于西部地区地方政府是西部大开发政策的实施主体，对于这些政策质量的好坏各级地方公务员应该具有更加深刻的认识和判断。因此，我们对西部地区的重庆、四川、贵州、云南、西藏、陕西、甘肃、青海、宁夏、新疆、内蒙古、广西12个省、自治区、直辖市的副科级以上200位公务员进行问卷调查。课题组依托浙江大学西部MPA班集中学习培训的平台，我们采取以面对面调查为主、电子邮件、邮局寄送为辅等形式，先后共调研了200位

① 范柏乃、蓝志勇：《公共管理研究与定量分析方法》，科学出版社2008年版，第96页。

公务员，收回有效问卷166份，约占被调查样本总数的83%，问卷发放及回收情况如表4-8所示。

表4-8　调查问卷发放及回收情况

发放方式	发放数量(份)	回收数量(份)	有效问卷数量(份)
集中发放	165	150	134
单个发放	35	35	32
总　计	200	185	166

通过对有效调查样本进行数据的初步整理，可以从背景资料中初步看出调查样本人口统计的基本特征，具体如表4-9所示。

表4-9　调查样本人口统计特征

人口统计特征	分　类	频　次	频　率
性　别	男性	106	63.9%
	女性	60	36.1%
年　龄	25岁及以下	0	0%
	26～35岁	102	61.4%
	36～45岁	63	38%
	46岁及以上	1	0.6%
学　历	专科	0	0%
	大学本科	137	82.5%
	研究生及以上	29	17.5%
职务级别	科员	0	0%
	副科级	44	26.5%
	正科级	87	52.4%
	副处级	28	16.9%
	正处级	7	4.2%

由表4-9可以看出，调查样本在性别、年龄、学历和职务级别分布上比较合理，被调查者年龄主要集中在26～35岁之间，占有效样本的61.4%，显示了西部地区公务员年轻化的趋势；学历都是大学本科以上，说明教育层次处于较高层次，具备了良好的业务素质；调查样本选取的公务员都是具有领导职务，主要集中在正科级别，占有效样本的52.4%，这类被调查者对于西部大开发政策供给质量的判断具备一定真实性和有效性，能够较好地说明政策实施主体对于各项主要政策供给质量的满意程度。

由于调查样本来源于不同的省份，代表了被调查者对政策供给质量在本省份的判断，总体样本才综合反映了西部地区的各级地方政府公务员对于西部大开发政策供给质量水平。为了检验同一政策在不同区域内的供给质量是否一致，有必要对调查样本的区域分布情况进行说明。通过初步统计可以发现：调查样本全部覆盖了西部地区12个省市，但不同区域的样本分布较不均衡。如图4-3所示，被调查者主要集中分布在四川、广西、云南、陕西，分别占有效样本数的25.9%、19.3%、13.9%和12.7%；被调查者分布较少的省份是重庆、甘肃、青海、西藏，分别占有效样本数的0.6%、2.4%、3%和3%。由于区域发展的非均衡性，西部地区各省份之间也存在较大的差距，这些客观因素都会影响到被调查者对于政策供给质量的判断，所以调查样本的不均衡在一定程度上影响了对政策质量的评价的效度。

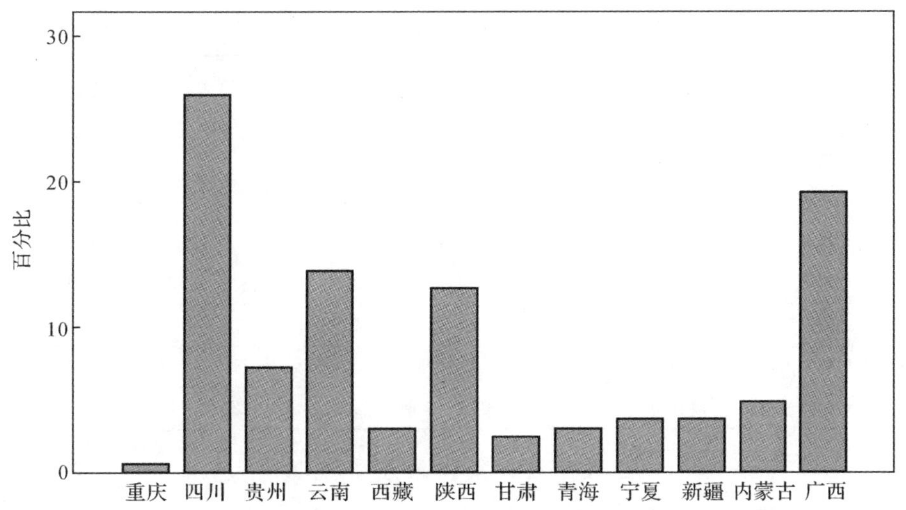

图4-3　调查样本的省份分布

总体来看，课题组选取的样本个数及样本分布比较符合现实情况，基本满足了抽样调查的要求，同时也避免了样本单一造成的偶然因素，使得实证调查研究的结果具有较强的现实意义。

二、西部大开发政策供给质量的总体概况

依托浙江大学西部MPA班集中学习培训的平台，我们采取以面对面调查为主、电子邮件、邮局寄送为辅等形式，先后共调研了200位公务员，收回有效问卷166份，约占被调查样本总数的83%。

（一）财政投入政策供给质量概况

财政投入政策是任何一个国家和地区经济和社会发展所必须采取的政策。财政投入政策质量的好坏对总体政策绩效具有重要的影响。表4-10给出了财政投入政策供给质量的描述性统计分布情况。从表中可以看出，总体财政投入供给政策质量水平一般，“中央对天然林保护、退耕还林财政补贴”政策质量评价最高；“加大财政性建设资金在西部的投入比例”政策质量评价最低，但是，不同的评价主体对这两个政策质量的评价标准差较大。“中央专项资金支持西部重点项目”政策质量的评价为4.0361分，标准差相对较低，处于政策质量评价的第二位。由此可见，以重点项目为载体的公共投资政策质量处于一般水平，以此带动了其他相关财政投入政策的推行。

表4-10　财政投入政策供给质量统计分布

主要政策内容	均值	标准差	供给质量水平分数频率分布(%)						
			1	2	3	4	5	6	7
加大财政性建设资金在西部的投入比例	3.6627	1.3731	3	22.9	14.5	36.1	14.5	6	3
中央专项资金支持西部重点项目	4.0361	1.3252	3	10.2	17.5	34.3	22.9	8.4	3.6
优先安排基础设施、生态环境等项目	3.8012	1.4862	6.6	15.1	17.5	28.3	21.7	6.6	4.2
加大对西部一般性财政转移支付规模	3.7530	1.2907	3.6	18.7	13.3	34.3	24.1	5.4	0.6
加大对西部财政扶贫资金投入规模	3.7590	1.2848	4.8	13.3	19.3	33.7	23.5	3.6	1.8
中央对地方专项资金补助向西部倾斜	3.7879	1.3695	3	18.7	17.5	29.5	20.5	8.4	1.8
中央对天然林保护、退耕还林财政补贴	4.1394	1.4812	4.2	12	12	30.7	24.7	9	6.6

（二）金融信贷与区域开放政策供给质量概况

金融信贷与区域开放政策也是实现区域可持续发展的重要外部政策，它通过利用区域外部资金和金融杠杆调节经济运行，从而形成资本的集聚效应。金融信贷与区域开放政策质量的好坏也对总体政策绩效具有重要的影响。表4-11给出了金融信贷与区域开放政策供给质量的描述性统计分布情况。从表中可以看出，总体金融信贷与区域开放政策供给质量介于3～4分之间，其中，“延长有关基础设施项目金融贷款期限”政策质量评价最高、标准差最低，评价主体对这一政策质量的认可度比较集中，也凸显了西部不同地区金融政策实施的区分度相近；“推进西部国有企业改革”政策质量评价最低，仅为3.2875分，标准差也相对较低，这也说明西部地区国有企业改革政策质量不高，在一定程度上也影响了其他非公有制企业的发展。由此可见，质量评价处于3.5分以下的政策主要表现在所有制机构的调整和政府职能转变两个方面，其他金融信贷与区域开放政策质量评价在3.5分以上，这与政策实施效果基本相符。

表4-11　金融信贷与区域开放政策供给质量统计分布

主要政策内容	均值	标准差	供给质量水平分数频率分布(%)						
			1	2	3	4	5	6	7
加大对基础设施建设的信贷投入	3.6335	1.1440	2.4	17.5	18.7	34.9	21.7	1.8	0
延长有关基础设施项目金融贷款期限	3.8882	1.0723	1.8	9	15.7	48.8	16.3	4.2	1.2
扩大金融贷款质押范围	3.7019	1.1338	4.8	10.2	18.1	42.8	18.1	3	0
加强信贷杠杆对经济、产业结构的调整	3.4658	1.1674	4.2	20.5	16.3	40.4	13.3	2.4	0
推进西部国有企业改革	3.2875	1.1995	7.2	19.3	23.5	33.7	10.8	1.2	0.6
引导个体、私营等非公有制经济	3.3851	1.3967	12	15.1	18.7	31.3	15.1	4.2	0.6
简化投资项目审批程序	3.6584	1.3560	4.8	16.9	18.7	33.1	15.7	5.4	2.4
优化外商投资的地区布局	3.4037	1.2469	6.6	18.7	20.5	35.5	12	3	0.6
转变政府职能和提高政府服务能力	3.5093	1.4192	10.8	13.3	19.3	30.1	17.5	4.8	1.2
推进价格和收费机制改革	3.3478	1.2413	7.2	19.3	21.7	33.7	11.4	3.6	0
扩大西部服务贸易领域对外开放	3.5342	1.2749	7.8	15.1	16.3	36.1	18.7	3	0
拓展利用外资渠道和放宽利用外资条件	3.6957	1.1940	4.2	12.7	17.5	42.8	15.1	3.6	1.2
推广地区经济技术协作和对口支援	3.6832	1.3529	7.8	11.4	16.9	37.3	15.7	6.6	1.2
鼓励西部发展优势产品出口	3.7950	1.3561	6	14.5	12	33.7	22.9	7.2	0.6
鼓励西部企业开展对外承包和劳务合作	3.7143	1.2769	4.8	13.9	18.1	34.9	18.7	6	0.6

（三）税收与土地政策供给质量概况

税收与土地政策是调节区域产业结构的重要手段。通常税收和土地政策是相互作用、共同促进的。税收政策主要通过相关税种的减免达到鼓励优势产业、抑制过剩产业发展的目的；土地政策主要是运用土地资本影响区域开发，达到合理利用土地资源、平衡经济发展的目的。表4-12给出了税收与土地政策供给质量的描述性统计分布情况。从表中可以看出，总体税收与土地供给政策质量介于3～4分之间，“企业所得税、关税、增值税等减免”政策质量评价为3.6770分，标准差1.3946，突出了税收带动GDP增长的政策初衷。但是，由于缺乏具体的税收配套政策，单一的减免可能导致政策偏向性，使得不同地区的评价主体对政策本身质量的评价有所差异。“提高建设用地的审批效率”政策质量评价为3.3292分，标准差

1.4738，审批效率缺乏实质性的指标测度，这样的政策就可能存在模糊化、边缘化的特征，从而影响了政策的供给质量，使得评价主体对土地审批政策表示出比较不满意。

表 4-12　税收与土地政策供给质量统计分布

主要政策内容	均值	标准差	供给质量水平分数频率分布(%)						
			1	2	3	4	5	6	7
企业所得税、关税、增值税等减免	3.6770	1.3946	7.2	12	20.5	33.7	15.1	5.4	3
提高建设用地的审批效率	3.3292	1.4738	15.1	13.3	19.3	31.3	12	4.2	1.8

(四)资源产业政策供给质量概况

资源产业政策是西部大开发中的特色政策，特别强调对土地、矿产资源的合理利用与开发，从而有效保护区域生态环境，实现可持续发展。表4-13给出了资源产业政策供给质量的描述性统计分布情况。从表中可以看出，总体税收与土地供给政策质量介于3～4分之间，"保护基本农田和平衡耕地占补"政策主要是从土地使用权角度制定的，体现了土地资源使用效率，这一政策质量评价为3.5342分，标准差1.4450，说明土地使用效率的政策在不同地区存在较大的差异；"有效开发和利用矿产资源"政策主要是从矿产开采费、探矿权使用费角度制定的，这一政策质量评价仅为3.1429分，标准差1.4994。由于政策价值取向主要立足于经济手段，缺乏有关配套的矿产开采政策，很容易产生逐利心理，从而导致国有矿山资源的流失。因此，不同地区的评价主体对矿产资源的开采与利用政策表示出比较不满意。

表 4-13　资源产业政策供给质量统计分布

主要政策内容	均值	标准差	供给质量水平分数频率分布(%)						
			1	2	3	4	5	6	7
保护基本农田和平衡耕地占补	3.5342	1.4450	11.4	12	16.9	36.1	13.3	4.8	2.4
有效开发和利用矿产资源	3.1429	1.4994	15.7	21.1	19.3	24.1	9	7.2	0.6

(五)人才开发与公共服务政策供给质量概况

人才开发与公共服务政策是提升西部地区软实力的重要政策，公共服务是平台、人才开发是根本。可以说，人才开发与公共服务是实现西部地区经济社会发展的治本之道。统筹城乡发展以实现公共服务均等化、加快人力资本流动以促进西部人才的内源性增长是这类政策出台的缘由。然而，这类政策由于涉及利益群体较多、影响面较广，使得总体供给质量不高，甚至出现了不满意的评价。表4-14给出了人才开发与公共服务政策供给质量的描述性统计分布情况。从表中可以看出，总体人才开发与公共服务供给政策质量介于3分左右，其中，“加强西部人才培训和实行人才对口支援”政策质量评价为3.4658分，标准差最大。这说明了在这一领域政策内人才培训和人才对口支援政策质量评价是最高的。政策设计旨在通过培训交流、帮扶支持提高西部地区人才队伍的综合素质，提升领导干部的整体水平。但是，由于西部不同地区人力资本存量和区域发展环境的不同，使得政策设计在不同区域也具有很大区别；“改革户籍管理制度”政策质量评价为2.9938分，被认为是整个西部大开发政策供给质量中最差的。现有的以柔性形式为主的户籍制度政策没有对人才引进起到实质性作用，政策设计存在一定问题，由于户籍制度与不同地区的公共服务水平存在很大差异，直接影响到人才的合理流动、人才的福利待遇等切身利益，因此，该政策本身就引起了广大公务员群体的广泛质疑。相比之下，科技、教育、文化、卫生等公共服务领域的政策质量都在3分以上，科技投入政策质量评价相对偏低，仅为3.1801分，教育对口支援政策质量评价相对较高，为3.2609分。

表4-14　人才开发与公共服务政策供给质量统计分布

主要政策内容	均值	标准差	供给质量水平分数频率分布(%)						
			1	2	3	4	5	6	7
调动西部专业人才的积极性和创造性	3.0994	1.4925	16.9	18.7	22.9	23.5	8.4	4.8	1.8
加强西部人才培训和实行人才对口支援	3.4658	1.5931	13.9	14.5	18.1	27.7	12.7	6.6	3.6
改善人才工作和生活条件	3.0559	1.5010	16.9	22.3	20.5	20.5	11.4	3.6	1.8
改革户籍管理制度	2.9938	1.4383	20.5	17.5	18.7	26.5	10.2	3.6	0
科技基金、科技计划经费向西部倾斜	3.1801	1.3596	12.7	19.3	22.9	26.5	12	3	0.6
鼓励西部企业提高R&D比重	3.3292	1.2737	9.6	18.1	16.9	38.6	11.4	1.8	0.6
加大对教育的资金投入和信息化建设	3.2609	1.4812	15.7	15.1	21.1	24.7	16.3	2.4	1.8
扩大招生规模和实行教育对口支援	3.3292	1.5361	15.1	15.7	19.3	25.9	13.3	6	1.8
加强对文化卫生等社会事业经费投入	3.2360	1.5633	14.58	22.9	16.3	21.7	13.9	6	1.8

由此可见，调查问卷中概括总结的35个西部大开发主要政策的供给质量水平居于3～4分之间，评价最低的是改革户籍管理制度和改善人才工作和生活条件政策，评价最高的是中央对天然林保护、退耕还林财政补贴和中央专项资金支持西部重点项目政策。总体来看，西部大开发政策供

给质量水平一般，涉及人才开发、公共服务、政府职能转变、经济所有制结构等方面的政策供给质量水平不满意，这些政策设计没有考虑到持续性、效度性因素，很多现有政策没有触及核心问题，而且西部大开发中存在的问题不是区域的个性问题，而是体制、制度问题，它与整个国家宏观政策环境有关；还有些政策设计初衷是好的，但是没有考虑西部地区的普适性特点，不同地区在依据中央总体政策制定相应配套政策措施时缺乏灵活性，使得政策的适用空间和政策运用效果大打折扣，但是，我们也欣喜地看到，财政投入、区域开放政策还是具有较高质量水平的。近年来，西部地区基础设施水平显著提高，生态环境得到有效改善，这些都得益于中央西部大开发优惠政策。因此，一个质量水平较高的政策是产生较好政策绩效的前提，政策具体实施落实是政策绩效好坏的关键；一个质量水平较低的政策一定会影响政策绩效，但并不起着决定性作用。

三、西部大开发政策供给质量的区域差异性分析

正如前面所言，由于调查样本来源于不同的省份，代表了被调查者对不同类别政策供给质量在本省份的判断，同一政策在西部 12 个省份的供给质量是否具有普适性，也是合理判断总体政策区域区分效度的重要内容。为了进一步揭示同一政策在不同区域内的供给质量是否具有显著性差异，课题组运用方差分析对西部大开发 35 个主要政策进行了实证分析。这里主要采用单因素方法。它只单独考虑了一个因素 A 对指标 X_i 的影响，而其他因素假定不变或控制在一定范围内。这里主要以地区因素为标志，研究不同地区之间的政策供给质量是否具有显著性差异。

根据方差分析的适用条件，当各组数据之间具有方差齐性的时候才能进行方差分析，这样的分析结果才具有统计显著性。表 4-15 列出了西部大开发主要政策的方差齐性检验结果，其中，“中央专项资金支持西部重点项目”、“优先安排基础设施、生态环境等项目”、“中央对地方财政扶贫资金补助向西部倾斜”、“加大对基础设施建设的信贷投入”等政策的 Sig 值小于 0.05，说明这些政策数据不具有方差齐性，不适合方差分析的条件；其他 31 个主要政策供给质量的 Levene 统计量均值为 1.03729，Sig 值大于 0.05，说明这些政策数据之间具有方差齐性，适合方差分析。

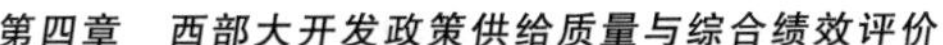

表 4-15　西部大开发政策方差齐性检验结果

主要政策内容	Levene 统计量	df_1	df_2	Sig
加大财政性建设资金在西部的投入比例	1.452	10	154	0.163
中央专项资金支持西部重点项目	1.978	10	154	**0.039**
优先安排基础设施、生态环境等项目	1.929	10	154	**0.045**
加大对西部一般性财政转移支付规模	1.568	10	154	0.121
加大对西部财政扶贫资金投入规模	1.017	10	154	0.431
中央对地方专项资金补助向西部倾斜	2.505	10	153	**0.008**
中央对天然林保护、退耕还林财政补贴	1.137	10	153	0.338
加大对基础设施建设的信贷投入	2.787	10	149	**0.003**
延长有关基础设施项目金融贷款期限	1.521	10	149	0.137
扩大金融贷款质押范围	0.873	10	149	0.560
加强信贷杠杆对经济、产业结构的调整	0.516	10	149	0.877
推进西部国有企业改革	1.027	10	148	0.423
引导个体、私营等非公有制经济	0.322	10	149	0.974
简化投资项目审批程序	1.109	10	149	0.359
优化外商投资的地区布局	1.185	10	149	0.306
转变政府职能和提高政府服务能力	0.735	10	149	0.691
企业所得税、关税、增值税的减免	0.561	10	149	0.843
提高建设用地的审批效率	0.646	10	149	0.772
保护基本农田和平衡耕地占补	1.332	10	149	0.219
有效开发和利用矿产资源	1.861	10	149	0.055
推进价格和收费机制改革	1.250	10	149	0.264
扩大西部贸易服务领域对外开放	1.182	10	149	0.307
拓展利用外资渠道和放宽利用外资条件	0.852	10	149	0.579
推广地区经济技术协作和对口支援	1.510	10	149	0.141
鼓励西部发展优势产品出口	0.632	10	149	0.785
鼓励西部企业开展对外承包和劳务合作	1.288	10	149	0.242
调动西部专业人才的积极性和创造性	0.432	10	149	0.929
加强西部人才培训和实行人才对口支援	0.776	10	149	0.652

续表

主要政策内容	Levene 统计量	df_1	df_2	Sig
改善人才工作和生活条件	0.875	10	149	0.558
改革户籍管理制度	0.664	10	149	0.756
科技基金、科技计划经费向西部倾斜	0.806	10	149	0.623
鼓励西部企业提高 R&D 比重	1.701	10	149	0.085
加大对教育的资金投入和信息化建设	0.562	10	149	0.843
扩大招生规模和实行教育对口支援	0.877	10	149	0.556
加强对文化卫生等社会事业经费投入	1.887	10	149	0.051

方差分析假设西部地区 12 省市对 31 个西部大开发主要政策的供给质量没有显著性差异。运用 SPSS 16.0 统计软件包对调查问卷数据进行了方差分析处理,表 4-16 列出了西部 12 省市政策供给质量的方差分析结果。从表 4-16中可以看出,“加大财政性建设资金在西部的投入比例”、“加大对西部一般性财政转移支付规模”、“扩大西部贸易服务领域对外开放”、“加强对文化卫生等社会事业经费投入”等政策的 Sig 值小于 0.05,即原假设不成立,说明这些政策供给质量在不同地区是具有显著性差异的,换句话说,至少有一个地区与西部其他地区之间的上述政策供给质量存在显著性差异。相比而言,其他的政策供给质量不具有显著性差异。它充分考虑了政策的持续性和普适性标准。

表 4-16 西部 12 省市政策供给质量方差分析表

主要政策内容	平方和	df	均方值	F	Sig
加大财政性建设资金在西部的投入比例	43.565	11	3.960	2.280	**0.013**
加大对西部一般性财政转移支付规模	37.617	11	3.420	2.220	**0.016**
加大对西部财政扶贫资金投入规模	29.633	11	2.694	1.709	0.076
中央对天然林保护、退耕还林财政补贴	39.444	11	3.586	1.713	0.075
延长有关基础设施项目金融贷款期限	8.471	11	0.770	0.654	0.780
扩大金融贷款质押范围	9.242	11	0.840	0.637	0.795
加强信贷杠杆对经济、产业结构的调整	14.372	11	1.307	0.956	0.489
推进西部国有企业改革	20.057	11	1.823	1.293	0.234
引导个体、私营等非公有制经济	21.543	11	1.958	1.004	0.445

续表

主要政策内容	平方和	df	均方值	F	Sig
简化投资项目审批程序	28.133	11	2.558	1.432	0.164
优化外商投资的地区布局	11.440	11	1.040	0.653	0.781
转变政府职能和提高政府服务能力	29.336	11	2.667	1.357	0.199
企业所得税、关税、增值税的减免	18.276	11	1.661	0.845	0.595
提高建设用地的审批效率	35.275	11	3.207	1.530	0.126
保护基本农田和平衡耕地占补	30.040	11	2.731	1.338	0.209
有效开发和利用矿产资源	42.362	11	3.851	1.808	0.057
推进价格和收费机制改革	22.520	11	2.047	1.362	0.197
扩大西部贸易服务领域对外开放	39.125	11	3.557	2.399	**0.009**
拓展利用外资渠道和放宽利用外资条件	19.400	11	1.764	1.259	0.254
推广地区经济技术协作和对口支援	21.890	11	1.990	1.094	0.370
鼓励西部发展优势产品出口	18.988	11	1.726	0.934	0.509
鼓励西部企业开展对外承包和劳务合作	18.681	11	1.698	1.045	0.410
调动西部专业人才的积极性和创造性	30.425	11	2.766	1.264	0.251
加强西部人才培训和实行人才对口支援	36.564	11	3.324	1.340	0.208
改善人才工作和生活条件	21.923	11	1.993	0.877	0.564
改革户籍管理制度	12.416	11	1.129	0.528	0.882
科技基金、科技计划经费向西部倾斜	21.504	11	1.955	1.062	0.396
鼓励西部企业提高 R&D 比重	18.855	11	1.714	1.061	0.397
加大对教育的资金投入和信息化建设	36.368	11	3.306	1.565	0.115
扩大招生规模和实行教育对口支援	29.906	11	2.719	1.165	0.316
加强对文化卫生等社会事业经费投入	49.758	11	4.523	1.975	**0.035**

西部大开发作为一项国家层面的发展战略，它在考虑缩小东西部地区差距的同时，也并不是绝对均等化地实现西部地区内的同步发展。从“十五”规划到“十一五”规划，就体现了初步总体开发向区域重点开发的演进趋势。相应的政策导向也就会存在不同的偏重，特别是财政投入政策和区域贸易政策尤为明显，也就是实证分析中所涉及的财政投入、转移支付以及区域开放程度等具体政策。由于不同地区的政府公务员在评价政策供

给质量时主要以被调查者所在的省份为研究对象，宏观上必然存在质量水平的差异。这种供给政策的演进路径也就合理地解释了这一类型政策的供给质量存在显著性差异的原因。

第三节　政策作用效应下西部地区综合绩效评价

如前所述，政策供给质量是对政策设计水平的总体测定和政策实施效果的预评价，它直接或间接地影响了政策的实施效果。在问卷调查、专家访谈和数据分析的基础上，课题组认为，西部大开发政策供给质量总体水平一般，除了财政投入、转移支付以及区域开放程度等政策质量在不同区域之间具有显著性差异外，其他各项政策质量都不存在显著性差异，基本体现了政策的一致性。由于西部12省市的地理区位、自然环境、经济社会发展都存在较大的差异，因此，实施西部大开发10年来，不同地区在西部大开发总体政策的作用下也就体现出不同的绩效。总体来说，西部大开发以来，西部地区坚持以改革促开放、以开放促开发，大力推进经济体制改革，不断深化社会体制以及其他各方面体制改革，进一步扩大对内对外开放，形成了富有生机活力的改革开放新局面。2000—2008年，西部地区生产总值从16655亿元增加到58257亿元，年均增长11.7%；工业增加值由5946亿元增加到24000亿元左右；全社会固定资产投资由6111亿元增加到35839亿元，年均增长22.9%；社会消费品零售总额由5954亿元增加到19239亿元，年均增长14.9%；进出口贸易总额由172亿美元增加到1068亿美元，年均增长25.6%。

为了能够进一步考察西部地区10年来总体的经济社会发展状况，特别是在西部大开发政策作用下西部12省市的综合绩效，课题组采用指标体系测度的方法测量12省市经济社会发展的综合绩效指数。

一、西部地区政策综合绩效的实证测度

我们采用了第二章所构建的西部大开发政策绩效评价指标体系对西部12省市的经济社会发展综合绩效进行测度。指标体系中所选取的26个指标基本是按照西部大开发的7类政策进行采集、筛选的，凸显了政策的直接效应，但是，有些指标是几种政策共同作用的结果，这里主要以政策作用效应较大的作为分类标准。在西部大开发政策绩效评价指标体系中，评

估财政投入政策的绩效指标有8个，评估金融税收与区域贸易政策的绩效指标有7个，评估资源产业政策的绩效指标有5个，评估人才开发与公共服务政策的绩效指标有6个。因此，西部大开发政策绩效评价指标主要是针对35个主要政策效应的评估，与地方政府绩效评价指标是有所区分的。

(一)数据来源与基本方法

西部大开发政策绩效评价指标的测度数据分别使用了西部地区12个省、自治区、直辖市的相关统计指标数据，所采集的统计数据均来自于《中国统计年鉴2009》和各省、自治区、直辖市的统计年鉴，我们采用了时点法对西部地区的综合绩效指数进行测量，因此，所选取的数据时间点是2008年，这也是目前所公布的最权威、最有效的官方数据。

西部地区12省市财政投入政策绩效的测度数据见表4-17。

表4-17　西部地区12省市财政投入政策绩效的测度数据

地　区	铁路营业里程数	公路里程	高速公路通车里程	人均固定资产投资额	GDP增长率	工业增加值	农村居民恩格尔系数	农村居民人均收入
重　庆	1290.5	108632	1165	13818.35	14.3	2433.27	53.3	4126.21
四　川	3006.1	224482	2156	8575.96	9.5	5790.10	52	4121.21
贵　州	1962.2	125365	924	4846.07	10.2	1408.71	51.7	2796.93
云　南	2308.8	203753	2512	7442.95	11.0	2451.09	49.6	3102.60
西　藏	2517.1	51314	0	10671.37	10.1	115.76	52.4	3175.82
陕　西	1195.3	131038	2466	12038.57	15.6	3842.08	37.4	3136.46
甘　肃	2435.4	105638	1316	6399.73	10.1	1471.43	47.2	2723.79
青　海	1676.4	56642	215	10332.22	12.7	529.40	43.6	3061.24
宁　夏	811.4	21008	1002	13287.43	12.2	581.24	41.6	3681.42
新　疆	2760.5	146652	640	10548.29	11.0	2086.74	42.6	3502.90
内蒙古	6840.3	147288	1879	22262.04	17.2	4271.03	41	4656.18
广　西	2731.4	99273	2181	7703.55	12.8	3037.74	53.4	3690.34

西部地区12省市金融税收与区域贸易政策绩效的测度指标见表4-18。

表 4-18　西部地区 12 省市金融税收与区域贸易政策绩效的测度指标

地　区	第一产业占GDP的比重	第二产业占GDP的比重	第三产业占GDP的比重	金融机构存款余额	外商投资企业货物进出口总额	实际利用外商直接投资金额	实际利用内资直接投资金额
重　庆	11.29	47.74	40.97	8102	364846	2452	842.84
四　川	18.92	46.3	34.78	18661.04	821698	3088.42	2998.2
贵　州	16.44	42.26	41.3	4737	37301	149.04	500
云　南	17.91	43	39.09	8418.94	63625	776.88	773
西　藏	15.28	29.24	55.48	820.9	601	23.2	48
陕　西	11	56.08	32.92	10790.87	208113	1369.54	910
甘　肃	14.58	46.33	39.09	4745.7	19994	128.42	260
青　海	10.98	55.06	33.96	1383.68	25805	220	144
宁　夏	10.92	52.91	36.16	2058	54698	50.47	646
新　疆	16.44	49.64	33.92	5399.34	31207	124.84	800
内蒙古	11.69	55.03	33.28	6369.4	149335	2650.7	2000
广　西	20.27	42.36	37.37	7024.1	454363	971.19	1400

西部地区 12 省市资源产业政策绩效的测度数据见表 4-19。

表 4-19　西部地区 12 省市资源产业政策绩效的测度数据

地　区	天然林保护工程面积	退耕还林工程面积	土地调查面积	建设用地面积	人均公共绿地面积
重　庆	81242	20000	822.7	59.3	9.887
四　川	425594	61934	4840.6	160.3	6.979
贵　州	35048	45936	1761.5	55.7	7.144
云　南	73361	71778	3831.9	81.6	3.984
西　藏	1180	10000	12020.7	6.7	6.863
陕　西	114066	74131	2057.9	81.7	5.8
甘　肃	48058	60069	4040.9	97.7	5.251
青　海	20541	15509	7174.8	32.7	5.545
宁　夏	12867	35844	519.5	21.2	23.319
新　疆	0	62308	16649.0	124.0	15.98
内蒙古	119657	101369	11451.2	149.2	10.58
广　西	0	49704	2375.6	95.4	11.375

西部地区 12 省市人才开发与公共服务政策绩效的测度数据见表 4-20。

表 4-20　西部地区 12 省市人才开发与公共服务政策绩效的测度数据

地　区	在校大学生数	每年专利授权数	R&D 经费占 GDP 比重	国家财政性教育经费	城镇社区基本服务设施个数	基本医疗保险覆盖率
重　庆	450008	4820	1.18	1471782	1884	11.33
四　川	991072	13369	1.28	3478766	5559	10.75
贵　州	267526	1728	0.57	1670164	5263	6.69
云　南	347732	2021	0.54	2191078	374	7.73
西　藏	29409	93	0.31	406063	98	6.92
陕　西	839658	4392	2.09	1826039	3033	11.29
甘　肃	331895	1047	1	1347784	1800	9.3
青　海	42177	228	0.41	405548	144	12.78
宁　夏	70454	606	0.69	533091	596	13.35
新　疆	230971	1493	0.38	1543932	1926	17.58
内蒙古	316700	1328	0.44	1629515	3818	15.19
广　西	484189	2228	0.46	2058340	1233	7.41

我们采用 SPSS 16.0 统计分析软件包中的主成分分析法来评价西部地区的政策综合绩效。主成分分析法是因子分析法的一种，主成分分析法得出的新变量可能由于提取原指标的信息不符合实际研究需要，于是可以通过旋转来达到目的。它是用较少个数的公共因子的线性函数和特定因子之和来表达原来观测的每个变量，从研究相关矩阵内部的依赖关系出发，把一些具有错综复杂关系的变量归纳为少数几个综合因子的一种多变量统计分析方法。

（二）实证分析过程

由于主成分分析是对已有因子进行提取公共因子的过程，也就存在一个因子归类的过程。因此，在进行主成分分析前，需要对变量进行 KMO 检验，测定变量之间的偏相关性。KMO 检验值在 0～1 之间，统计量越接近于 1，变量之间的相关性越强，主成分分析效果越好；反之，主成分分析效果越差。一般而言，KMO 统计量在 0.7 以上，效果较好；在 0.5 以下，不适合用主成分分析方法。通过对西部大开发政策绩效 25 个变量进行 KMO 检验，显示 KMO 统计量为 0.8，说明政策绩效变量之间的偏相关性很强，主成分分析效果很显著。

表 4-21 是政策绩效指标的共同度分析。变量共同度表示各变量中所含原始信息能被提取的公因子所表示的程度，共同度越大，说明公共因子

中所包含的公共信息就越多。由表 4-21 可以看出,所有评价指标的共同度均在 85%以上,提取的因子对各变量的解释能力很强。

表 4-21 政策绩效指标的共同度分析

政策绩效评价指标	初始化	解释能力	政策绩效评价指标	初始化	解释能力
铁路营业里程数	1.000	0.942	公路里程	1.000	0.882
高速公路通车里程	1.000	0.968	人均固定资产投资额	1.000	0.980
GDP 增长率	1.000	0.934	工业增加值	1.000	0.989
农村居民恩格尔系数	1.000	0.916	农村居民人均收入	1.000	0.993
第一产业占 GDP 的比重	1.000	0.968	第二产业占 GDP 的比重	1.000	0.926
第三产业占 GDP 的比重	1.000	0.897	金融机构存款余额	1.000	0.978
天然林保护工程面积	1.000	0.901	退耕还林工程面积	1.000	0.943
土地调查面积	1.000	0.888	建设用地面积	1.000	0.945
人均公共绿地面积	1.000	0.873	外商投资企业货物进出口总额	1.000	0.947
实际利用外商直接投资金额	1.000	0.976	实际利用内资直接投资金额	1.000	0.968
在校大学生数	1.000	0.948	R&D 经费占 GDP 比重	1.000	0.899
国家财政性教育经费	1.000	0.990	城镇社区基本服务设施个数	1.000	0.587
基本医疗保险覆盖率	1.000	0.958			

表 4-22 所示是政策绩效指标的方差分析数据。方差贡献是衡量公共因子相对重要性的参考指标。贡献率越大,表明公共因子对原始变量的方差贡献越大,它能够很好地代表原始变量。由表 4-22 可以看出,经过正交旋转后提取的 6 个公共因子的方差贡献率分别是 37.355%、15.955%、12.541%、10.497%、9.995%和 6.443%,累计方差贡献度为 92.786%,充分说明了所提取的 6 个公共因子代表性是很强的。图 4-4 以碎石图的形式更加直观地反映了公共因子的解释能力。

表 4-22 政策绩效指标的方差分析

因子	初始特征值			旋转后负荷平方和解释度		
	总体	方差贡献率%	累计方差贡献率%	总体	方差贡献率%	累计方差贡献率%
1	10.694	42.774	42.774	9.339	37.355	37.355
2	5.263	21.052	63.826	3.989	15.955	53.310
3	2.815	11.260	75.086	3.135	12.541	65.851
4	1.975	7.898	82.984	2.624	10.497	76.348
5	1.392	5.566	88.551	2.499	9.995	86.343

续表

因子	初始特征值			旋转后负荷平方和解释度		
	总体	方差贡献率%	累计方差贡献率%	总体	方差贡献率%	累计方差贡献率%
6	1.059	4.235	92.786	1.611	6.443	92.786
7	0.608	2.433	95.219			
8	0.510	2.040	97.259			
9	0.298	1.191	98.450			
10	0.263	1.050	99.500			
11	0.125	0.500	100.000			
12	1.670E−15	6.682E−15	100.000			
13	4.509E−16	1.804E−15	100.000			
14	4.334E−16	1.733E−15	100.000			
15	3.690E−16	1.476E−15	100.000			
16	2.500E−16	1.000E−15	100.000			
17	1.304E−16	5.215E−16	100.000			
18	4.170E−17	1.668E−16	100.000			
19	−2.927E−17	−1.171E−16	100.000			
20	−6.976E−17	−2.790E−16	100.000			
21	−1.805E−16	−7.221E−16	100.000			
22	−2.084E−16	−8.335E−16	100.000			
23	−2.574E−16	−1.030E−15	100.000			
24	−2.642E−16	−1.057E−15	100.000			
25	−4.018E−16	−1.607E−15	100.000			

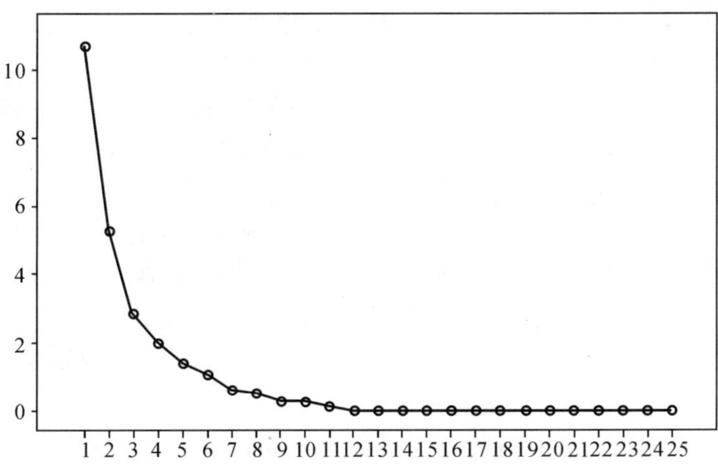

图 4-4　政策绩效指标的因子特征值(碎石图)

在主成分载荷分析基础上，根据各主成分的方差贡献率以及各主成分在主要评价指标上的载荷系数，通过计算得出了 6 个公共因子的权重，它们分别是 40.26%、17.2%、13.52%、11.31%、10.77%和 6.94%。根据以上确定的主成分及其权重值，由此构建了西部大开发政策效应综合绩效评价模型，基本公式如下：

$$F=0.4026F_1+0.172F_2+0.1325F_3+0.1131F_4+0.1077F_5+0.0694F_6$$

（三）西部地区政策综合绩效指数

通过运用西部大开发政策效应综合绩效评价模型，在对采集的绩效指标数据进行标准化处理的基础上，运用 SPSS 16.0 统计软件包计算得出西部地区 12 个省、自治区、直辖市的政策综合绩效指数，如表 4-23 所示。

表 4-23　西部地区政策综合绩效指数及排名

地　区	综合绩效指数	排　名	地　区	综合绩效指数	排　名
四　川	100	1	云　南	33.31	7
内蒙古	89.52	2	宁　夏	28.28	8
新　疆	58.67	3	甘　肃	26.86	9
陕　西	56.68	4	青　海	22.95	10
重　庆	44.36	5	贵　州	22.36	11
广　西	39.05	6	西　藏	0.21	12

二、西部大开发政策综合绩效的总体评价

实证研究结果表明，基于西部大开发总体政策供给质量水平一般的前提，西部地区，以四川、内蒙古为主要代表，在加快基础设施和固定资产投资、调整产业结构和发展特色产业、保护生态环境和有效利用资源、扩大对外开放和民间资本引入、培养人才和公共服务等方面取得了显著成绩。但是，西部地区之间的结构性差异依然存在，这也是制约未来 10 年深入实施西部大开发的关键，特别是西藏、贵州、青海等。由表 4-23 可以看出，四川、内蒙古位居前二位，属于第一发展集团；新疆、陕西、重庆、广西位居中间位置，属于第二发展集团；云南、宁夏、甘肃、青海、贵州、西藏处于最后六位，属于第三发展集团。由于每个发展集团的地理区位差异、自身发展基础不同、政策支持力度不同，也就呈现不同的发展路径和政策绩效结果。

（一）第一发展集团：基础坚实、后劲雄厚

以四川、内蒙古为代表的第一发展集团在西部大开发第一个十年中发展最为迅速。四川、内蒙古自身基础条件比较优越，在实施西部大开发以

前就是区域经济发展重要省份。特别是在改革开放以来凭借自身资源优势、地理优势和产业优势奠定了在西南、西北地区的重要位置。西部大开发以来，四川、内蒙古呈现出经济增长较快、民生状况改善、薄弱环节加强、社会和谐稳定的良好发展局面，“基础坚实、后劲雄厚”是第一发展集团的基本特征，主要体现在基础设施建设、特色产业布局、体制机制改革等方面。

在基础设施建设方面，以交通为例，四川各种运输线路总里程达到23.1万公里，其中新增铁路营业里程716公里，新增公路通车里程13.5万公里，高速公路通车里程2188公里；内蒙古新增铁路营业里程2627公里，新增公路通车里程14.83万公里，高速公路通车里程1879公里。其交通基础设施建设的增速也是位居整个西部地区前列，交通瓶颈的突破为第一发展集团经济的内生性增长创造了条件。

在特色产业布局方面，四川在能源、矿业、机械制造、旅游、特色农业等优势产业方面得到发展，电子信息、装备制造、能源电力、油气化工、钒钛钢铁、饮料食品、现代中药和航空航天、汽车制造、生物工程等产业集群优势逐步凸显，重要战略资源开发、现代加工制造、科技创新和农产品深加工“四大基地”建设在大力推进。内蒙古确定了能源、冶金、化工、农畜产品加工、装备制造、高新技术六大优势特色产业，进一步推进了产业集中聚集，促使优势特色产业迅猛发展。2009年，六大优势特色产业完成工业增加值占规模以上工业增加值的90%以上。

在体制机制改革方面，四川坚持在完善社会主义市场经济体制、深入推进国企改革、统筹城乡发展等重点领域和关键环节大力推进和深化改革。近10年来，85%的国有大中型企业进行了改制，50%的国有重点企业建立了现代企业制度。民营经济占GDP的比重从2000年的28.2%增加到2008年的52.1%。社会事业体制改革渐进开展，社会保障体系日趋健全，统筹城乡综合配套改革逐步发展，行政管理体制改革逐步深入。省级行政审批事项已由1122项减少到目前的486项。

(二)第二发展集团：区位优越、重点突出

以新疆、陕西、重庆、广西为代表的第二发展集团在西部大开发第一个十年中发展最为活跃。新疆、陕西、重庆、广西都具有独特的区位优势。新疆在我国西北占有极其重要的战略位置，一直以来都是中央政府关注的焦点；陕西是我国大西北的门户，是连接中国东、中部地区和西北、西南的交通枢纽；重庆作为西部地区唯一的直辖市，是长江中上游地区的重要区域增长极;广西是整个西南地区唯一的沿海省份,也是中国与东南亚经济联系的枢纽地域。总体来看,虽然第二发展集团自身发展基础条件比不上四川、内蒙古,但是新疆、陕西、重庆、广西已经成为西部大开发第二个十年中重点培育的区域经济增长极,因此,第二发展集团在充分利用中央政策和加大区域开放的力度上都有着一定的优势,也突出了"十一五"规划中的由总体开发向区域重点开发的特色。"区位优势、重点突出"是第二发展集团的基本特征,主要体现在产业结构调整、生态环境建设、区域对外开放等方面。

在产业结构调整方面,新疆大力实施优势资源转换战略,把产业结构调整和优势产业发展作为关键,全面推进新型工业化进程,一二三次产业结构由2000年的21.1∶43∶35.9,调整为16.4∶49.7∶33.9;通过大力调整产业结构,突出重点、扶优扶强,推进资源优势转化为产业优势、经济优势的进程,新疆特色优势产业呈现强劲发展势头,已建成我国最大优质棉生产基地;陕西能源化工、装备制造、高新技术、旅游、果业等优势特色产业迅速壮大,成为重要的支柱产业,其中,原煤产量位居全国第三、原油产量全国第五、天然气产量全国第二。

在生态环境建设方面,陕西累计造林6236万亩,是历史上造林最多的时期,其中退耕还林面积3449万亩,位居全国第一,全省森林覆盖率由退耕还林前的30.92%提高到37.26%,居全国第12位;重庆累计实施退耕还林1702万亩,其中三峡库区就完成了956万亩,长江干流重庆段水质稳定保持在Ⅱ—Ⅲ类标准。在全国循环经济首批试点城市中,重庆现在正在制定应对气候变化的方案,启动低碳经济试点,全面改善生态环境质量。

在区域对外开放方面,广西北部湾经济区成为带动广西快速发展的龙头,广西以中国—东盟博览会和四届泛北部湾经济合作论坛为平台,全力参与和积极推进中国—东盟自由贸易区建设,积极参与和推动国内外区域经济合作,对外贸易和招商引资快速发展,2008年全区外贸进出口总额132.4亿美元,为1999年的17.5亿美元的7.6倍,年均增长25.2%。东盟已连续10年成为广西最大的贸易伙伴。成渝经济区、关中—天水经济区、环北部湾(广西)经济升格为国家战略,更加凸显了在区域对外开放中重庆、陕西、广西在西部地区的区域战略重要性。

(三)第三发展集团:交通瓶颈、政策扶持

以云南、宁夏、甘肃、青海、贵州、西藏为代表的第三发展集团在西部大开发第一个十年中发展最具潜力。云南、宁夏、甘肃、青海、贵州、西藏六省

市成为西部地区发展相对落后的区域，但也是西部大开发中最具潜力的区域，因为奇特的自然资源、丰富的矿产资源和朴实的民族风情是西部地区实现特色化的重要保障。交通瓶颈是制约这些省市发展的直接因素，因此，破解交通瓶颈是西部大开发第一个十年发展的重点。在优先发展基础设施的基础上，加快落后地区的扶贫开发，在事关人民群众的教育、医疗、收入水平等方面进行了政策扶持，取得了较为显著的成绩。可以说，第三发展集团要实现跨越式发展，就必须加大对基础设施投资，优化区域投资环境，在更大程度上争取特殊政策的扶持，从而缩小西部地区内部的差距，实现总体均衡发展。“交通瓶颈、政策扶持”是第三发展集团的基本特征，主要体现在基础设施建设、改善人民生活、公共服务等方面。

在基础设施建设方面，云南在交通运输方面的投入达到 2500 亿元，公路的通车里程由 2000 年的 11 万公里发展到 2009 年的 20 万公里，增速在全国排在第三位，高速公路通车里程达到 2500 公里；青海累计完成公路交通固定资产投资近 600 亿元，其中“十一五”以来的四年，累计完成投资近 300 亿元，交通基础设施的改善不仅推动了柴达木循环经济试验区资源开发，带动了农牧区特色农畜产业的发展，而且为发展以环西宁旅游圈、三江源生态旅游为主的旅游产业创造了条件；贵州累计完成交通固定资产投资 312.18 亿元，同比增长 49.5%，交通基础设施建设进展迅猛，公路通车里程由 1999 年的 3.39 万公里发展到 2009 年的 14.25 万公里，高速公路通车里程达到 1188 公里。

在改善人民生活方面，宁夏农民人均纯收入从 1998 年的 1053 元提高到了 2008 年的 2577 元，增加 1524 元。按照原有的扶贫标准计算，没有解决温饱的贫困人口由 2000 年的 128.6 万人减少到 2008 年的 16.8 万人，并于 2007 年提前 3 年实现了《宁夏扶贫开发规划(2001—2010 年)》所确定的贫困群众人均纯收入达到 2000 元的目标。西藏人均年纯收入低于 1300 元的重点扶持人口占农牧区总人口的比例已由 67%下降到 10.5%。人均年纯收入低于 1700 元的低收入人口也由 2005 年的 96.4 万人。下降到 68 万人，特别是“十一五”期间实施的整乡推进扶贫工程，实现了产业扶贫转移劳力项目 135 个，使 10.29 万农牧民人均年增收 810 元，直接支持了西藏农牧民人均收入的快速增长，改善了偏远落后农牧区的生产生活条件，促进了农牧区的和谐稳定。由于自然条件恶劣，土地人口容量严重超限，贫困农民靠自身努力实现脱贫的能力还比较低，整个西部落后地区扶贫开发的任务还十分艰巨。

在提升公共服务方面，甘肃在社会福利推进方面形成了自身特色。甘肃在全国较早建立了城镇居民基本医疗保险、村干部和被征地农民养老保险制度，并推动企业年金、公务员医疗补助、企业补充医疗保险、医疗救助等制度建设，截至 2009 年年底，全省城镇职工基本养老保险参保覆盖面 82.47%，比 2000 年增长 23.38%；城镇职工基本医疗保险参保覆盖面 92.91%，比 2001 年增长 164%；失业保险参保人数达到 164.08 万人；工伤保险参保人数达到 119.73 万人，比启动实施初期增长 12 倍；新农保 60 周岁以上领取基础养老金人数占符合条件人数的 90.7%。这些社会福利制度的推行，有效地发挥了社会“稳定器”、经济运行“减震器”和实现社会公平“调节器”的作用。

由此可见，不同发展集团的绩效水平取决于自身的发展特点和政策执行力度，为了更为直观地描述三个发展集团的发展路径以及在西部大开发第二个十年中的发展脉络，我们从基本特点、发展优势、自身劣势、战略定位几个层面进行综合评价，从而为西部大开发第二个十年政策的制定与调整起到了积极的推动作用，如表 4-24 所示。

表 4-24 西部地区各发展集团的综合绩效评估及战略定位分析

发展类别	基本特点	发展优势	自身劣势	战略定位
第一发展集团	1. 基础坚实	1. 经济结构合理	1. 技术研发较差	1. 产业转型升级
	2. 后劲雄厚	2. 地方财政富裕	2. 创新意识不够	2. 城乡统筹区域
第二发展集团	1. 区位优越	1. 区域位置优越	1. 政策依赖较强	1. 金融资本市场
	2. 重点突出	2. 龙头行业引领	2. 资本积聚较低	2. 科技研发中心
第三发展集团	1. 交通瓶颈	1. 特色资源丰富	1. 思想观念落后	1. 生态示范区域
	2. 政策扶持	2. 发展潜力巨大	2. 投资环境较差	2. 资源转化基地

第五章

国内外区域开发政策的经验回顾与借鉴

西部大开发是一项艰巨复杂的工程，它的实施要求我们抓住时机，以极大的热情，积极地推进；要求从中国的实际出发，慎重、科学地规划，讲究实效，切戒虚夸和一哄而起。因此，必须正确认识我国基本国情和西部地区的实际，正确评估西部大开发政策绩效；同时，还要合理参考国内区域开发政策的成功案例，总结国内外开发政策的经验教训，为新一轮西部大开发的政策调整提供借鉴。本章主要介绍了国内关于西部大开发的基本历程和国外典型区域开发的经验，并提出了值得借鉴的建议。

第一节　国内区域开发政策的经验回顾

从历史的角度分析，我国西部不仅不是一开始就落后于东部，而且还曾一度领先于东部的经济发展。由于生态环境的恶化、交通的不便、经济重心的南移、政府的开发力度不够、民众观念的局限等原因造成了今天东西部经济严重失衡。为了保持经济社会协调发展，最终实现共同富裕，中央做出了西部大开发的伟大抉择。这是一项空前的伟业，它不同于传统意义上的大开垦、大开荒，而是建立在广泛地应用现代科学技术基础上的基础设施建设，产业结构的调整优化，教育、科学、文化和各项社会事业的全面发展。因此，不可能有现成的方案，也不能沿用传统的增长方式和旧体制的老办法。只有充分研究历史上西部的政策，总结历史经验和教训，构建新思路、新方法、新机制，才能使西部大开发向着健康的方向发展。

一、旧中国时代对西部地区的开发政策回顾

(一)历代封建王朝对西部的开发

中国历代王朝从巩固政权和国家统一的考虑出发,重视对西部地区的开发与治理,采取了一系列有效的政策,取得了一定的成功。这种成功集中表现在中央政权不断开拓疆土、加大治理西部的进程中,西部少数民族地区没有出现大的长期分裂割据,而是推进了各族的融合和经济文化的交流,维护了国家的统一。由于受时代和阶级的局限,也不可避免地走了一些弯路,有不少深刻的教训。总结历史上开发、治理和建设西部的成功经验与失败教训,从中汲取有益的借鉴,对于我们今日的西部大开发,仍然具有重要的意义。

1.兴修水利

中国自古以农立国,历代统治者都高度重视水利建设,不惜花巨资兴建水利工程,特别是汉、唐、元、明、清朝尤为突出。秦汉时期的水利开发和利用就达到了很高的水平。秦昭王任用李冰父子修造了永垂后世的都江堰,使成都平原成为沃野千里的"天府之国"。两汉时期,动用大批人力、物力,对为害多年的黄河进行大规模治理。经过治理,黄河在此后800余年间未发生大的水患。汉武帝时还组织人力在关中一带开凿了著名的漕渠、白渠、龙首渠、六辅渠、成国渠、灵轵渠等。这些灌溉系统连同一系列小型水利工程,构成了庞大而完备的水利灌溉网络,有力地促进了关中地区农业经济的发展。

2.改善交通

鉴于西部地区在政治、军事上的重要地位,历代统治者都非常重视这一地区交通的改善,把发展道路交通作为一件大事来抓。秦始皇时期的"直道"、"五尺道"、运河灵渠,开辟了水陆交通线。汉武帝时期先后两次派张骞出使西域,开通了举世闻名的"丝绸之路"。唐朝也十分重视交通的畅达,陆续修筑了以首都长安为中心,连接南诏、吐蕃等地的纵横交错的道路交通网络,其中尤以"唐蕃古道"最为著名。元明清时期,西部地区的道路交通又有了新的扩展。在西北,主要是沿明长城内侧新辟了宁夏大边驿道、甘凉大边驿道、固原大边驿道、西宁大边驿道等几条边防驿道。在西南,主要是修筑了以滇池(昆明)为中心和以长官司(贵阳)为中心的交通枢纽。从总体上看,到清代,西部已形成深入蒙古、新疆、西藏等地纵横交错的道路网络,交通状况有了极大改观,从而有力地促进了西部地区与内地

的经济文化联系。

3. 移民屯垦

向西部广袤之地迁徙内地军民屯垦、戍边，是历代中央王朝经营西部的一项基本国策。秦朝为了巩固对西北地区的统治，在军事征战结束后不久，即从内地移民3万户，到现在河套平原一带进行屯戍。汉朝先后向西北地区移民70余万，并派兵60万长期屯驻边地。唐朝针对西北河陇地区人口稀少、劳动力缺乏的实际，多次将吐谷浑、回纥等少数民族部落迁徙于此，让他们就地开发。明朝继续有计划地组织内地贫苦农民屯垦戍边，充实西部，特别是在西北、西南地区实行卫所制度，让士兵“三分守城，七分屯种”[①]，长期固守西部。清代前期也曾多次向四川、蒙古、新疆等地移民。历代统治者向西部大规模移民，除了充实边防外，很重要的是着眼于发展农牧业，组织移民或军士将沿边荒芜之地或草原垦为耕地。可以说，屯垦政策与封建社会相沿始终，是历代统治者巩固统治、开发西部的一项重要且行之有效的传统政策。

4. 轻徭薄赋

鉴于西部边疆民族地区经济落后、生活贫困的实际状况，历代中央王朝在征服和统一这些地区后，一般都实行轻徭薄赋政策，对西部地区给予一定的扶持和保护。汉代要求西部少数民族地区的“边郡”只进贡方物，而无须缴纳赋税。唐朝对西部少数民族地区常常减免赋税，不少边远民族地区多为无赋无税区。宋朝从“守内”的要求出发，为安抚境内少数民族，多实行“荒服不征”和只输“丁口之赋”的薄赋政策。元朝非常重视对发源地蒙古及西藏地区的赈济，每遇雪灾饥荒，官府都能及时运输粮、棉予以赈济，帮助灾区摆脱危境，渡过难关。明朝对少数民族地区征收赋税主要是在西南土司地区，但其税额较之内地要低得多，即使是整个贵州也“赋不敌东南小郡”，而对发生天灾人祸之地还给予减免。这种轻税政策对西部民族地区经济的发展无疑是有所裨益的。

5. 发展商贸

与西部各族开展商业贸易和经济交往，是历代王朝开发西部的又一重要举措。西汉政府发布“开关梁，弛山泽之禁”[②]的政令，为商业活动创造了便利条件，使汉代成为继春秋战国之后中国商业发展的第二个高潮。唐朝

---

① 张廷玉：《明史・食货志》（卷七十七），中华书局1989年版，第510页。

② 司马迁：《史记・货殖列传》（卷一百二十九），中华书局1989年版，第825页。

采取大规模"兴商"政策，在国内大中城市广设供商人交易的"市"，在西部设互市监，与吐蕃开展绢马互市；对西南地区的南诏政权采取鼓励商品贸易的政策。两宋在西南地区与大理政权开展互市榷场贸易，在西北与西夏等地方政权通过贡使和边境榷场等方式进行贸易往来，有力地促进了西南和西北地区商业贸易的发展。元代对漠北地区采取了一系列保护商业发展的措施，设立固定的互市场所，开展商业贸易。

6. 建设城镇

城市既是政治军事中心，也是商业贸易和交通运输中心。历代王朝为了政治统治和经济发展的需要，普遍重视西部地区的城镇建设。秦汉时期，全国最大的城市是首都长安。考古调查证实，汉长安城周长 50 里，规模之大，超过罗马城三倍以上[①]。唐代长安仍是全国最大的城市，周长达 70 多里，比汉代的规模又有所扩大，分为宫城、皇城和外郭城三部分。宫城为宫殿区，皇城是中央官署所在地。外郭城地域广阔，分为 108 坊，还有东、西两个市。唐代的益州(四川成都)是西部地区又一个经济文化中心，有"扬一益二"之称，与长江下游的扬州相提并论。

7. 设置机构

设置行政机构是历代王朝对西部边疆地区进行有效管辖、持续治理和开发的重要手段。秦始皇在北征匈奴得胜的基础上，在河套南北广大地区设置了 34 县(《史记・秦始皇本纪》谓 34 县，《汉书・匈奴传》作 44 县)，并置九原郡，以加强对这一地区的治理和开发。西汉为了巩固对匈奴战争的胜利成果，加强对边疆地区的统治，先后在河西走廊一带设置了武威、酒泉、张掖、敦煌四郡，史称"河西四郡"。公元前 60 年，汉宣帝在西域设西域都护府，对西域实施有效的管辖。公元 90 年，班超再设西域都护府，西域重又纳入中央王朝的有效管辖之下。在西南地区，两汉政府同样通过设置郡县等行政机构，实施有效管理。唐朝凭借其强大的政治、军事实力，对西部突厥、回纥、吐蕃、南诏等少数民族地区普遍推行"羁縻府州"政策，对这些地区的新附民族，以其大者为府，小者为州，设置羁縻府州实施管辖。在西域地区，唐朝则设安西都护府和北庭都护府，分别管辖天山南北广大地区。元代为了加强中央对偏远少数民族地区的控制，在西部边地广设行政机构。在西南少数民族地区，任用当地少数民族头人担任土官，以达到通过各族上层统治各族人民之目的。对西藏，元朝在中央设宣政院，"掌释教

---

① 林剑鸣:《秦汉社会文明》，西北大学出版社 1985 年版，第 140—141 页。

僧徒及吐蕃之境而隶治之"[①]，封八思巴为帝师，在地方置乌思（即前藏）、藏（即后藏）和纳里速·古鲁·孙（即阿里）三个宣慰使司，形成中央到地方层层垂直管辖的有效行政机构，从而使西藏正式成为我国地方行政区域的一部分。明代在西南云贵地区分设布政司，在西藏地区陆续设置乌思藏、尕耳卫等行政机构，在西北嘉峪关以西、哈密以东设关西七卫。清代在改土归流地区分别设置与内地相同的府、州、县等行政机构，委派不世袭、有任期的流官进行统治；对西北蒙古族则实行总管制和盟旗制。清代还在西北回部实行"伯克制"；在西藏实行"政教合一"制，规定达赖、班禅同为西藏最高宗教领袖和最高行政首脑。同时，设驻藏大臣，加强中央对西藏的管理。

唐朝中叶"安史之乱"以后，西部地区的社会经济受到严重的摧残，随着我国的经济重心逐渐向东南转移，政治中心也随之东移，西部地区的政治地位大大下降，生态环境的问题也逐渐凸显出来，至今仍是制约西部经济社会发展的突出问题。需要指出的是，历史上中央王朝对西部的开发与治理，主要着眼点是从充实边疆、巩固国防的角度出发，加之对经济规律认识肤浅，很少从经济发展的角度考虑问题，这就决定了其开发模式是征战和戍边开发的"军事推动型"，而非"经济推动型"。也就是说，中国历史上对西部的开发，在巩固统一的多民族国家政权、维护民族团结和安定边疆等政治方面是较为成功的，但在发展西部经济方面则留下了许多深刻的教训。由于盲目开垦，乱砍滥伐，破坏了生态，导致了西部地区由盛转衰。在开发区域上，只考虑和重视对具有重要战略意义的军事重镇和边防要塞的开发，而没有从有利于西部区域经济发展的生产力布局和城镇格局方面考虑问题；在移民问题上，历代王朝往往以"充军西部"、"贬官西部"、"屯戍西部"等带有明显贬抑意义的方式进行，从而压制了移民生产的积极性和创造力。与此同时，历代王朝只重视笼络西部少数民族上层人士，其政策倾斜后的利益主要顾及了首领、头人等少数上层，很少或根本没有惠及下层民众，因而使历史上的西部开发缺乏深厚的基础，一遇战乱或政权更迭，便发生大的动荡或严重倒退。

（二）孙中山的西部开发思想

近现代，对于中国辽阔西部的开发与建设问题予以关注或做出贡献的不乏其人，但就规划的系统性和蕴含的现代性而言，应以伟大的革命先行者孙中山先生为最。孙中山对西部的开发与建设非常重视，在其著作和演

---

① 宋濂:《元史·百官志》(卷八十七)，中华书局 1989 年版，第 573 页。

讲中多次提到西部的开发问题。1919年,《远东时报》六月号发表了孙中山先生所撰写的我国历史上第一部要求实现国家工业化的纲领性建设方案——《实业计划》。在这一宏伟蓝图中,孙中山对西部开发的战略意义、实施方案等做了详细的论述,以此形成了系列的主张和措施。

1. 关于西部开发的主要构想

孙中山认为,西部资源的开发与利用是一项复杂的系统工程,必须有重点有步骤地推进。为此,他亲自着手拟制了开发与利用西部资源的计划,勾画了一幅追赶先进国家的理想蓝图。具体主要包括以下几个方面:

第一,筹建西部交通网络。开发与利用西部资源的战略重点和第一步骤就是要发展交通运输业。而最主要的莫过于铁路建设。在《实业计划》中,孙中山计划在西部诸省,按先易后难的程序,建设铁路多条,分别纳入西北、西南铁路系统、中央铁路系统和高原铁路系统之中。通过这些铁路系统不仅可以使西部各省之间互相联系起来,而且还可以使西部地区同全国各地联系在一起。而西北铁路还使欧亚"两大陆可以连成一气"[①],"实居支配世界的重要位置"。他拟定在西南地区建设18条铁路干线。修筑铁路之外,还应修筑公路、疏通水路。这样,以现代化的交通手段为主,辅以公路和水路,陆水结合,互相配套,就可以形成一个交通运输网。有了这个交通,就大大便利于西部资源的开发与利用,东南沿海及中部的工业品可以源源不断地运入西部,而西部各省的丰富资源则"均得廉价之运输"而运往全国各地。同时,交通系统建立起来后,可以使各地连成一片,从而消除原有的地区民族间的隔阂与冲突,增进彼此的信任与了解。

第二,开发西部人力资源。继西部交通系统建设之后,开发与利用西部资源的第二步骤应当是移民垦边问题,即从长江及沿海人口充盈之地向内蒙古、新疆、青海、西藏等地移民。孙中山在分析一国贫弱的原因时指出:"夫国之贫弱,必有一定之由也,有以地小而贫者,有以地瘠而贫者,有以民少而弱者,有以民愚而弱者,此贫弱之四大原因也。"这"地小"、"地瘠"、"民少"、"民愚"四大因素实际上可归结为自然资源的"地"和人文资源的"民"。因此,移民植边垦荒就是关键步骤,是一项"最有利之事业",具有非常重要的战略意义。把东南地区"废弃之人力"移植西部地区,有效地配置劳动力资源,"以图利益昭著之生产",是有效解决东西部人力资源和自然资源分布不均"两失其宜"的重要举措;同时也是解决东南部地区人满为

① 《孙中山全集》(第6卷),第256页。

患，无业游民滋事生非的重要举措。移民西部是安置“被裁百余万之兵”的有效手段。移民政策是西部铁路建设和资源开发的重要保证。

第三，开发西部优势产业。(1)大力发展西部地区的农牧业。孙中山指出，西北诸省拥有全国“最富之农业与最美之牧场”，其中，蒙古、新疆“有农地牧地极广”，西藏、青海“有牧地极广”。只要因地制宜、合理培植产业结构与利用“近世机器及科学方法”，充分开发这些农牧资源，可以把广大的西部地区建设成真正的“最大食物之生产地方”。(2)大力发展西部地区的羊毛工业。孙中山指出，中国“因工艺不发达，商业不振兴，所用货物多仰外国，是以每年出口之货多生货，进口之货多熟货，又至利权外溢”。中国西部牧地面积占全国的三分之二，但羊毛工业不发达，只生产羊毛而不生产毛货，以致“每年由中国输出羊毛甚多，制为毛货，又复输入中国”。他认为，要发展西部经济就必须要改变这种不合理的现象，必须大力发展毛纺织工业。“自羊毛商业输出、输入观之，可知发达羊毛工业，为在中国甚有利之事。”而要发展好羊毛工业，“当以科学方法养羊、剪毛，以改良其制品，增加其数量”。可见，利用廉价之原料与劳力，“于中国西部设立工场以制造一切羊毛货物”，其市场可“大至无限”。(3)合理开发西部油矿资源。中国西部新疆、蒙古、青海等省“以铁矿著名”；甘肃、新疆等省“已发见有油源”；新疆和田之玉矿更是名闻中外。可见，西部地区油矿资源丰富，油矿工业的发展前景十分可观，应予大力开采。至于开发形式，孙中山主张：在铁矿产地及其附近建立钢铁工厂、冶铸机厂和农器制造厂；在盛产石油的地方，“皆宜用油管办法”，把石油产地与其他工业中心联络起来，使其输送与分配于各地，更为便利。在经营方式上，则主张采取政府经营为主、政府承办与私人经营并举的方针。具体而言，直接关系国计民生的部门，由政府经营，以防止资本家垄断国家经济发展的命脉；对于那些国家尚无力经营的矿务业，当“租与私人立约办理”，政府在法律上、技术上、资金上予以必要的指导和帮助。在此前提下，利用“战时宏大规模之机器，及完全组织之人工”，大力发展油矿业，更好地开发与利用西部资源，“以助中国实业之发达，而成为我国民一突飞之进步”。(4)以科技为内核，改变西部落后的面貌。科技发展关键在人的素质。如前所述，“民愚”是造成贫穷落后的一大原因。“愚”者愚昧也，即无知少识，不懂科学。与欧美国家相比，近代中国特别是西部确实是愚昧落后了，其差距至少在两百年以上。孙中山在他的经济发展战略中从精神状况、知识程度、生产技术、经营管理等方面分析了这种现象：论精神状况，数千年“知易行难”之说“深中于中国之人心”。

此说乃"心理之大敌","不惟能夺吾人之志,且足以迷亿兆人之心也"。而"行易知难"之说在"欧美已成为常识矣"。论知识程度,"中国人民知识程度之不足,固无可隐讳者也。且加以数千年专制之毒,深中乎人心,诚有比于美国之黑奴及外来人民知识尤为低下也"。论生产技术,"中国今尚用手工为生产,未入工业革命之第一步,比之欧美已临第二革命者有殊"。论经营管理,如满洲现时殖民"于杂乱无章之中,虚耗人工地力,不知凡几"。而北美等国"所行之结果,其成绩至为昭彰"。凡此等等的愚昧落后给西部所造成的后果是可想而知的。孙中山指出:"今日文明已进于科学时代","一切人类进步,皆多少以知识即科学计划为基础"。中国要发展实业,开发西部,就必须在思想文化和科学技术领域实行一场大革命。孙中山对这场革命的基本要求有:解放思想,打碎"知易行难"的心理枷锁,振奋民族精神;普及国民教育,传授真知实术,培养技术人员;实行技术革新,用机器生产替代手工操作,把科学技术应用于生产领域;建立科技局所,推广先进技术和品种;改善经营管理,因地制宜,讲求实效。总之,这场革命的深远意义,就是以科技为内核,发展实业,改变中国乃至西部贫穷落后的面貌。

2.关于西部开发的具体措施

孙中山认为,要开发与利用西部资源,促进西部经济发展,除了制订战略计划、规划步骤之外,还必须加强政府在西部建设中的调控指导作用。国家必须为西部地区的建设创造种种便利条件,提供切实可行的扶持政策和措施。

第一,由国家收购西部的荒芜土地,建成农庄,长期贷给移民,使移民有地可耕,有田可垦。孙中山主张:"土地应由国家买收,以防专钻投机之家置土地于无用,而遗毒害于社会。"国家所得土地,"应均为农庄,长期贷诸移民",以保证广大移民有田有地垦殖。

第二,设立特别国家机关统筹安排移民事宜。这一特别机关的职能就是要"特惠移民"以"普利全国"。"特惠"政策之内涵概括起来主要表现在:一是国家收买荒地长期贷给农民;二是移民初期进行生产经营所需要的"资金、种子、器具、屋宇应由国家供给,依实在所费本钱,现款取偿,或分年摊还";三是组织数大机关,行战时工场制度,以为移民运输居处衣食之备,第一年不取现值,以信用借贷法行之;四是待一个地区移民数量达到一定程度时,授予移民自治特权;五是对每一移民应施以训练,使能以民主政治的精神,经营其个人局部之事业。

第三,国家为开发西部创建金融机构,专设兴农、殖边银行,提供金融

支持。孙中山在民国初年就曾明确指出:“西北之荒芜,一如其故,此无他,无特别金融机关以为之融通资本故耳”,因此,“创设兴农、农业、殖边等银行,实属方今扼要之图。”

第四,拨出专款扶持建立开发西部的实业公司和科研团体。在民国财政十分艰难的情况下,孙中山仍然主张对有关开发西部的实业公司和科研团体给予财政支持。如 1912 年,黄兴等人筹办专门研究开发西部农牧业的“拓殖协会”,孙中山大力支持,认为“拓殖协会之组织,自是谋国要图,国家应予协助”,应“由政府筹款补助,以资早日成立”。并指示财政部门每年拨款 30 万元,列入国家预算,作为拓殖协会经费。

第五,发展西部地区的文化教育事业,积极为当地建设培养各类人才。孙中山多次指出,“二十世纪之国民,一科学互竞之国民也”[①]。中国要实现现代化,要国富民富,舍教育将无路可走,西部地区更是如此。有鉴于此,孙中山极力主张,政府应大力支持西部地区的文化教育事业,特别是师范教育,要“养成师资”,创设学堂,“广施教育,共同进化”[②]。借此开发、利用西部地区的人力资源,提高西部地区国民的文化素质、技能水平,为西部建设培养有用之才。

第六,要实行“开放主义”,充分利用国外资源发展我国西部地区的铁路、农牧业和工矿业。孙中山指出:“利用外资,可得外资之益,故余主张开放门户,吸引外国资本。”除了引进外资(“欢迎外资”),还应“欢迎机器”与“利用外国人才”[③]。

从历史角度而言,孙中山的对西部战略地位的重视,可以说是对中国古代历代西部政策及鸦片战争以来的近代进步思想家如林则徐、左宗棠等人关于建设西北思想的成果的继承和发展。但在开发的目的上主要不是侧重于军事,而是关注于经济,其目的是为了缩小东西部的巨大差距、改变西部地区贫穷落后的面貌。在采取的方法上,是通过全盘开发的现代化途径从交通、家业、工业等各个方面来对西部进行综合建设。这是孙中山的开发西部思想呈现出系统性和整体性的特色,从而远超前人的屯垦与戍边的局部治理思想,具有总揽全局的大智慧。

---

① 《民国日报》1921 年 1 月 11 日。

② 《南京临时政府公报》(第 64 号)。

③ 《孙中山全集》(第 5 卷),第 133－134 页。

二、新中国成立后的西部开发进程回顾

新中国成立后，党和政府为促进地区经济的发展做出了不懈的努力，并进行了艰苦的探索。前 30 年，把“有计划、按比例发展”作为社会主义的重要经济规律，在强调国民经济综合平衡、部门平衡的同时，突出地区经济的平衡，并采取了“区域均衡发展”的战略。由于 1949 年新中国建立以前，中国的工业基础十分薄弱，地区分布极不平衡，西部地区的经济极为落后，所以这一时期的投入在资金、技术、人才、建设项目等方面都向西倾斜，特别是将“三线”建设项目的重点布局在西部。改革开放以来，国家对地区经济发展战略和生产力布局做了重大调整，利用东部地区的区位优势和较雄厚的经济发展基础，实施了“非均衡发展战略”，即“向东倾斜，梯度推进”战略。从“六五”计划(1981—1985)开始，东、中、西地区经济发展和居民收入差距重新拉大。为缓解这一矛盾，自 1995 年，国家提出了区域经济协调发展的战略，开始着手缓解东、西部经济差距扩大的趋势，如表 5-1 所示。

表 5-1 “一五”—“九五”时期全国基本建设投资比重分布①

地区	“一五”	“二五”	“调整”	“三五”	“四五”	“五五”	“六五”	“七五”	“八五”	“九五”
东部	36.9	38.4	34.9	26.9	35.5	42.2	47.7	51.7	54.2	52.5
中部	28.8	34.0	32.7	29.8	29.9	30.1	29.3	24.4	23.5	23.2
西部	18.0	22.0	25.6	34.0	24.5	19.9	17.2	15.8	14.7	15.6

资料来源：1950—1995 年《中国固定资产投资统计年鉴》，中国统计出版社 1997 年版。

(一) 改革开放之前的西部大开发

新中国成立后，采取了“区域均衡发展”的发展战略，强调国民经济的综合平衡、部门平衡以及地区经济的平衡发展。这一时期，中国效仿前苏联建立起了高度集中的计划经济体制，一直把“有计划、按比例发展”作为社会主义的重要经济规律，因而在基础性资源配置方面主要依靠中央政府的指令性计划，借助国家直接投资，通过自上而下的行政手段来实现。

1.“一五”时期的重点建设项目

旧中国现代化工业在国民经济中只占有很小的比重，而且主要是轻工业，且集中在沿海的少数几个大城市，内地工业基本上是一片空白。当时国外还面临着帝国主义的包围，畸形的经济形态不仅不利于资源的合理配

① 注：东、中、西部的数字总计不等于 100.0，因为有些固定资产投资未划入地区内，如统一购置的运输工具等，其中，“九五”时期只包括 1996—1998 年的数据。

置，而且对国家的经济安全也极为不利。因此，建立起社会主义强大的物质基础、实现我国经济跨越性发展就成了当时经济建设的主要任务。新中国成立后，从第一个五年计划开始，政府采取了沿海与内地均衡发展的战略，即一方面维护沿海地区的发展，一方面有计划地重点发展内地，以改变这种工业布局不合理的状况。第一个五年计划将优先发展重工业作为经济建设的战略重点。发展重工业就是建立起现代化的钢铁工业、机器制造工业、电力工业、燃料工业、有色金属工业、基本化学工业等。考虑到资源、改变落后地区的经济面貌及国防安全和平衡工业布局等因素，在新建工业的部署上，钢铁厂、有色金属冶炼厂、化工企业、主要放在矿产资源丰富或能源供应充足的地区；机械加工企业部署在原料生产基地附近；国防工业，除有些造船厂必须摆在海边外，其他都没有摆在敌人飞机可以轰炸的沿海地区。

在"一五"期间，国家在大型项目投放和投资政策上明显向内地倾斜。一系列大型项目的启动，构成了新中国对西部地区的首次开发，成为西部工业经济初始扩张的第一推动力，也为西部地区发展现代经济提供了第一次历史性的机遇。以苏联援助的156项重点项目为主体的694个投资1000万元以上的工业项目中，有472个分布在内地，占总数的68%。156项工程主要配置在东北地区、中部地区和西部地区。这些项目包括钢铁、电力、煤炭、石油、有色金属和机械设备制造等产业。在"一五"时期全国基本建设投资总额达到588.47亿元，其中，西部地区共占到18.52%。在156项工程中，仅西北的陕西省就有24项，居全国各省区首位，占15.4%，国家投资18.25亿元，先后建成投产的大中型企业有28个[①]。甘肃安排了16个项目，占全国重点项目的10.3%，国家投资23.27亿元，属于限额以上的大中型建设工程有119项，共兴建工矿企业1574家[②]。其他省区也在国家投资项目的带动下建立起一批现代工业。

"一五"时期对西部的开发中，除修复原先的8000多公里铁路外，还在西南、西北地区新建了来睦、成渝和天兰三条铁路，并动工建设宝兰线和兰新线。此外，新建公路3824公里，主要分布在交通不发达地区，如西南的康藏线、西北的新兰线、西宁黄河沿线等，明显地改善了西北、西南地区交通状况和经济社会发展条件。

① 章泽等主编:《当代中国的陕西》上卷，当代中国出版社1991年版，第102—103页。
② 刘每充汉主编:《当代中国的甘肃》上卷，当代中国出版社1991年版，第71—72页。

“一五”时期对西部地区的初次开发，对改变该地区的落后面貌，促进西部地区的经济发展，初步改变国民经济地区分布的不平衡，缩小东西部地区的差距起了积极作用。据统计资料显示，“一五”期间，沿海工业年均增长14.4%，内地增长17.8%，比沿海工业年均增长速度高3.4个百分点；内地工业产值占全国的比重由1952年的29.2%上升到1957年的32.1%。随着西部地区工业的发展，带动了城市化进程，并初步形成了以西安、成都、兰州、包头、重庆等城市为依托的新兴工业基地。

西部的首次开发是新中国在起步时期为改变我国工业不合理布局而采取的重大举措。通过五年多的建设，西部地区发生了巨大的历史性变化，使旧中国工业的畸形状况开始改变，使内地丰富的资源得到开发和利用，也为西部以后进一步的发展奠定了初步基础。

接下来的“二五”及以后三年的调整时期，国家除了继续推进西部地区的发展，同时针对一度出现的忽视沿海原有工业的倾向，强调要兼顾内地与沿海的发展。“二五”期间积极开展西南、西北和陕豫交界的三门峡地区，分别以钢铁、有色金属和大型水电站为中心的新基地建设；继续建设新疆的石油和有色金属工业；加强西藏的地质勘探工作等。三年调整时期，西部也继续受益。国家的钢铁工业投资重点转向西部，在大力发展攀枝花钢铁公司的同时，新建和扩建了长城钢厂、成都无缝钢管厂、西宁钢厂、西安陕西钢厂和贵阳钢铁厂等企业。在西部的兰州、西宁、乌鲁木齐、银川、贵阳、昆明等地形成了一批机械工业基地。在缺煤的西北和西南地区新建一些煤炭开采基地。整个“二五”时期和三年的调整时期，也是西部建设相对较快的一个时期。西部投资在全国的比重“二五”比“一五”上升了2.4%，调整时期又比“二五”上升了3.1%。

2.“三线”建设时期的西部开发

“三线”建设时期，在区域经济发展和布局上把全国分为一线、二线、三线，在各省区内地也相应地划分出“小三线”。经济建设和工业布局的重点，放在“三线”地区，特别是深入内地的贵州、四川东部和南部、陕西南部、湖北南部等地区，从而形成了中国工业建设在地域上的一次规模空前的西进运动。

1964年开始的“三线”建设，1964至1966年间，先后开始修筑贯通西南的川黔、成昆、贵昆、湘黔等几条铁路干线，建设攀枝花、包头、酒泉等几个大钢铁基地，以及为国防服务的10个迁建、续建项目。在四川、贵州、甘肃等省建设一批石油、机械、电力项目。1964—1971年，全国共有380个项目、14.5万人、3.8万台设备，从沿海地区迁到“三线”地区。在1966年计划施工的846个大中型项目中，“三线”地区占到48.2%。1969至1972年加快了“三线”建设的速度。在1970年召开的全国计划会议上提出，“四五”计划期间要建立不同水平、各有特点、各自为战、大力协同的经济协作区；要将内地建设成为一个部门比较齐全、工农业协调发展的强大战略后方；要根据经济发展和备战的需要，划分10年经济协作区，每个区都要有步骤地建设冶金、国防、机械、燃料动力、化学行工业。这一时期，“三线”建设的重点，在继续建设西南“三线”的同时，逐步向湖南、湖北和河南三省的西部转移。成昆铁路、川黔铁路、贵昆铁路、湘黔铁路、襄渝铁路相继建设。这5条铁路干线，国家财政共投资82亿元，使川、黔、滇三省铁路联成一体，形成川、黔、滇、鄂、湘五省铁路运输网，从根本上改变了中国历史上西南地区交通闭塞的状况。投资西移使中国经济的地区布局发生了重大变化，在西南、西北、晋南、豫西、鄂西、湘西建立起了一系列的新兴工业基地。

在近10年的“三线”建设中，四川省一直是重点，工业投资占全国工业总投资的10%以上。由于巨大的投资拉动，到1975年，“三线”地区的11个省、自治区全部所有制工业固定资产原值在全国全民所有制工业固定资产原值总值中占的比重，由1965年的32.9%上升到35.3%；工业总产值占全国工业总产值的比重，由22.3%提高到25%。全国将近1500家大型企业，分布在“三线”地区的占40%以上。可见“三线”建设对改变我国区域经济布局，推进现代化进程产生了重要影响。首先，它从宏观经济方面改变了我国工业的不合理布局，促进了内地的经济发展和社会进步，使西部地区经济进入了新一轮大规模的扩张，西部地区工业化获得了再度发展的历史契机，也形成了西部地区工业建设的第二次高潮，加快了西部工业的现代化进程。其次，极大地改善了西部地区交通落后的状况，加强了西部省区之间的联系及与其他地区间的经济文化交流，扩大了西部地区资源开发和利用的领域，改善了西部的社会生存环境，特别是老、少、边、穷地区的生存环境。最后，“三线”建设为20世纪末的西部大开发奠定了重要的基础。那个时期的艰苦创业，既为西部地区的现代化创造了前提条件，也为世纪之交启动的西部大开发奠定了坚实的物质基础。

“三线”建设是在特定的历史条件下的产物，是在计划经济时代运作的。从长远看，它对西部的开发具有深远的历史意义和经济意义，在客观上促进了西部地区经济发展和社会进步。如果没有“三线”建设，改革开放时期我们在内地的建设任务将更加繁重，内地与沿海地区的经济差距将更为悬殊，国家整体发展的任务更为艰巨。但是，由于“三线”建设时期，建设布局以国防原则取代了经济原则，造成了投资比重过大、国家财力紧张的问题，使底子厚、本来能取得较高经济效益的东部沿海地区，投资相对严重不足，影响了老基地、老企业的更新改造和生产规模的扩大；在布局上的“山、散、洞”未能协调好原料基地、加工业基地和消费市场的关系，资源配置效益低下，导致了不少浪费；各地区不顾自身的条件，盲目追求建立“大而全”、“小而全”的地方工业体系和经济体系，影响了各地区比较优势的发挥，使许多部门、行业重复建设，地区产业结构趋同，效益低下；它违背客观经济规律，单纯用指令性计划和行政手段进行生产力布局，排斥了市场对资源的配置作用。

1971 年下半年以后，根据国际国内形势的变化，中央对“三线”建设过热的调整注意了备战与各项经济建设的比例关系，基本建设的地区规模与资金投向随之发生变化，沿海地区的经济发展又受到了重视。“三线”建设的大部分精力转向建成企业的配套和生产组织上来，以求尽快发挥其效益。

3.改革开放之后的西部大开发

1978 年，党的第十一届三中全会提出了改革开放的发展思路，吹响了国家经济社会发展的新号角。国家经济建设的重心由“东进”战略向注重区域平衡的目标转移。可以说，自国家实施“非均衡发展”战略以来，西部地区建设开始注重培养自我增长机制。国家对西部地区的开发主要表现在以下几个方面：

第一，在西部地区继续建设能源、原材料基地的同时，大力加强基础设施建设。“六五”和“七五”时期，主要在陕北进行煤炭—电力项目建设；在黄河上游、乌江干流和澜沧江等水能资源富集地区，建设一批水电站；在甘肃、云南等地开辟新的有色金属工业基地；在云南、贵州建设磷矿工程。按照“三线建设要调整改造，发挥作用”的方针，对西部三线企业进行了搬迁和技术改造，在一定程度上解决了部分三线企业选址不当的问题。“八五”和“九五”时期，国家在西部地区开工建设了一批基础设施大型工程，如南昆铁路工程、兰新复线工程、成昆铁路电气化工程、西安至成都光缆工程、西兰乌光缆工程、二滩水电站、小浪底水利枢纽工程以及山西、内蒙古、陕西大型煤炭基地建设等，特别是三峡水利枢纽工程更是一项投资规模巨大的跨世纪工程。这些项目建设，初步改善了西部地区的投资环境，为大规模开发西部奠定了基础。

第二，推进西部地区沿江、沿边和省会城市的对外开放，初步改变西部地区封闭状况。进入90年代后，国家实施沿江、沿边和内陆中心城市开放战略。1992年6月，国务院决定开放重庆等长江沿岸6个城市，1995年初又决定对三峡库区实施特殊优惠政策，推动长江上游地区对外开放。1992年3月起，先后开放13个边境口岸城市。沿边地区对外开放，使西部沿边地区从远离国内外市场变成联结国内和国外市场的中介桥梁，促进了沿边地区脱贫致富和经济繁荣。1992年中期，国务院还批准开放西部省会(首府)城市，发挥这些中心城市的窗口和辐射功能。这些措施为改变西部地区的封闭状况，引进国内外资金和技术创造了条件。

第三，对贫困地区和落后地区实行扶持政策，加快农村脱贫步伐。从“六五”起，国家加大了对贫困地区和民族地区的支持力度，先后设立了“支援不发达地区发展基金”，“三西地区(甘肃的定西、河西和宁夏的西海固地区)专项建设基金”。从1985年起，国家开发银行每年发放专项贷款、低息贷款和贴息贷款，用于支持贫困地区的发展；1984年开始实施“以工代赈”计划，扶持贫困地区建设水、电、路和农业基础设施。20世纪80年代后期，国家扶贫战略从单纯补贴贫困地区财政、救济贫困人口的外部输入型转向以区域经济开发为主的开发式扶贫。“八五”时期，大幅度增加了扶贫资金、政策性贷款和以工代赈资金，中央共安排以工代赈资金249亿元，包括江河治理100亿元，贫困农场专项5亿元，农村贫困地区的扶贫款144亿元。1993年中央颁布了“关于加快中西部地区乡镇企业发展的决定”，从发展农村非农产业着手加快中西部地区发展。1994年国家实施“八七”扶贫攻坚计划，力争用7年时间，基本解决全国农村8000万人口的温饱问题；从1996年起，中央建立了扶贫专项资金，同时，还组织经济发达省市对口支援少数民族地区，如北京支援内蒙古，河北支援贵州、江苏支援云南、宁夏，全国支援西藏，促进了少数民族地区的经济发展。

第四，鼓励东部省市与西部省区开展横向联合和技术协作，对口帮扶落后地区。鼓励东部发达地区与西部欠发达地区开展以经济利益为纽带的横向经济合作，鼓励东部地区将一些劳动密集型产业和初级产品加工业向西部地区转移。国家有关部门还实施了旨在促进东西部联合的计划，如农业部组织的“乡镇企业东西合作示范工程”、中国轻工总会组织的“东西携手工程”、全国工商联组织的“光彩事业计划”；组织中央各部门、社会各界、发达省市对落后地区、贫困地区、民族地区的对口支援工作等。

总体上说，20世纪80年代以后国家继续支持西部地区开发建设，重点支持西部地区建设基础设施，帮扶农村脱贫和发展农村非农产业，促进了西部地区经济增长。但是由于东部地区经济发展显著加快，西部地区与东部地区经济增长速度的差异扩大，东部 GDP 占全国的比重不断提高，由 1978 年的 50.1%提高到 1998 年的 58.3%；西部地区 GDP 占全国的比重由 1978 年的 15. 6 %下降到 1998 年的 13.9%。人均 GDP，东部与西部相比，由 1978 年的 1∶0.52(以东部地区为 1)扩大到 1998 年的 1∶0.42，如表 5-2 所示。

表 5-2　东中西部地区 GDP 占全国的比重和人均 GDP

年　份	1978 年			1998 年		
地 区	GDP（亿元）	%	人均 GDP（元）	GDP（亿元）	%	人均 GDP（元）
全 国	3624	100.00	376	82933	100.00	6645
东 部	1816	50.11	486	48314	58.25	9522
中 部	1243	34.30	339	23126	27.89	5252
西 部	565	15.59	254	11493	13.86	4031

资料来源：根据《中国统计年鉴》整理而得。

1995 年 10 月召开的党的十四届五中全会，再次提出解决地区间差距问题并上升到战略高度。“九五”计划提出了一系列促进中西部地区加快发展的政策，包括优先在中西部地区安排资源开发和基础设施建设项目；理顺资源性产品价格，增强中西部地区自我发展的能力；实行规范的中央财政转移支付制度，逐步增加对中西部地区的财政支持；加快中西部地区改革开放的步伐，引导外资更多地投向中西部地区；加大对贫困地区的支持力度，扶持民族地区经济发展；加强东部沿海地区与中西部地区的经济联合与技术合作。

1997 年 3 月全国人大八届五次会议批准重庆设立直辖市，这一举措对三峡库区的开发建设和西南地区的经济发展，起到了直接的促进作用。1998 年，亚洲金融危机对我国的影响开始显现，国家实施扩大内需、加大基础设施建设的对策，增发 1000 亿元国债，配套增加 1000 亿元银行贷款，专项用于农林水利、交通通信、城乡电网改造、城市基础设施、中央储备粮库和经济适用住房等基础设施建设。基础设施投资明显向中西部地区倾斜，中西部地区项目的投资占全部下达计划投资的 62%左右。特别是西部地区固定资产投资增幅较大，增长 31.2%，比东部地区快 14.9 个百分点，对进一步改善西部地区的投资环境，拉动地区经济发展，发挥了重要作用。

“九五”前三年，西部与东部地区增长速度的差距有所缩小，1997年西部地区与东部地区增长率差距已经缩小到1个百分点。

第二节 国外区域开发政策的经验借鉴

历史经验已充分证明：许多国家在由传统农业经济向现代经济转变的过程中，都经历了一个由沿海到内陆的梯度推进、由不发达地区向发达地区梯度扩散的过程。与内陆相比，沿海具有一种不可多得的优势，所以从来各种产业的分工改良，自然而然地都开始于沿海沿河一带。这种改良往往经过许久以后才慢慢地普及到内地。他山之石，可以攻玉，认真审视其他国家开发不发达地区的实践，借鉴他国成功的经验，可以为我国开发西部提供有益的启示。

一、美国历史上西部开发政策

在美国的历史上，西部是一个很不确定的概念，它最初只是指从阿巴拉契亚山到密西西比河之间的地带，这块地区被称为“旧西部”，以后随着美国领土的扩张，其范围逐步扩大，包括了从密西西比河到落基山的“新西部”，从落基山到太平洋沿岸地区的“远西部”（今天，“旧西部”的大部分地区已被看做是东部地区，而它的西部与“新西部”一道，也被称作中西部地区）。以上所指范围的面积，相当于美国最初13个州总面积的7.5倍。美国的历史上的西进运动是一个长期和持续发展的过程。早在美国独立之前，美利坚民族就开始向北美大陆西部扩张，但直到美国独立之后，美国的西进运动才变得更加积极和有计划，而且一直持续到现在。纵观美国西进运动的历史，依据侧重点不同，可大致分为三个阶段：以农业为主的初步开发时期，以工业为主的综合开发时期以及以高新技术为主的深度开发时期。每个时期根据开发和发展的需要，都有不同的开发政策于之相呼应。

（一）以农业为主的初步开发期

从独立战争结束到南北战争时期是美国西进运动的第一个时期，主要是以农业为主的初步开发。美国独立之后，根据1783年巴黎和约，美国领土已扩大到密西西比河东岸。这一时期的西进运动以土地问题为核心，以农业开发为主体。这主要是因为：在客观上，当时美国西部存在着一片肥沃富饶、尚未开垦的辽阔的土地，这是美国西进运动的基本前提；在主观上,美国独立战争之后,获得了阿巴拉契亚山脉以西至密西西比河以东的大片土地,美国人民心目中形成了一种新的看法:新获得的土地是以北美十三州共同用生命换来的,因此这些土地应归人民所有,人民有权去开垦、种植和开发。在这一时期,美国联邦政府为了促进西进运动中的土地开发和农业发展,采取了许多政策措施,主要有以下几个方面:

第一,土地政策。首先,美国政府颁布了在西部建州的程序和规定。1784 年由杰斐逊起草了《关于弗吉尼亚让出的西部土地组建方案》的土地法令,规定西部土地为美国全体国民所共有;规定从俄亥俄到密西西比河之间的土地分作十六州,在居民人数达到一定的数目(原十三州的最低数额)时始可建立同东部各州完全平等的新州。虽然法令中关于建立十六州的建议尚未实施,但它规定建州的原则已被确认。1785 年,政府又颁布土地法令对土地测量和出售做出具体的规定。西部土地被分为若干镇,每镇又分成 36 区,每区占地 640 平方公里,其中的 4 个区归属联邦政府管辖,一个区作为赞助公共教育之用。1787 年 7 月 13 日,西北土地法在联邦议会获得通过,这项法令以 1784 年土地法令为基础,具体规定了处理俄亥俄河流域以北土地的办法,规定了建立新州的程序和原则。美国政府关于在西部土地上建州的各项规定和程序,对西部开发和经济稳定发展起了积极的促进作用。其次,美国政府颁布了居民获得土地的政策。1785 年制定《土地条例》,确定了国有土地向移民出售的原则。根据该法令的规定,政府将公有土地分块拍卖出售,每块土地最小 640 英亩(约合 388 亩),每英亩地价最低 1 美元,一次付清。1796 年的土地法将每英亩土地最低出售价提高为 2 美元,付清期改为一年以后,分 4 年付清。后因该规定不能满足向西迁徙的大量农民对土地的需求,美国政府不断缩小购买土地的最低限额,由 640 英亩降低到 160 英亩,减低国有土地的出售价格。1802—1832 年,美国国会又通过了多个《救济法》,以延缓未付土地被没收的期限,使贫苦农民能够获得土地。1832 年杰克逊政府时期,政府允许农民占有土地,即那些已经占有未经测量和同意出卖土地的农民,可以最低售价购买他们已经耕种和改良了的土地,并逐步降低公共土地的价格,由每英亩 1.25 美元降到 0.5 美元进行拍卖。1862 年,林肯政府又颁布了《宅地法》,规定年满 21 岁的公民从 1863 年 1 月 1 日起,只要付 10 美元的费用,就有权取得 160 英亩或 160 英亩以下的土地,耕种 5 年后,土地就归个人所有。总之,这一时期美国政府的土地政策,为农民取得土地和进行农业开发提供了制度和政策保障,促进了美国西部的开发,使美国能够快速发展成为一个农业大国。

第二，移民政策。1787 年的美国土地法令不仅规定了建立新州的一些原则，而且根据该法的第三部分还对公民权利做出规定，特别是根据该法人们可以向西部自由迁徙。因此，美国土地法令的颁布，极大地促进了美国移民向西部涌进的热潮，俄亥俄州首当其冲，仅在 1790—1800 年的短短 10 年内，马里兰的 13 个县和弗吉尼亚的 26 个县的居民全部是外来移民，1810 年全国有七分之一的人口居住在阿巴拉契亚山脉以西的地方。1820 年美国共有人口 964 万，其中 300 万人居住在阿巴拉契亚山脉以西，到 1840 年全国超过三分之一的人口居住在那里生活。此外，国外移民也大量来到美国，为美国西部开发提供了廉价的劳动力。1820 年来到美国的移民只有 8385 人，但在 1848 年欧洲革命失败以后，北欧、西欧国家的移民蜂拥进入美国，1850 年达 310004 人，1854 年增长到 427833 人。总之，在 1820—1860 年间，大约有 500 万移民来到美国，为美国的西部开发提供了充足的劳动力。

第三，基础设施建设政策。美国在西进运动中非常注重基础设施的建设，特别是重视铁路、公路、水运等交通设施的建设。在铁路修建上美国政府采取了"多修铁路多得益"的政策。铁路公司每修一英里的铁路，可以得到铁路沿线一定面积的土地；同时，规定铁路公司可以根据修筑铁路的长度和地形的不同，从政府那里获得不等的贷款。1828 年美国才开始修筑铁路，1860 年铁路里程就长达 3 万英里，其中大部分修建在西部地区。这一时期铁路的修建大大地推动了西部经济的发展。在公路的建设上，美国政府的一个重要政策是鼓励私人投资。为了解决公路建设资金的不足，收费公路成为美国最早优先发展的事业。从 1792—1794 年修建第一条公路开始，到 1830 年修筑公路总里程长达 6400 公里。随着蒸汽机船的发明与使用，美国政府又加强了对水运的建设。1817—1828 年由纽约州资助修筑长达 350 英里的伊尔运河，把东部的哈得逊运河和西部的大湖区联系在一起，使当时 1 英里 20 美分的运价降到 1 美分。总之，在 1815—1840 年间，各州投资 1.25 亿美元，建造了 3000 英里的运河，使美国成为当时世界上运河最发达的国家。这一时期美国交通设施的建设和大发展，为当时的西进运动提供了便利。

第四，扶持教育发展的政策。美国政府十分重视教育的发展，特别重视学校教育。根据 1785 年的土地法令，西部地区建立的每个州都可为兴办一所公共学院获得一片土地，当时杰斐逊还设计和制定了一项宏大的包括初、中级学校直至州立大学的教育制度。于是州立大学先后在南部和西部各州建立，并且开展免费教育。1862年，美国国会又通过《莫里尔法》，决定由政府把至少3万英亩公地永久赠予每个州的有关院校，当时依阿华州农学院就是接受这种土地赠予建立起来的。在19世纪60年代，根据《莫里尔法》，美国建立了一批农学院和工学院，如著名的伊利诺斯大学、马塞里工学院、康奈尔大学都是在这一时期建立起来的，为美国西部农业机械化和工业化培养了大批专门人才。1887年《哈奇法》规定每年拨给各州1.5万美元，为农业试验和科学研究提供了新的联邦基金。1907年又将这项经费扩大了一倍，以扩大农业科学研究与推广；而且，又通过立法把给予各校的津贴增至每年5万美元。与此同时，在第一次产业革命的影响下，美国的科学技术也得到了突飞猛进的发展。据统计，在1860年以前，美国共发布了3.6万项专利，对美国西部的开发和农业的发展起到了重要作用。

（二）以工业为主的综合开发期

从内战结束到第二次世界大战结束是美国西进运动的第二个时期，主要是以工业为主的综合开发时期。美国内战的结束，特别是经过南方的重建后，南方资本主义经济获得了大发展，北方资产阶级和南方种植场主相互妥协，政治上出现了相对稳定的局面。与此同时，第二次产业革命也迅速兴起，美国开始由农业国向工业国转化。因此，这一时期的西进运动，是以工业为主的综合开发。美国政府为了更好地促进西进运动，采取了更加优惠和更加开放的政策。

第一，采取优惠政策吸引外商投资基础设施。美国政府为了进一步加强基础设施的建设，采取了更加优惠的补贴措施来吸引私人投资公司建筑运河和铁路。如平原地区每修筑一英里补助16000美元，丘陵地区每英里32000美元，山地每英里48000美元，此外，铁路公司还可得到沿线两侧宽各十公里的土地所有权。各州为了鼓励本州内铁路的兴建，往往免征铁路公司的税项，给予有利的建筑权特许状，提供贷款，购买铁路公司的股票或债券，有的则对铁路公司所发行的债券提供责任担保。这些优惠措施吸引了大量外资对基础设施的投资。19世纪80年代初，欧洲资本家（主要是英国资本家）对美国的经济事业的投资为20亿美元，其中15.35亿美元投资在铁路的修建上。到了1900年，美国营业的铁路线已从19世纪60年代末的5.3万英里增长到19万英里以上，超过了欧洲铁路线的总里程，几乎等于全世界的半数。1913年，美国的铁路总里程又增长了一倍。

第二，采取开放的政策吸引国外优秀劳动力。这一时期移民的重点是放在采取优惠措施吸引国外优秀劳动力上。1878年美国颁布《木材石料

法》，准许任何公民和已提出申请加入美国国籍的侨民，按每英亩 2.5 美元的价格购买 160 英亩不宜种植而其主要价值在于木材和石料的地段，这对当时美国修建铁路大规模需求木材和石料而言，增加了对外来移民的吸引力；同时，美国政府专门设立土地管理局和移民局，其宣传机构活动于欧洲大陆，他们以信贷优先、票价优惠、承诺将予以农业耕作指导及必要的援助来招徕移民。于是，北欧、东欧、南欧不少国家出现“美国热”，数以百计的梦想者不辞劳苦漂洋过海，来到他们神往的美国“西部花园”。因此，这一时期外来移民迅速增加。1861—1914 年，到美国定居的国外移民超过 2700 万，他们往往拥有一定的资金和技术，在开发西部、繁荣美国的历程中做出了不可磨灭的贡献。

第三，重视环境保护和科技的运用。随着西部矿产的开发和农业的发展，环境保护问题日益突出。特别是在 19 世纪 70 年代以后，由于铁路的扩展以及随之而来定居者的增加，土地破坏比较严重。因此，这一时期美国政府对土地政策做出调整，开始注重环境保护，特别是重视水土的保持和植被的保护。1873 年美国政府颁布了《育林法》，准许宅地获得者再分到 160 英亩树木较少的土地，条件是必须四年内在其中的 40 英亩土地上植树。1877 年的《沙荒地法令》规定，凡能以每英亩 2.5 美元的价格及时支付现金并应允在三年内灌溉土地者，即可获得 640 英亩土地。1888 年，国会进行了农业灌溉情况的调查，1894 年通过了《凯里法》拨给各州 100 万亩的公地从事水利工程建设，并允许私人参与经营灌溉事业，农户应按政府批准的价格，分期缴纳应摊负的费用。1902 年，联邦政府颁布《新垦荒法》，规定在西部 17 个急需灌溉的州建立工程基金，使水利事业兴建所需财源得到增加。与此同时，美国政府也十分重视运用科技成果保护自然资源。如在供水方面，生产出风车，并利用风力从井中吸水灌溉。

第四，重视东西部工矿业的均衡发展。在这一时期的西进运动中，美国西部的工矿业得到了很大的发展。19 世纪 50 年代，加利福尼亚发现了金矿，引起了矿山开发热。随着阿巴拉契亚山地区石油和烟煤矿产资源以及苏必利尔矿山的优良铁矿资源的发现，大湖平原地区的采矿业迅速发展起来，并在此基础上，又将这一地区建成美国新的石油工业、钢铁工业和汽车工业基地。1910 年，美国西部的工业产值大大超过了农业，工业开发成为西部开发的主体，从而实现了以农业为主向以工业为主的转变。1860—1913 年，美国西部的纺织业增长了约 6 倍，钢铁工业和煤炭工业增长了几十倍。与此同时，中西部小型城市迅速崛起，它们接近广阔的原料、销售和劳动力市场，形成了诸如啤酒城、纺织城、金镇、银镇、煤镇等专业性的小城镇，而且原有城市也逐渐由商业性城市向以大机器工业为基础的工业城市过渡。然而，在美国西进运动过程中，经济发展和城市化也呈现出极大的不均衡。如在城市化过程中，1890 年，全国城市人口的一半集中在北部大西洋沿岸各州，只有 7.7%的人口居住在南部大西洋沿岸诸州地带。1900 年，北部大西洋沿岸各州 10 个居民中有 6 个居住在城市；在中西部，每 10 个居民中只有 3 个居住在城市。所以，一直到二战以前，西部经济仍落后于东部老工业区。

1930 年以后，罗斯福总统实施“新政”，美国政府开始注重东西部工矿业的平衡发展。美国政府加强了对西部的国家投入，建立了专门机构负责统一规划管理贫困落后地区的发展工作，建设大型水电工程，增加贷款与财政补贴，进行流域综合治理，促进经济与社会协调发展；对西部实行各种优惠政策，努力改善投资环境；在西部建立军工企业，发展新兴工业和高技术工业，改变经济结构，使美国经济重心逐步西移，东西部经济发展逐渐趋于平衡。

（三）以高新技术为主的深度开发期

从二战结束到现在是美国西进运动的第三个时期，主要是以科技开发为主的深度开发时期。二战结束以后，美国率先发生了以计算机网络技术、原子能技术、生物技术和空间技术为重要标志的第三次科技革命。美国西部充分利用其在科技革命策源地的地理优势，以科技开发为主体，运用先进的技术改造传统产业，发展新兴产业，极大地促进了美国西部地区的开发和美国整个经济的繁荣，有力地支持了美国知识经济的发展。这一时期美国政府的主要政策措施有：

第一，利用风险投资机制，建立高科技园区。20 世纪 30 年代，美国的科技革命发端于斯坦福大学及其周围地区，60 年代成为高新技术的核心，在加州建立了举世瞩目的“硅谷”。为了进一步促进高新技术创新及成果的运用，美国政府鼓励充分利用风险投资机制，建立高新科技园区。自 60 年代在加州的圣何塞市建立硅谷高科技园区以后，美国在西部以至全国建立了十几个类似的高科技园区。这些园区对工业创新和科研成果的孵化，对美国西部甚至整个美国经济和科技的发展起到了极为重要的作用，不仅利用高新技术改造了传统工业，而且出现了许多新兴工业部门。高分子材料工业、原子能工业、电子计算机工业、半导体工业、宇航工业和激光工业等一大批新兴的工业在西部崛起，使美国的产业结构得到调整，成为美国西部深度开发获得成功的典范。

第二，利用区域经济管理政策，促进西部开发。美国政府为了促进地区经济的平衡发展，这一时期颁布了许多区域性经济管理政策，从而对美国西部的开发起到了积极的作用。1961年颁布了《地区再开发法》，为此在商务部下设立了地区再开发管理局。1965年颁布了《公共工程和经济开发法》、《阿巴拉契亚区域开发法》，拨款11亿美元用于建设公路、医疗中心和开发当地资源等，并相应地分别成立了经济开发署和阿巴拉契亚区域委员会。1977年，美国国会又通过了《社区再投资法》，鼓励银行和储蓄贷款机构向其所在地区，特别是低收入者提供贷款，有关监督机构则专门对相关金融机构的执法情况进行定期评估。同时，在美国产业布局的西移过程中，政府加大了对西部地区的财政支持，并鼓励企业迁移到西南部的阳光地带。如在1971—1998年联邦政府对各州和地方政府的财政赠款中，由17.8亿美元增加到91.88亿美元，共增加了4.16倍。

第三，利用市场的力量，促进落后地区的经济发展。美国政府十分提倡“运用市场力量开发落后地区”。美国西进运动一开始就是在市场经济的框架下展开的，在市场经济的作用下，经过长期的发展，实现了美国东部与西部经济发展的一体化。特别是现在，市场的作用更是不可替代的。在克林顿政府期间，始终把发展美国落后地区的任务留给了私人部门。1997年7月，克林顿专门走访了一些相对落后的地区，宣传他的旨在引导私人部门向美国最贫穷地区进行投资的“新市场倡议”。该倡议的主要内容包括：筹集约60亿美元的股本，以便向社区开发银行、风险基金和其他开发机构的投资提供25%的减税；政府为私人投资提供贷款担保，以鼓励大中型企业迁移到落后地区；设立“新市场风险资本公司”支持中小企业的发展等等。白宫全国经济委员会主席斯珀林说，“新市场倡议”不是慈善计划，其原则是鼓励公司在其后院尚未开发的市场上寻求利润。

美国的西进运动是在自由市场经济和领土扩张的背景下，以大规模人口迁移为基础，以交通运输业为先导，以农牧业为主要产业指向，以增长中心带动区域开发的社会经济发展过程。美国西进运动的结果，完成了美国东西部地区之间政治经济的一体化，促进了资本主义工业化的发展，促成了美国近代农业革命、工业革命和知识革命，培育了美国人民的拓荒精神。特别是美国在西部大开发中所体现出的不畏艰苦、不怕牺牲、意气风发、不断寻找新的土地、新的财富的牛仔精神、边疆精神，后来成为美国人一往无前、豪迈乐观、勇于开拓、探索不止的整个民族的精神。总之，美国通过西进运动，在200多年中开发了数百万平方公里的土地，并在这些土地上建立起了现代化的农业、畜牧业、工业，这对使美国成长为世界上头号经济强国产生了决定性的影响。可以说，没有西进运动，也就没有今天的美国。

二、苏联时期的西伯利亚开发政策

苏联的东部地区是指乌拉尔山以东至太平洋沿岸的辽阔地带。历史上这里是荒凉、冷酷、令人战栗的流放地，有"罪孽之地"之称。虽然以前的沙皇政府曾对东部进行过一些开发，但除了留下一条横贯西伯利亚的大铁路外，再没有什么其他值得书写的成就。在十月革命前，俄国的绝大部分工业都集中在其欧洲部分的几个地区，而广大东部地区的经济和文化仍然极为落后。十月革命胜利以后，国家百废待兴，同时还面临着西方列强的封锁与威胁。苏联为振兴经济，扩大战略纵深，开始实行东进战略。苏联的东进是逐步展开的，由"近东"的乌拉尔地区到西伯利亚与中亚地区，再到东西伯利亚和远东地区，从欧洲部分开始，由近及远。这一进程大体可以分为以下几个阶段：

（一）卫国战争前的"生产力东移"（1917—1941年）

十月革命胜利以后，由于国内战争的破坏与受到国外的武装干涉，苏维埃政权在经济上处境极为困难，迫切需要恢复正常的国民经济生产与建设。1918年4月，列宁就提出按照"使工业接近原产地的原则，合理地配置俄国工业"①。此后不久，列宁又在《苏维尔政权的当前任务》一文中进一步发展了新的工业配置的思想，指出用最新技术来开采东部的极丰富的矿石、烯料、森林、水力等天然资源，"就能造成生产力空前发展的基础"②。列宁关于生产力配置的指示，尽管由于在20世纪20年代苏联主要忙于恢复被战争破坏的经济而未能实施，但在以后历次党代表大会的决议以及苏联编制发展国民经济的五年计划的指示中都得到了进一步的发展。

真正拉开苏联东进序幕的是苏联的"一五"计划和"二五"计划。当时苏联国民经济建设的主要任务是发展重工业。根据计划和国民经济发展的需要，这一时期加大向新区的推进，正式拉开了"生产力东移"的进程。

利用当地的工业基础和自然资源，建立、发展地方工业，从而使全苏联各地的工业得到较快的发展，东部地区的国民经济发展迅速：到1940年，

① 《列宁论工业化》，人民出版社1955年版，第80页。

② 《马克思主义经典著作选读》，人民出版社1999年版，第442页。

全苏联工业总产值较 1913 年增长 10.9 倍，而同时期的西伯利亚和远东地区增长了 13.5 倍，哈萨克斯坦增长了 21.2 倍，吉尔吉斯斯坦增长了 159 倍，塔吉克斯坦增长了 242 倍。

在充实和发展老工业基地的基础上，苏联积极向东部新区进军，开辟新的原料和动力基地。到卫国战争爆发前，在东部地区建立起了具有全国意义的专业化生产基地，如乌拉尔—西西伯利亚的全苏联第二冶金基地、哈萨克斯坦的全苏第三煤炭基地、乌拉尔—伏尔加河流域的全苏第二石油基地、乌拉尔—哈萨克斯坦—北高加索的有色冶金基地、乌拉尔—伏尔加河的机构工业中心。同时，还在东部地区建立了化学工业、森林工业、木材工业中心等。

随着战争威胁的逐渐临近，加速了“生产力东移”的进程：按照国防利益原则，调整了整个工业布局，在乌拉尔地区、伏尔加河地区分别建立了机械工业、石油工业、化学工业等战略工业的分部或分厂，并加强了工业的分散布局，建立起一批中小企业，加强了军事工业的建设与生产。

（二）卫国战争时的“生产力东移”（1941—1950 年）

战争因素进一步加快了“生产力东移”的步伐。德国法西斯进攻苏联不久，就占领了全苏联工业重要基地——乌克兰及苏联的欧洲中部地区，长期封锁了机械工业中心的列宁格勒（即彼得格勒），其他一些西部的工业基地也时刻受到威胁。因此，苏联仅在 1940 年的 8 月到 11 月间，就有 1300 家大企业撤退到苏联的东部地区，差不多所有的军事工厂和机器制造工厂，大部分的动力装备以及化学、制糖、造纸和其他生产部门的复杂机器，都转移到东部去了①。此外，战争期间新建的 4 万多个工业新工程也主要分布在东部地区。这一结果使东部地区的工业产量在战争期间有了巨大的增长，其中乌拉尔地区增长了 2.6 倍，西伯利亚增长了 1.8 倍，而军工生产的增长更是高达 4.6 倍。至此，苏联东进战略的意义已显现无遗，东部已成为名副其实的战略后方，是保证苏联战胜法西斯德国的最坚强的后盾。此外，战争期间东部经济的完好无损还为战后苏联经济的迅速恢复起了重大的作用。

由于卫国战争给苏联带来了巨大的损失，因此，战争结束后，尽快医治战争创伤是当时苏联面临的主要任务。当时苏联进行国民经济建设的重点是，集中一切力量，恢复遭到破坏的西部地区，尤其是乌克兰地区和“近

① 苏联科学院经济研究所编：《苏联社会主义经济（1917—1957）》，第 256 页。

东”地区,“生产力转移”的步伐暂时放缓。战后的一段时间内全苏联大约80%的投资都集中于西部欧洲地区和乌拉尔地区,其中64%投向了乌克兰地区,在东部的投资主要集中于加强燃料动力基地和冶金工业基地。总之,苏东地区经过列宁—斯大林时期的大开发,面貌已焕然一新,东部和西部经济的极端不平衡现象已得到消除。

(三)冷战时期的“生产力东移”(20世纪50年代至苏联解体)

赫鲁晓夫时期,苏联政府继续推行东进战略。1956年,苏共二十大在制定“六五”计划时指出:“必须进一步改进我国生产力的配置,对各经济区的经济实行正确的专业化和综合发展,加速开发苏联的特别是东部地区的自然资源。[①]”与斯大林只注重发展东部的工业不同,赫鲁晓夫在重视工业的同时也很重视东部的农业。为了更充分地利用西伯利亚的农业潜力,仅在1954年上半年就有4万人去了西伯利亚垦荒区。此外,苏联在1955—1956年间还向东部调去了20多万台拖拉机,此数约为向全国提供的农业机器总数的三分之一[②]。这一政策的收效是很明显的。1960年西伯利亚的小麦种植面积与产量比1950年分别增长了两倍和三倍[③]。直到今天,西伯利亚仍是俄罗斯重要的生产粮食的基地。

在勃列日涅夫时期,由于美苏争霸愈演愈烈以及中苏关系的恶化,苏联对东部地区的开发具有很强的备战色彩。主要表现在以下几个方面:

第一,扩建和改进东部的交通网。在铁路方面,一方面谋求依靠现有线路的复线化、电气化和内燃机牵引化以及信号装置的现代化等措施,以扩大线路的容量;另一方面,建设新线,以减轻列车运行密度大的路段的负荷。这其中最重要的是20世纪70年代铺设的贝加尔—阿穆尔大铁路,它是贯通东部通向太平洋沿岸的第二条大动脉,极大地缓解了东部的运输压力。此外,这一时期的公路运输、航空运输以及海运都有了很大的发展。

第二,通过奖励青年工人的迁入落户和复员军人的就地转业等措施,努力增加东部的人口。到1972年,西伯利亚的人口比1956年增长了25%,大大高于苏联全国人口的增长速度。

第三,为增加东部经济的科技含量,加大对苏联科学院西伯利亚分院的投入,使之逐渐发展成为一个科学城,即今日著名的新西伯利亚城。此

① 苏联科学院经济研究所编:《苏联社会主义经济(1971—1957)》,第468页。

② 陈之骅主编:《苏联史纲》,人民出版社1996年版,第96页。

③ [日]浅井勇:《开发西伯利亚的军事目的》,梁丁译,《外国哲学历史经济摘译》1975年第3期。

外，苏联每年还要从西部大专院校抽调万名毕业生分配到东部，又从东部抽调了大批干部和专家到西部和外国去培训、学习[①]。

第四，针对东部地区地广人稀气候恶劣的特点，并在总结过去新区开发经验教训的基础上，提出了"地域生产综合体"的概念，并将这一新的地域经济组织形式大量运用于东部开发的实践，先后在东部地区组建了西西伯利亚综合体体系（以燃料动力工业为主）、安加拉—叶尼塞综合体体系（以水电开发为主）、克拉斯诺亚尔斯克综合体（以燃料动力、矿产开采、森林资源为主）、萨彦综合体（以大耗电的有色冶金、黑色冶金为主）、南雅库特综合体（以煤炭开采、冶金为主）等。

戈尔巴乔夫上台后，对旧的体制进行了大规模的改革，提出了"新思维"，在"生产力转移"方面采取了一些新的举措。表现在以下几个方面：

第一，强调在远东地区经济发展的开放性。20 世纪 80 年代以前，苏联对东部地区的开发，更多的是作为苏联本国国民经济体系中一个组成部分来考虑的。确切地说，主要是注意东部地区经济与西部地区经济的联系，为西部地区工业基地提供资源，很少注意它的对外联系。戈尔巴乔夫上台以后，提出了东部地区，特别是远东地区经济发展的"新思维"，突出强调远东地区经济发展与亚太地区，尤其是东亚地区的联系。戈尔巴乔夫上台后一年多一点就亲临远东地区，发表了著名的关于苏联亚太地区和远东地区发展战略的讲话，提出要在远东地区建立一个积极参与苏联国内分工、积极参加与国际分工体系的"高效率的国际经济综合体"，"把优先发展远东地区放在重要地位"。

第二，通过发展边境贸易，补偿贸易、开办合资企业、建立自由经济区、引进外资和外国先进的技术设备、进行劳务输入等措施，解决东部开发中的资金、技术、劳动力不足的问题，强化与周边国家和地区的经济联系，改善东部地区经济结构，加速开发速度。

第三，加快东部地区生产综合体的结构调整。首先是改造传统的采掘工业，实现以开采原材料、燃料为主向制成品、半制成品为主的过渡。其次，调整投资方向，加强原材料加工和制成品的生产。再次，重视东部沿海资源的开发，以期建立起具有全苏联和国际意义的原材料基地。最后，建立科学密集的生产部门，以利于加工工业的产品打入太平洋地区国际市场。

---

① 何顺果：《大开发带动大发展》，《人民日报》，2000 年 3 月 18 日。

综观苏联对东部地区的开发，一个突出的特点就是开发完全按照计划经济的模式运行，即将开发项目完全纳入国家计划，项目的选择从属于国家总体战略目标，所用资金主要来自国家拨款，劳动力则靠有组织的分配。这一方式的优点是重点突出、运作有序，但其不足与缺点也是很明显的：首先，开发计划是由各部门具体负责实施的，因此在开发中本位主义严重，不同部门间的界限阻碍着广泛实现生产的专业化和协作。其次，开发计划由中央统一制定、实施，忽略了调动地方的自主性，使地方在开发中只能亦步亦趋，开发活动缺乏多样性和灵活性。再次，过分依赖重工业而轻工业发展缓慢，致使东部地区居民的生活一直不能得到很好的改善，从而也就无法吸引更多的移民投入到东部开发当中去。当然，尽管存在着上述不足，但总的来说，东部开发的成就和意义都是重大的，它不仅为苏联生产力的急速发展开辟了广阔的空间，同时也为苏联一度获得问鼎世界强国的实力奠定了坚实的基础。

三、其他国家的区域开发政策

（一）日本对经济落后地区的开发政策

综观战后日本区域政策的沿革历程，不难看出，在日本经济起飞和高速增长的前中期，其主要政策目标定位在经济效益。特别是 20 世纪五六十年代的区域政策，促进了三大都市圈的高度发展和太平洋沿岸带状工业地带的形成，为日本成为世界第二经济大国做出了极其重要的贡献。随着国内外经济环境的变化，20 世纪 70 年代以后，日本的区域政策目标由单纯的经济发展转向综合发展，即在工业发展的同时兼顾社会、文化、教育、科技、生活等的协调发展，并对防止环境污染和公害报以极大的关注。与区域政策的目标相适应，日本区域政策的实施方式经历了由“据点开发”、“项目开发”到“地方居住区开发”再到“网络式开发”的历程。简而言之，日本的区域开发战略是由保障重点地区优先发展的不平衡逐步向缩小地区差距的均衡发展战略转变。

日本区域发展采用不断选择重点地区集中开发的战略。日本在 20 世纪 60 年代初为了缓解原工业发达地区的过密问题，选择了其周边的“三湾一海”地区作为开发的重点，即《太平洋带状地区构想》，使日本的宏观工业布局向太平洋沿岸地区倾斜。这也就是所谓的“据点式的开发方式”。到 60 年代末，太平洋沿岸带状工业区已经成为世界上最重要的制造业中心。之后，日本的区域政策又转向“项目开发”、“地方居住区开发”以及“网络开发”，把开发的重点逐步向落后地区分散。

充分利用立法手段确保区域政策的连续性。日本的区域政策在其实施的几十年中，不仅在不同的阶段都制定了详细的发展规划，而且充分运用了立法手段以确保区域政策的连续性。自 1950 年颁布的《国土综合开发法》以来，有关区域发展的法规已经形成体系。按内容划分，主要包括产业布局、开发区建设、落后地区开发、城市规划、环境保护、资源利用等方面的法规。此外，日本在有关区域政策的法规中，一般都有明确的量化标准，可操作性较强。例如，1991 年的《活化过疏地区特别施法》，确定过疏地区应符合以下标准：在人口条件方面，1985 年的人口比 1960 年减少 25%以上，人口减少率在 20%以上等。在财力条件方面，1986—1988 年各年度财政力指数平均在 0.44 以下等。

增强财政转移支付的力度。在日本，财政转移支付分为国家让与税、国库支出金和国家下拨税三种。国家让与税是中央税收的一部分，按照一定标准和原则转移支付给地方政府，属于有条件转移支付。国库支出金是一种有条件补助，包括补助金、负担金、利息补贴金、扶植金和委托费等。国家下拨税是中央政府把某些税种收入的一部分下拨给地方自治团体，属于无条件转移支付。日本每年财政转移支付的金额约占中央政府财政收入的 50%。无条件转移支付按照地区的有关指标相对于全国平均值的指数计算一个综合指数，再根据综合指数的大小将地区分成若干等级，作为无条件转移支付的标准。有条件转移支付主要补助给落后地区用于基础设施建设。

实施“财政投融资”计划。此计划是以增强中央财政资金的使用效率为目的的。以中央财政资金为依托，通过邮政储蓄、各种保险和年金等形式广泛吸收社会资金，然后根据政府制定的经济发展计划，通过政府确认的公共金融机构，进行投资、贷款、认购债券和提供债券但保等金融活动。这一计划在促进地区经济发展方面的具体形式是建立地区开发金融制度，其直接目的是为了振兴特定地区的产业。投资、贷款的发放对象只限于特定地区的法人实体。日本地区开发金融的实施主体主要有北海道与东北地区开发公库和针对九州、四国、北陆等不发达地区的地方开发局。

对企业进行技术改造和技术革新。战后初期，日本企业的设备陈旧，技术落后，日本政府对企业的技术改造和技术革新采取了扶植措施，以便加速企业的现代化和技术进步。第一，在财政上给予补贴。科学技术厅、通产省、文部省等有关省厅均设有振兴企业研究开发补助金制度。第二，在税收方面，主要通过减免措施和加速折旧制度进行。第三，金融信贷资助。日本政府主要通过政策性金融机构向企业提供低息科技贷款。

加强基础设施建设，日本政府颁布的所有有关地域开发的法律法令中，几乎都对基础设施建设做出了专门规定，并明确规定对这方面的投资，给予资金保障，在税收和贷款上给予优惠。基础设施投资在日本的政府支出中占有大约40%～50%的比重。基础设施建设投资固然在日本政府的财政支出中占有相当大的比重，但财政支出并不是基础设施建设的唯一来源。政府除了自身投资以外，还大力鼓励私人企业和财团法人投资于此，这在日本政府颁布的各种法律、法令中清晰可见。

注重环境保护。保护环境要有一定的资金投入，在中国财政资金紧张的状况下，可借鉴日本的"补偿"政策。对于自然资源的开发，实行"谁开发谁保护"的政策；对于污染源的治理，实行"谁污染谁治理"的政策，把保护环境、治理污染的责任落实到每个企业和单位。除此之外，还做好了与环境投资相关的技术改造、综合利用、优化产业结构、调整产品结构、强化排污收费政策、植树造林等一系列工作。

（二）德国经济落后地区的开发政策

第二次世界大战后，原联邦德国在战后的废墟上开始恢复经济建设。由于种种原因，进入20世纪60年代以后，德国地区间的经济发展出现了不平衡。从理论上讲，德国是一个经济高度发达的国家，不存在绝对的贫困问题。但按其本国经济发展水平衡量，仍然存在着相对落后地区或相对不发达地区。这些地区是按照欧洲联盟的劳动力市场区域评价体系来确定的。德国共有51个劳动力区域市场（在这些区域中的人口占全德总人口的22%）被欧盟确定为受援地区，享受欧盟经济发展援助，占欧盟167个落后地区的30.5%。这些地区主要分布在原民主德国和原联邦德国的北部地区。为了协调区域间的发展，德国政府提出了"由集中建设转向整个区域开发"的区域发展战略，制订了"德国共同任务法"，其核心是促使资本和劳动力等向欠发达地区的转移，实现全国范围内区域经济的均衡发展。

加强基础设施建设，改善地区的投资环境。对落后地区的道路、供水、基础设施建设和售货员培训等，全部由联邦政府和欧洲联盟承担。社会发展方面，如医疗、教育等由国家制订计划，该计划本身就带有项目所需资金的80%，投资者只承担20%。联邦政府对中小型企业、新型产业、落后地区的基础设施建设和新兴环境课题的研究和运用，都采取了灵活多样的扶持政策。

实施财政平衡政策。财政平衡政策是联邦政府和各级地方政府之间通过平行拨款和垂直划拨的方法来平衡各州和各地方的财政力量，保障各地居民生活水平的相对平衡。平行拨款把全国的州及地方分为两类：一类是经济发达、财力雄厚的州和地区，这些州和地区有义务向其他的州和地区提供援助。另一类是相对落后或经济严重衰退的州和地区，它们可以从前面那些富裕的州和地区得到财政援助。通过实施平行拨款办法，使那些贫困和落后的州和地区的税收能力达到联邦各州平均水平的95%，从而为这些州和地区的发展提供保障。垂直拨款是指联邦政府给各州，以及州政府给各地区的拨款，分为一般性拨款和专项拨款。一般性拨款是向税收能力弱的地方政府提供财力补充。专项拨款是指有特定用途的款项，由州政府提供。垂直拨款对地方财政有重大影响，拨款额相当于地方收入的30%。在财政平衡政策的作用下，原来一些落后的地区逐渐赶上了全国发展水平，并涌现了一批新兴的工业园区。

对落后地区实施财政优惠政策。第一，德国政府为吸引资本、劳动力等向落后地区转移，提供一定的投资补贴，还制定了相应的“投资补贴法”，对可享受补贴的地区及补贴标准进行了具体规定。第二，政府为鼓励中小企业在国家重点政策扶持的开发区投资，通过银行向在该区投资的中小企业提供低息贷款。第三，为了鼓励投资者向重点开发区投资，国家对这些投资企业的投资贷款提供担保，担保额可以占到投资总额的90%。第四，对落后地区的企业予以税收减免，对落后地区的地方税给予减让，来提高企业和地方的财力。第五，对一些特别开发区的新办企业实行优惠折旧，其目的是减轻企业的课税负担，扶持新建企业的发展。

采取优惠政策，支持落后地区企业的发展。德国政府在政策上对传统产业予以大力支持，采取各种政策及金融措施，推进传统产业区的改造，同时从立法、税收、财政、资金等多方面给予中小企业优惠政策，促进中小企业的发展。

德国政府的上述政策，在促进落后地区发展经济、增加人均国民收入、降低失业率等方面取得了成效，促进了区域经济发展的平衡，但同时也存在着一些不尽如人意的之处，如由于缺乏有效的监督机构，政策效益受到一定的影响；由于投资资助、财政、税收等方面的开支庞大，政府财政负担沉重等。

（三）法国经济落后地区的开发政策

法国国内的地区经济发展原本是很不平衡的，经济发达地区集中在北部地区，而南部地区则相对落后。半个世纪以来，法国政府为改革区域经济发展不平衡的状况，制订了一系列国土整治和区域开发计划，取得了一定的成效。

法国国土整治和区域开发政策的制订和实施，经历了一个从逐步完善到不断发展的过程。20 世纪 50 年代初期，政府提出了国土整治的最初设想，就产煤区等"危急区"的就业、限制巴黎过度扩展等问题采取了一系列措施。1955 年，法国政府决定，将全国划分为 22 个经济区，并从此开始了法国的国土整治行动。20 世纪 60 年代以来，政府有计划、有步骤地制定和实施了 22 个国土整治"指导方案"和 5 个区域经济发展"远景规划"，确定西部、西南部、中央高原和东北老工业区为"优先"整治区，并由此形成了一套比较完整的区域开发政策。同时，为确保整治方案和远景规划的顺利实施，中央还先后成立了专门的行政权力机构，如"国土整治全国委员会"、"国土整治与区域行动评议会"及"区域经济发展委员会"。法国的区域开发一方面强调国家干预，另一方面也注重扩大地方自主权，充分调动和发挥地方的积极性。为使国土整治及区域开发规划得以实施，法国政府采用了以下措施。

提供财政资助。采取补贴奖励制度和优惠的税收措施，建立各种开发基金和奖金，鼓励和促进区域开发计划的执行；通过补贴和减免税收等措施吸引投资向国家制定的开发区倾斜。

制定地区发展计划，签署国家与地区间的"计划合同"。建立专门机构来研究并提出远景规划，由国家和地方通过签署合同共同承担义务并负责有关规划与大型开发项目的实施。

实行权力下放。中央权力过分集中，限制了地方积极性的发挥，不利于地方经济的发展。法国政府决定将中央的一部分权力下放到地区和省一级，并建立了协商机构"地区经济发展委员会"，协调中央政府与地方的关系。地方负责地区计划的制订和实施，其行政、经济等方面的权限有了进一步的扩大。

法国政府制订和实施了上述一整套比较合理的国土整治和区域经济开发计划，取得了积极的效果，在西欧各国令人瞩目。与此同时，在政策的实施中也出现了一些问题，主要是财政负担过重，资金困难。由于法国的多项开发计划和政策都在补贴、奖金和税收方面给予了极大的优惠，政策实施的开支庞大，给财政造成沉重的负担，国家的财政赤字大幅增加。而赤字增加的后果是政府不得不紧缩经济，这又影响了政府区域开发计划的

实施效果，延缓了开发进程。

（四）意大利经济落后地区的开发政策

意大利南部一直是该国欠发达地区，这是指从亚平宁半岛西海岸以南30公里处与东海岸佩斯卡拉市连线以南的地区，包括西西里岛和撒丁岛。这一地区远离欧洲大陆市场，平原面积仅占总面积的12.3%，水力、矿产等自然资源相对贫乏。1950年，意大利政府根据其第646号法律提出了开发南方的全面方案，并成立了南方基金局（又称南方开发银行）。南方开发计划是意大利二战后实施的一项规模最大、期限最长的地区性经济计划，同时也是一项关系到意大利社会发展全局的战略计划。

数额巨大的财政支持。意大利南方开发计划所需的资金投入是巨大的。政府直接提供的资金起到了关键作用。1950年的第646号法律规定，意政府从马歇尔援助计划中拿出1万亿里拉专供南方基金局使用。这一数字相当于意大利当年国民收入的10%。按计划，1950年至1960年政府每年投入1000亿里拉。到1952年，修改了这个计划，将计划期限延长至12年，每年投入的资金增加到1250亿里拉。1971年，政府对南方基金局追加拨款3.125万亿里拉，1974年又再次追加到4.125万亿里拉。到1982年，政府实际用于南方开发的经费达94万多亿里拉①。

合理的资金分配与管理措施。意大利政府合理引导投资方向，注重投资效益，对政策性投入和援助资金进行规范运作和市场化配置。意大利南方基金局采取市场方法对政策投入和援助资金进行分配管理，将有限的资金投入到重要的基础设施以及能充分利用当地资源且具有较高科技含量和竞争优势的产业上，尽量降低国家投资成本。1953年，南方基金局创建和改组了意大利南方经济发展银行、西西里大区工业投资银行和撒丁工业信贷银行，专门为新建或扩建工业项目提供长期信贷。这些机构经营的业务虽然都是国家援助性的信贷项目，但它们对贷款的发放与管理都严格按照商业银行标准进行。符合条件的企业均可获得低息贷款、原料储备补贴和相当于其固定资产投资40%的赠款。

推行配套的税收、金融等政策。制定优惠的税收和金融政策，以吸引私人企业参与南方开发。1950年的第646号法律规定，在南方新开工厂，政府将提供70%以上的优惠贷款，并将在10年内免征其利润税，厂房建设

---

①　图拉尼：《意大利第二次经济奇迹》，黄永久、马景莲译，北京时事出版社1989年版，第20—30页。

补贴25%、购置机器设备补贴10%。如果从南方工业部门购置设备，补贴率则为20%。另外，政府还承诺为私营企业在南方新增投资提供必要的基础设施。在这些优惠政策的吸引下，菲亚特集团、蒙特爱迪生集团等大型私人企业纷纷落户南方，这些企业雄厚的资本和先进的技术给南方经济注入了新的活力。

加强对教育、科研的支持力度。成立了“南方职业培训和研究中心”，加强对南方和职业培训和研究，免费培训企业管理人员，提高企业的管理和技术水平。1976年以后，又在南部成立了各个层次的职业教育学校和大学，主要接收贫困地区和家庭的子女实行基础性教育。通过进一步制订的法律规定，将技术创新作为新的发展目标，并增加对南方科学技术研究的优惠和补贴。新建和扩建的研究所可以享受所需资金50%的投资补贴；直接为生产服务的新建研究机构可以享受相当于投资80%的补贴。

第三节　国内外区域开发政策经验借鉴的启示

实施西部大开发以来，西部地区在国家政策的扶持下已经得到了较快发展，并持续保持经济快速增长的良好趋势，地方财政收入大幅增加，固定资产投资保持快速增长，产业结构得到进一步调整。然而，西部地区政府仍需克服西部开发中区域政策工具单调和创新不足的问题。西部大开发政策调整必须立足于西部地区的发展现状，对西部大开发中出现的问题进行深入的研究和探讨，从西部地区发展、开发的历史角度出发，同时广泛借鉴世界范围内各国开发落后地区的经验。因此，总结国内外区域开发政策的经验教训，从中发现针对落后地区开发的共识，对新时期调整西部大开发政策具有重要的现实意义。

一、充分利用市场的力量

市场经济下的区域经济开发，最重要的就是要明确政府和市场之间的关系。二者之间定位明确、清晰、关系协调往往是开发成功的基础。通过对世界各国开发落后地区的做法进行观察可以看到，在发达国家开发落后地区的整个过程中，政府主要扮演了开发计划的启动者以及宏观环境的创造者和维护者，市场主要扮演开发计划向纵深发展的推动者以及有特色的区域经济的创造者。苏联的经验告诉我们，最高决策层及有关政策执行部门的高度充分的重视，是保障西部大开发战略有效实施的关键。其中政府的主要作用在于确定战略目标、建立法律和政治保障体系，提供配套的政策支持。如作为开发战略的制订者和主要实施者，各国政府为了顺利实施开发，一般都制订了相关法案和政策，成立了相关机构。各国政府都动用了各种资源和手段为落后地区提供资金支持，都很重视落后地区的产业结构调整。而市场的主要作用在于在有利的宏观环境中，使经济发展充满活力，使一些基础设施的经济效益和社会效益提高。

在西部大开发的初期，西部建设投资大部分是靠政府直接投资的，国家财政及国债项目在西部地区投资明显增加，但国内民间资金和外商投资并没有大规模地跟进，同时由于商业银行的战略调整以及受投资回报率的影响，导致中西部地区许多中小企业贷款十分困难，缺乏资本要素的支持。可见，西部大开发所需要的庞大资金很难完全由政府来承担。政府实际上也没有足够的能力来直接调动西部地区发展所需要的全部资金。所以政府应在直接投资的同时，转向注重西部地区软硬环境的改善，促使企业愿意到西部地区投资，即通过市场调节的方式引导外部资金进入西部地区。

二、给予地方政府广泛的自由处理权

中央权力过分集中，限制了地方积极性的发挥，不利于地方经济的发展。因此，法国政府决定将中央的一部分权力下放到地区和省一级，并建立了协商机构"地区经济发展委员会"，协调中央政府与地方的关系。地方负责地区计划的制订和实施，其行政、经济等方面的权限得到了扩大。韩国政府在第四个"国家物质发展综合计划(2000—2020 年)"，也提出要"结合地方特色创建有竞争力的区域"。它强调了地方之间的公平竞争，因为区域发展是由当地的创新和努力所决定的，它从本质上增强了地方生产能力和为区域发展制订计划和实施建立地方管理系统[①]。地方创新的一个可供选择的途径可能是自我选择：地方政府自己为发展进行优先安排，采取适当的措施为融资项目当地化提供资源[②]。

由于我国自然地理位置的差异，中西部和东部地区的区位差别明显，不仅表现为因远离海港而带来的对外贸易运输成本的逐渐提高，还表现为经济不发达而带来的人口规模小和市场分散化，表现为历史和传统所造成

---

① Kim, Young Woong: "Territorial Development Policy: Spatial Development", OECD-KOREA Workshop on Territorial Policies and Issues, March 8-9, 2000.

② China Daily: "More T Bonds Support West", April 11, Beijing.

的观念和制度上的差别，而区域政策工具却没有出现因地制宜的创新，仍然是沿用东南沿海地区开发中所采用的资金投入和政策倾斜。虽然政府希望通过政策导向作用来吸引资本和企业进入中西部地区，但中西部地区难以提供和东部沿海地区同样的机会。所以政府在区域开发中应注意根据不同的区域特色进行区域政策创新。地方政府比中央政府有更大的优势进行区域政策创新。因此，有必要给予地方政府范围广泛的自由处理权。从投资方向看，各国中央政府直接投资的重点主要是基础设施建设和环境保护；地方政府投资的重点则主要是自己的优势产业和有助于形成竞争力的基础产业，如教育产业。从时间上来看，各国中央政府在完成开发初期的各项基础性工作后，一方面要继续从政策上对落后地区给予必要的支持，另外一方面则要从具体的开发项目中退出。对基础性开发项目的利用与管理，对产业结构的具体调整，都是地方政府的任务。

三、加快落后地区国内外开放步伐

美国政府在西进运动的各个阶段都注重采取开放的政策来吸引国内外的优秀劳动力、技术和资金，促进美国西部的建设。苏联在“生产力东移”的过程中也不断强调东部地区经济开放的重要性。通过发展边境贸易、补偿贸易、开办合资企业、建立自由经济区、引进外资和外国先进的技术设备、进行劳务输入等。解决了开发中存在资金、技术、劳动力不足的问题，强化了与周边国家的经济联系，改善东部地区的经济结构，加速了开发速度。20 世纪 90 年代后，我国在推进的西部地区沿江、沿边和省会城市对外开放，东部省市与西部省区开展横向联合、技术协作及对口帮扶落后地区政策改变了西部地区封闭的状况，为西部地区的开发引进了国内外资金和技术。国内外开发落后地区成功的案例表明在今后的西部大开发中应加快西部地区的开放速度，进一步推动西部地区的发展。

四、以城市化带动落后地区发展

世界各国的开发落后地区的经验，特别是苏联和日本在区域开发时的成功表明，在开发过程中应选择重点地区集中开发，同时依托现有的城镇体系，调整和改造现有城市的功能，强化其辐射能力，加快城市化进程，培育、壮大增长极的规模与数量。我国西部地区包括 12 个省、自治区和直辖市，幅员辽阔，自然地理和人文社会的差异较大，不仅区域协调中存在困难，即使产业发展规划中也有很大的差异性。因而，如果区域政策无法集

中到具体特定的对象，执行特定政策，反而很可能会由于目标区域过大而削弱政策工具的影响。同时，由于我国中央政府的财政能力有限，在如此大的范围内执行区域政策，也会在财政转移支付和固定资产投资等区域发展支助过程中出现"瓶颈"现象。因而，有必要明确具体的政策对象，重点开发，形成区域经济增长极。需要注意的是，不仅在整个西部地区需要选择重点省区优先发展，在重点省区内也应当选择重点地区，以求最大限度地实现地域开发的优化。而西部省区的省会或首府城市自身经济规模还不是很大，对周围地区的辐射带动范围也就更加有限，因此，西部重点省区的开发在一段时期内应集中在省会或首府城市及其邻近的地区。

同时，苏联开发东部的经济实践表明，开发时一定要注意区域内部产业结构与社会功能的协调统一，注意与当地经济的协调发展。由此形成的地域生产综合体理论与西方增长极模式很相似，两者相结合表明发展城镇体系会带动西部地区的经济发展。城镇是现代经济的载体，是带动区域经济发展的增长极，可以说一个地区的经济发展如果没有作为增长极的城镇带动，便失去了动力。西部地区不少城镇是靠三线企业、资源开发发展起来的，结构单一，城市功能简单，辐射力和扩散能力较差，与当地经济脱节。因此，要加强对现有的城镇进行调整、改造，增强其经济辐射力和增长极作用，与当地经济发展相协调，加速西部地区的经济发展。同时，中国的西部地区加快城市化进程，吸收、消化农业转移的劳动力十分必要。应立足于当地的农林资源和能源矿产的开发，在广大的农村地区建设中小城镇体系，加强乡镇企业的环境建设以培育新的增长极。

五、利用立法手段确保区域政策的连续性

在世界各国区域开发中法律发挥了不可替代的作用，它保证了区域政策的连续性和稳定性。如英国的《特别区域法》、《工业布局法》、《地方就业法》等，日本的《新产业城市建设促进法》、《工业再配置法》、《国土综合开发法》等。当然也有因为法制不健全以致政策左右摇摆不定，贻误开发时机的。如苏联在"生产力东移"的 70 年间，虽然总体上战略方针没有大的变动，但因国内、国际形势的变迁，甚至领导人的更迭而出现的政策转移，就造成了巨大的、不必要的浪费。我国的西部大开发是一项长期而艰巨的任务，也是一个规模宏大的系统工程。但现在我国区域政策工具单一，可以说只有资金投资和政策优惠两种，然而这两种政策工具的稳定性和透明度都不高，难以让公众或投资商做合理的预期。所以要引进国外投资和建立

市场机制，就必须吸取苏联的教训、借鉴其他国家一些好的做法。通过立法以法律长期性、稳定性代替政策的临时性，建立和完善关于区域政策的立法工作来确保政策稳定、持续并得到顺利而有效的执行。

六、实施专业的国家区域政策管理

从德国、日本、英国等经济发达国家的区域发展实践来看，它们都设立了相应的区域政策管理和制定机构，而且是专业的职能部门对区域政策规划与实施负责。我国中央和地方政府有许多部门都涉及区域政策的制定和执行管理，但几乎无一部门是立法意义上的区域政策制定与管理机构。这种机构缺位的存在使区域政策效果的评价难以进行，而且在法律意义上也缺失了执行区域政策的责任机构。所以，中央政府应该调整我国有关区域政策的管理机构和行政职能，成立负责区域发展管理的综合性权威机构。其基本职能应包括负责具体区域划分、提出和审议各区域发展政策并对政策的执行结果负责、协调区域关系，特别是地方政府之间的区域发展利益。协调统一管理区域发展基金运作和组织研究各种重大区域问题等。

第六章

西部大开发政策需求的实证调查与分析

新一轮西部大开发的政策调整必须充分把握不同行为主体的实际需求，以政策需求作为制定西部大开发"十二五"规划的前提。因此，必须对政策需求进行理论架构的遴选与实证调查，从而更好地体现政策运用的针对性、有效性。根据需求所包含的内容及涉及的领域把西部开发政策需求分解为：财政税收政策需求、货币金融政策需求、资源产业政策需求、人才开发政策需求、公共服务政策需求五种类型。本章主要运用深度访谈的方法，初步确定了 36 条西部大开发政策需求框架，在此基础上采用 SPSS 16.0 统计软件包对实证调查的结果进行了数据处理与分析。

第一节　西部大开发政策需求的内涵与结构要素

完整的公共政策过程包括政策制定、政策执行、政策评估、政策调整以及政策的终结。政策需求的调查分析贯穿于政策过程的始终，是公共政策过程中民主参与原则的体现，可以使公共政策反映人民的要求和愿望。特别是在政策制定和政策调整阶段，政策需求的调查显得尤为重要。政策制定是一个复杂的活动过程，它由一系列功能活动或环节构成。政策制定过程包括了这样一些问题：政策来自何方？如何分清轻重缓急？问题怎样随时间变化？[①] 同时，政策调整也是政策方案的重新制定和执行的过程，或者更为准确地讲，是政策方案的局部修正、调整和完善的过程，可见无论是政策制定还是政策调整都涉及人们对政策问题的认识和界定、政策目标和政

① [美]S. S. 那格尔主编：《政策研究百科全书》，社会科学文献出版社 1990 年版，第 94 页。

策方案的生成等问题，这都需要对新的政策环境和变化了的政策需求进行调查。

在心理学中，需求是指人体内部一种不平衡的状态，是对维持发展生命所必需的客观条件的反应。而公共政策需求起源于一个公共政策问题。公共政策问题是指统治集团或社会大多数人感到现实中出现的某种情况与他们的利益、期望、价值和规范有相当严重的矛盾和冲突，进而通过团体或组织活动要求有关社会公共组织和政府采取行动加以解决，并被后者列入政策议程的社会公共问题。公共政策需求就是社会各阶层基于对社会公共问题的不满和认识，向政策制定者反映和表达的以促使政策制定者制定政策的愿望和政策要求。

一、西部大开发政策需求的基本内涵

我国西部大开发政策需求是指西部地区的各种行为主体（包括公民、政府、企业、高校、研究机构、金融机构及其他社会组织）基于对西部地区现实和存在问题的认识、基于对西部地区在我国西部大开发战略实施后所发生变化的认识，从社会公共利益出发，以实现西部地区发展为目标的，对改善西部地区面貌有重大意义的政策愿望及要求。

第一，在任何社会中，人们的需求是多样的，也是无限的。根据人们需求的性质和特点可分为公共需求和个人需求。前者是社会公众共同的也是需要社会来提供的需求，而后者则是人们自己个人的需求，具有自我满足的特征。西部大开发政策需求的出发点是社会公共利益，以实现西部地区的发展为目标和意愿。

第二，对于公共需求来说，并不是所有的需求都需要由政府或公共权力机关和组织来提供，有的需求可以由社会组织或市场来提供。根据人们需求的公益性程度及其需求满足中对政府的依赖程度的不同，又可以将人们的公共需求分为基本公共需求和非基本公共需求两大类。前者是政府必须承担和满足的公共需求，后者则可以通过政府以外的社会组织或市场来提供。当然，有相当多的需求具有混合的特征，在市场和社会提供的同时需要政府的支持和参与。[①] 一般来说，政府只是基本社会公共需求和服务的提供者，非基本社会公共需求和服务的倡导者，同时是整个社会公共需求和服务的规划者和管理者。从这个角度来说，西部大开发政策需求是以政府

---

① 胡家勇:《公共品供给分析》,《中南财经大学学报》1996 年第 2 期。

作为政策提供者的，需求内容包括提供基本公共需求的政策，以及倡导非基本公共需求的政策。

第三，满足基本公共需求和倡导非基本公共需求的政策可以是中央政府制定的也可以是地方政府制定。西部大开发作为一项规模宏大的系统工程，目的是为了从根本上改变西部地区相对落后的面貌，显著缩小地区发展差距，努力建成一个经济繁荣、社会进步、生活安定、民族团结、山川秀美、人民富裕的新西部。这不仅仅是西部地区的西部大开发，而且关系到我国区域经济发展的战略布局，关系到和谐社会的建设，关系到全面实现现代化。因此，西部开发政策的需求主要立足于国家政策的需求层面，当然并不排除地方政府政策的需求，而且在市场环境下更应该扩大地方政府的自主权。

第四，西部大开发政策需求的内容具有综合性和秩序性。作为需求，它不是某一单项政策需求的概括，而是由若干种政策需求综合而成的。这些政策需求表达了一种政策愿望，若有供给，各种政策就会相互作用、相互影响和相互促进，形成一个系统。但作为需求，它们本身又有着“轻重缓急”，可随着社会发展条件的充足依次得到满足，但在当下各种资源有限的情况下，为达到资源的帕累托最优，对需求内容本身“轻重缓急”的认识是十分必要的。

二、西部大开发政策需求的结构要素

在政策科学研究中，不同类别的划分便于从不同的角度来考察各种政策，各有其意义。如从协调方式的角度出发，按照政策对社会和有关人们之间关系的影响不同，可以将公共政策划分为分配性政策、调节性政策、自我调节性政策和再分配性政策。从纵向的角度出发，按照政策空间层次的不同，可以将公共政策划分为总政策、基本政策和具体政策。从横向角度出发，按照政策所涉及的社会生活领域的不同，可以将公共政策划分为政治政策、经济政策、社会政策和文化政策。在此，借鉴政策科学对政策的分类方法，对西部开发的政策需求进行分类。从政策需求所包含的内容及涉及的领域不同出发，我们把西部大开政策需求初步分解为以下五种基本需求：财政税收政策需求、货币金融政策需求、资源产业政策需求、人才开发政策需求与公共服务政策需求。五种需求相互联系、相互影响、相互作用，共同构成了西部大开发的政策需求结构系统（如图 6-1 所示）。

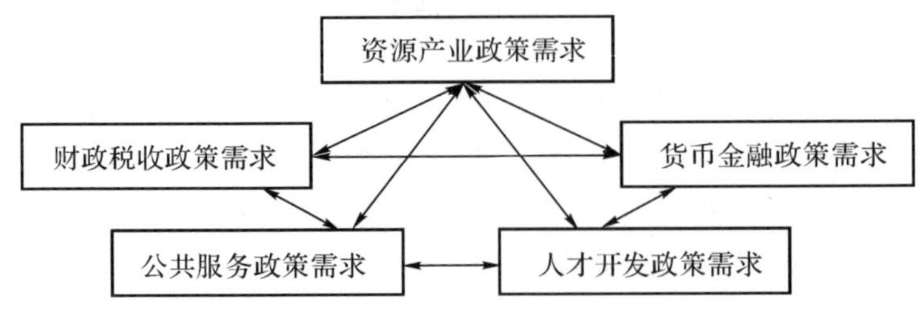

图 6-1 西部大开发政策需求结构系统

第二节 西部大开发政策需求体系的理论构建

在文献调研和专家访谈的基础上，课题组总结归纳出西部开发的第一轮政策需求，通过专家会议法，研究讨论修订了第一轮的政策需求，最终形成了包含六大政策需求类型共 36 个政策需求的西部开发政策需求体系。其中，“财政税收政策需求”类型中有 6 项政策需求，“货币金融政策需求”类型中有 7 项政策需求，“资源产业政策需求”类型中有 7 项政策需求，“人才开发政策需求”中有 5 项政策需求，“公共服务政策需求”类型中有 4 项政策需求，“其他战略配套措施政策需求”是单独列的，作为其他政策需求的补充，包括 7 项政策需求。

一、西部大开发政策需求的理论遴选

基于西部开发政策需求的内涵与结构分析，在文献调研的基础上，课题组对 20 位西部地区经济社会发展方面的专家进行了深度访谈，这些专家的研究涉及西部经济、社会、科技、教育、环境、医疗等诸多领域。通过深度访谈，我们收集了专家们对西部开发政策需求各方面的理解和建议。在总结归纳专家建议的基础上，从财政税收政策需求、货币金融政策需求、资源产业政策需求、人才开发政策需求与公共服务政策需求五个方面理论遴选了 32 个政策需求组成了西部开发政策需求体系。

(一)财政税收政策的需求内容

财税政策极大地促进了西部地区的基础设施的改善，保护和改善了西部地区的自然环境，促进了科技、教育、文化、卫生、体育、社会保障等社会事业的发展，改善了西部地区的投资环境，促进了非公有制经济的发展，同时使人民的生活水平整体上得到了提高。在新一轮的西部大开发战

略中，国家应继续发挥国家财税政策的作用，注重调节西部地区与其他地区财力及公共服务水平，促进资源在西部地区的优化配置，促进经济结构的调整和优化。现阶段，西部开发对财税政策的需求如表 6-1 所示。

表 6-1　西部大开发财政税收政策需求内容

西部大开发财政税收政策需求内容
1. 中央财政预算内资金在各地区投入的人均占有量，应呈现“西高、中中、东低”的格局。
2. 中央在西部财政投资的人均占有量，应超过全国平均水平的一定比例。
3. 中央对西部地区的税收返还系数提高到一定比例以上。
4. 调整中央与西部共享税分成比例，提高西部增值税分享比例至一定比例以上。
5. 国家发行的长期建设国债，保证一定比例(研究后制定)以上用于西部地区。
6. 发行西部开发专项国债，全部用于西部大开发。
7. 设立西部地区乡镇财政困难补助专项资金。

（二）货币金融政策的需求内容

许多理论研究认为，区域间经济发展水平的差异与中央银行高度统一、具有相对独立性的货币政策有关，呈现政策目标与实际效果的非一致性，降低了货币政策的有效性。对于如何解决我国区域经济发展不平衡与统一货币政策之间的矛盾，一种观点赞成货币政策区域化，认为目前我国货币政策存在的主要问题之一是全国“一刀切”式的统一货币政策难以满足一些地区的实际情况。因为我国区域经济发展有明显的差异性和不平衡性，各地经济结构和发达程度不同、供需状况不同、消费能力和需求特点、信贷投资环境等社会差距，降低了统一性货币政策的效果。另一种观点认为问题不在货币政策。我国货币政策地区传导的差异是不同地区经济发展水平差异的反映。对中西部地区实施差别利率、差别存款准备金是行不通的。解决货币政策传导差异根本在于改善中西部地区货币政策的运行环境，推进结构性改革，提高西部地区投资收益率。同时充分发挥政策性银行的作用，引导资金投向。上述观点各有可取之处。当然金融货币政策在促进西部地区发展问题上还有可发挥作用的地方。金融货币政策的调整应从西部地区各社会经济主体对它的需要出发，而不能局限于几种观点。西部开发金融货币政策需求如表 6-2所示。

表 6-2　西部大开发货币金融政策需求内容

1. 实行差别利率，用高于东部的存款利率吸引存款，用低于东部的贷款利率鼓励投资，高存低贷之差由中央财政补贴。
2. 放宽西部金融市场准入条件，建立各种产业发展基金和组建投资基金，吸收民间资本。
3. 放宽外资银行在西部的经营范围，并给予支持。
4. 加快投融资体制改革，提高金融机构的贷款效率，公平对待各种经济主体。
5. 放宽西部投资大、周期长的项目贷款条件并适时延长期限。
6. 利用现有国家三大政策性银行强化实施区域信贷优惠政策。
7. 实施西部企业申请发行股票、海外上市、设立基金、发行债券优惠政策。

（三）资源产业政策的需求内容

西部大开发中明确提出要高度重视西部特色经济、优势产业的培育和发展，强调对地区产业结构的调整，提出巩固农业基础地位、调整工业结构、发展特色旅游业等任务目标。西部地区在现有的政策支持下产业结构优化效果明显，但同时自身也不同程度地存在着某些问题。国内的相关研究表明：第一，第一产业总产值增长较快，但生产力水平还有待提高；第二，第二产业虽然增长速度加快，企业经济效益整体水平有所提高，但竞争力仍然不足；第三，第三产业总产值与东部地区相去甚远，且内部结构不尽合理，有待进一步提高。围绕着这些问题，本书认为，理论上我国西部大开发资源产业政策需求如表 6-3 所示。

表 6-3　西部大开发资源产业政策需求内容

1. 鼓励各省、自治区、市根据自身的比较优势，制定产业政策，引导产业分布。
2. 理顺资源性产品价格，建立反映市场供需、生产成本和环境成本的价格形成机制。
3. 调整加工工业的地区布局，引导能源消耗、资源加工和劳动密集产业向西部能源和原材料主产区转移。
4. 打破现行按照所有制差别的税收优惠方法，实行以产业差别为主的税收优惠政策。
5. 对西部地区重点支持的产业项目实行短期零税率。
6. 通过政府担保和财政贴息的办法，发行重点企业债券和财政担保券，用于重点项目的建设。
7. 为西部地区有发展前途的产业建立必要的中介担保机构，降低贷款门槛。
8. 在西部地区设立经济特区，如西安、成都等地，相关优惠政策应不低于深圳和浦东。

（四）人才开发政策的需求内容

西部地区丰富的自然资源与严重的人才匮乏矛盾与东部地区相比，有着巨大反差。西部大开发以来，西部地区人才开发工作和人才队伍建设得到了长足发展。但由于受主客观因素的影响，西部地区人才工作依然存在人才总量相对不足，队伍整体素质亟待提高，人才队伍难以稳定，经济社会发展所需要的应用开发型人才、高技能人才和服务于社会主义新农村建设的各类实用人才紧缺等困难和问题。无论是在人口文化程度上还是在专业技术人员占有量上，西部与东部都存在着较大差距。[①] 综合实力的竞争，归根结底是人才的竞争，西部大开发离不开智力支持。在深入贯彻落实科学发展观、全面建设小康社会的征程中，如何加快西部地区人才开发、更好地发挥人才资源的效率，是值得深思的重大问题。西部开发战略人才开发政策需求如表 6-4 所示。

表 6-4　西部大开发人才开发政策需求内容

1. 建立人才保护制度，为各种人才提供发挥才能及发展空间。
2. 设立西部大开发优秀人才奖，重奖西部大开发中做出贡献的优秀人才。
3. 设立西部人才教育基金，培养本地人才，形成自有人才资源。
4. 建立人才评价制度，把时间因素纳入人才评价中，依据评价结果奖励，鼓励长期为西部开发做贡献。
5. 建立西部人才引进基金，通过提高收入待遇等手段吸引急需人才。

（五）公共服务政策的需求内容

现阶段我国基本公共服务不均衡，且严重滞后于经济社会发展，公共服务需求和供给矛盾在不断扩大。[②] 与东部地区相比较，西部地区基本公共服务问题更为严峻。第一，在教育方面，东西部之间、西部城乡之间在设施、设备和人员配置上存在较大的差别。其中西部义务教育的不均等还表现在比较落后、偏远地区虽然减免学杂费，但师资力量、办学条件等仍需要政府有更大作为。第二，在医疗保健方面，区域差距表现在医疗费用和资源的分布上。西部地区由于资金匮乏，除了一些大城市的大医院外，乡镇卫生院的硬、软件条件都不到位，缺乏专业技术人员，甚至缺乏一些基本的手术器材，人民难以充分享受到医疗保障。第三，在社会保障方面，西部地区社会保障体制的覆盖范围窄、部分社会群体保障待遇水平较低，城乡社会保障体制分隔、缺乏衔接。现行社会保障制度存在城乡、地区、人群多重分割情况。第四，社会福利及社会救助方面。由于财力限制，西部地区社会福利和社会救助费不能随经济社会发展相应增加，导致社会救助和社会

① 赵亚贞：《论西部地区的人才开发战略》，《前沿》2004 年第 9 期。

② 朱庆芳：《从指标体系看构建和谐社会亟待解决的几个问题》，《中国经贸导刊》2005 年第 8 期。

服务保障范围狭窄、标准低。[①] 缩小地区差异应该把缩小"城乡、区域间公共服务、人均收入和生活水平的差距"作为西部开发战略的目标指向之一,政府的基本职能之一就是提供公共产品服务,政府可以通过转移支付、社会保障等公共财政工具,实现地区之间的均等化。西部开发公共服务均等化需求如表 6-5 所示。

表 6-5 西部大开发公共服务政策需求内容

1.东、中、西部各级教育,国家预算内学生人均教育经费应形成统一水平。
2.在旅游、娱乐、服务、烟酒等享受型消费中加收一定比例的教育附加费,全部用于西部贫困地区发展教育。
3.国家将西部的交通、电信、水利、防洪、教育、卫生、计划生育、环保、扶贫和社保等作为首选投资项目。
4.跨地区的能源、交通、通信等重大基础设施项目,以国家投资为主进行建设。
5.加快西部地区行政管理体制改革,提高政府服务效率,建设服务型政府。

二、西部大开发政策需求的体系构建

本书对前述西部开发战略政策需求进行了修订和完善,在此基础上在浙江省杭州市选择了 30 名西部大开发研究各领域的专家进行深度访谈。依据专家会议的咨询结果,课题组对西部大开发政策需求体系进行了如下修订与调整。第一,政策需求所涉及的范围十分广泛,内容异常丰富,表现形式也多种多样,固定或少数几类很难对西部大开发政策需求进行完美的分类。根据专家会议的意见,把西部大开发政策需求体系调整为财税政策类需求、货币金融政策类需求、资源产业政策类需求、公共服务类政策需求、人才开发政策类需求及其他战略配套政策类需求六类。第二,把财税政策需求中的"设立西部地区乡镇财政困难补助专项资金"、货币金融政策中的"加快投融资体制改革,提高金融机构的贷款效率,公平对待各种经济主体"、产业结构调整政策中的"在西部地区设立经济特区,如西安、成都等地,相关优惠政策应不低于深圳和浦东"调整至其他战略配套政策需求类型中。第三,增加"设立西部证券交易所及期货交易市场"政策需求至货币金融政策需求类型中。第四,增加了一些新的政策需求至其他战略配套政策需求类型中,并对部分政策需求的名称进行了适当的调整。

通过上述对西部大开发政策需求体系的修订和调整,西部大开发政策

---

① 张彬:《西部地区基本公共服务体系建设:差距、成因及对策》,《内蒙古大学学报》2007 年第 5 期。

需求体系由六大政策需求类型共 36 个政策需求构成。其中,“财政税收政策需求”类型中有 6 项政策需求,“货币金融政策需求”类型中有 7 项政策需求,“资源产业政策需求”类型中有 7 项政策需求,“人才开发政策需求”中有 5 项政策需求,“公共服务政策需求”类型中有 4 种政策需求,“其他战略配套措施政策需求”类型中有 7 项政策需求(如表 6-6 所示)。

表 6-6　西部大开发政策的需求体系类别与内容

西部大开发政策需求体系	财政税收政策需求	P1:中央财政预算内资金在各地区投入的人均占有量,应呈现“西高、中中、东低”的格局
		P2:中央在西部财政投资的人均占有量,应超过全国平均水平的一定比例
		P3:中央对西部地区的税收返还系数提高到一定比例以上
		P4:调整中央与西部共享税分成比例,提高西部增值税分享比例至一定比例以上
		P5:国家发行的长期建设国债,保证一定比例(研究后制定)以上用于西部地区
		P6:发行西部开发专项国债,全部用于西部大开发
	货币金融政策需求	P7:实行差别利率,用高于东部的存款利率吸引存款,用低于东部的贷款利率鼓励投资,高存低贷之差由中央财政补贴
		P8:利用现有国家三大政策性银行强化实施区域信贷优惠政策
		P9:放宽西部投资大、周期长的项目贷款条件并适时延长期限
		P10:放宽西部金融市场准入条件,建立各种产业发展基金和组建投资基金,吸收民间资本
		P11:放宽外资银行在西部的经营范围,并给以支持
		P12:设立西部证券交易所及期货交易市场
		P13:实施西部企业申请发行股票、海外上市、设立基金、发行债券优惠政策
	资源产业政策需求	P14:鼓励各省、自治区、市根据自身的比较优势,制定产业政策,引导产业分布
		P15:调整加工工业的地区布局,引导能源消耗、资源加工和劳动密集产业向西部能源和原材料主产区转移
		P16:理顺资源性产品价格,建立反映市场供需、生产成本和环境成本的价格形成机制
		P17:对西部地区重点支持的产业项目实行短期零税率
		P18:打破现行按照所有制差别的税收优惠方法,实行以产业差别为主的税收优惠政策
		P19:为西部地区有发展前途的产业建立必要的中介担保机构,降低贷款门槛
		P20:通过政府担保和财政贴息的办法,发行重点企业债券和财政担保券,用于重点产业项目的建设
	公共服务政策需求	P21:国家将西部的交通、电信、水利、防洪、教育、卫生、计划生育、环保和扶贫等作为首选投资项目
		P22:跨地区的能源、交通、通信等重大基础设施项目,以国家投资为主进行建设
		P23:东、中、西部各级教育,学生国家预算内人均教育经费应形成统一水平
		P24:在旅游、娱乐、服务、烟酒等享受型消费中加收一定比例的教育附加费,全部用于西部贫困地区发展教育

续表

西部大开发政策需求体系	人才开发政策需求	P25:设立西部人才教育基金,培养本地人才,形成自有人才资源
		P26:建立西部人才引进基金,通过提高收入待遇等手段吸引急需人才
		P27:建立人才评价制度,把时间因素纳入人才评价中,依据评价结果奖励,鼓励长期为西部开发做贡献
		P28:建立人才保护制度,为各种人才提供发挥才能及发展空间
		P29:设立西部大开发优秀人才奖,重奖西部大开发中做出贡献的优秀人才
	其他战略配套措施政策需求	P30:在西部地区设立经济特区,如西安、成都等地,相关优惠政策应不低于深圳和浦东
		P31:成立西部开发银行,专为西部发展提供政策性资金支持
		P32:加快投融资体制改革,提高金融机构的贷款效率,公平对待各种经济主体
		P33:加快西部地区行政管理体制改革,提高政府服务效率,建设服务型政府
		P34:设立西部地区乡镇财政困难补助专项资金
		P35:制定《中华人民共和国西部开发法》
		P36:借鉴世界各国区域开发经验制定西部大开发政策,如美国拉斯维加斯开发经验

第三节　西部大开发政策需求的实证筛选与分析

西部大开发政策需求体系是根据西部开发政策需求的内涵和结构要素,并由参加头脑风暴法的30位专家构建的,集中体现了专家们的专业知识和对我国西部大开发政策需求的判断,因而主观性较强,结果往往取决于专家的专业知识和实际经验,各专家的分歧比较大。因此很有必要对西部开发政策需求体系再进行实证调查,利用科学的方法对我国西部开发政策需求实证调查得到的数据进行分析和研究。

一、西部大开发政策需求的实证调查

为对西部开发政策需求进行实证调查,首先,我们把西部开发政策需求体系制成专家咨询表,专家咨询表采用Likert七点量表的形式:1表示很不需要此政策,2表示不需要此政策,3表示不太需要此政策,4表示此政策可有可无,5表示有些需要此政策,6表示需要此政策,7表示很需要此政策。其次,从西部的重庆、四川、贵州、云南、西藏、陕西、甘肃、青海、宁夏、新疆、内蒙古、广西等12个省、自治区、直辖市中选择了200位专家,采用邮局邮寄、电子邮件和面对面访谈等多种形式将咨询表发送给专家,请专家依据当地实际开发情况和自己的知识与经验从中做出选择。这些专家来自于

经济、社会、教育、科技、环境保护和医疗卫生等多个专业领域。有的长期致力于西部大开发的理论研究，具有较高的理论造诣；有的长期投身于西部大开发的实践工作，具有丰富的实践经验。最后，我们共收回专家咨询表 153 份，其中有效专家咨询表 126 份，约占发放专家咨询表的 63%。

二、西部大开发政策需求的统计分析

深刻了解西部地区开发的政策需求，从而为西部地区经济社会发展制定符合当地实际需要的政策与策略。按照西部地区对各项政策的不同需求强度，梳理需求最为迫切的政策，从而提供现阶段西部地区最为需要的政策。分析西部大开发政策需求中各种政策类型的需求差异，可以发现现阶段西部地区最需要的政策类型；分析西部各省市对西部大开发中政策需求的差异，可掌握地区之间的不同需求特点，制定出符合西部各省市需要的政策。为了进一步探索西部大开发政策需求的偏好，我们对西部大开发政策需求进行了排序，对各种类型政策需求之间进行了方差分析，在此基础上总结分析了西部各省市的政策需求类型特点。

（一）西部大开发政策需求的基本状况

表 6-7 表明了西部地区对西部大开发政策需求的偏好状况，调查研究发现，理论上构建的西部大开发 36 项政策需求有 35 项的均值达到了 5 级以上，即达到了“有些需要此政策”程度以上；15 项政策需求达到了 6 级以上，即达到了“需要此政策”程度以上。可见，西部地区对西部大开发政策需求体系中的政策需求程度是非常高的。

表 6-7　西部大开发各项政策需求程度排序

西部大开发政策需求内容	均值	标准差	排序
R2：中央在西部财政投资的人均占有量，应超过全国平均水平的一定比例	6.3571	0.95887	1
R1：中央财政预算内资金在各地区投入的人均占有量，应呈现“西高、中中、东低”的格局	6.3333	1.08074	2
R3：中央对西部地区的税收返还系数提高到一定比例以上	6.2698	1.06142	3
R33：加快西部地区行政管理体制改革，提高政府服务效率	6.2460	0.95236	4
R25：设立西部人才教育基金，培养本地人才，形成自有人才资源	6.2460	0.90055	5
R26：建立西部人才引进基金，通过提高收入待遇等手段吸引急需人才	6.2460	0.90939	6
R4：调整中央与西部共享税分成比例，提高西部增值税分享比例至一定比例以上	6.1825	1.13420	7

续表

西部大开发政策需求内容	均值	标准差	排序
R14:鼓励各省、自治区、市根据自身的比较优势,制定产业政策,引导产业分布	6.1508	0.95555	8
R21:国家将西部的交通、电信、水利、防洪、教育、卫生、计划生育、环保和扶贫等作为首选投资项目	6.1270	1.05059	9
R28:建立人才保护制度,为各种人才提供发挥才能及发展空间	6.0952	1.09126	10
R27:建立人才评价制度,把时间因素纳入人才评价中,依据评价结果奖励,鼓励长期为西部开发做贡献	6.0952	1.03095	11
R29:设立西部大开发优秀人才奖,重奖西部大开发中做出贡献的优秀人才	6.0556	1.02999	12
R5:国家发行的长期建设国债,保证一定比例以上用于西部地区	6.0317	1.11668	13
R22:跨地区的能源、交通、通信等重大基础设施项目,以国家投资为主进行建设	6.0159	1.23925	14
R30:在西部地区设立经济特区,如西安、成都等地,相关优惠政策应不低于深圳和浦东	6.0000	1.27750	15
R32:加快投融资体制改革,提高金融机构的贷款效率,公平对待各种经济主体	5.9841	1.09533	16
R16:理顺资源性产品价格,建立反映市场供需、生产成本和环境成本的价格形成机制	5.9841	1.04295	17
R6:发行西部开发专项国债,全部用于西部大开发	5.9603	1.26112	18
R17:对西部地区重点支持的产业项目实行短期零税率	5.8889	1.10433	19
R10:放宽西部金融市场准入条件,建立各种产业发展基金和组建投资基金,吸收民间资本	5.8810	1.07783	20
R36:借鉴世界各国区域开发经验制定西部大开发政策,如美国拉斯维加斯开发经验	5.8810	1.24969	21
R23:东、中、西部各级教育,国家预算内人均教育经费应形成统一水平	5.8730	1.25847	22
R18:打破现行按照所有制差别的税收优惠方法,实行以产业差别为主的税收优惠政策	5.8492	0.98847	23
R34:设立西部地区乡镇财政困难补助专项资金	5.8333	1.19833	24
R8:利用现有国家三大政策性银行强化实施区域信贷优惠政策	5.8095	1.15734	25
R19:为西部地区有发展前途的产业建立中介担保机构,降低贷款门槛	5.7619	1.17595	26
R31:成立西部开发银行,专为西部发展提供政策性资金支持	5.7222	1.31842	27
R9:放宽西部投资大、周期长的项目贷款条件并适时延长期限	5.6508	1.20875	28
R24:在旅游、娱乐、服务、烟酒等享受型消费中加收一定比例的教育附加费,全部用于西部贫困地区发展教育	5.5794	1.43306	29
R11:放宽外资银行在西部的经营范围,并给以支持	5.5079	1.27591	30

续表

西部大开发政策需求内容	均值	标准差	排序
R20：通过政府担保和财政贴息的办法发行重点企业债券和财政担保券，用于重点项目的建设	5.4286	1.31105	31
R15：调整加工工业的地区布局，引导能源消耗、资源加工和劳动密集产业向西部能源和原材料主产区转移	5.3571	1.57208	32
R13：实施西部企业申请发行股票、海外上市、设立基金、发行债券	5.3095	1.37092	33
R35：制定《中华人民共和国西部开发法》	5.2381	1.71781	34
R12：设立西部证券交易所及期货交易市场	5.0317	1.39104	35
R7：实行差别利率，用高于东部的存款利率吸引存款，用低于东部的贷款利率鼓励投资，高存低贷之差由中央财政补贴	4.9921	1.66131	36

从表6-7中可以看出："中央在西部财政投资的人均占有量，应超过全国平均水平的一定比例"及"中央财政预算内资金在各地区投入的人均占有量，应呈西高、中中、东低的格局"这两项财政政策位居排行榜一、二位，足以表现出西部地区最渴望获得这些政策。加强西部地区的税收返还力度，调整中央与西部地区共享税分成比例，提高西部地方增值税分享比例，加快西部地区行政管理体制改革，提高政府服务效率，建立服务型政府，加强西部地区人才的培养和开发，建立健全西部人才开发制度等政策需求也是非常强烈的。

同时，调查结果与赞成"货币政策区域化"、认为目前"我国货币政策存在的主要问题之一是全国一刀切式的统一货币政策难以满足一些地区的实际情况"的观点不相符合，对"在西部实行差别利率，用高于东部的存款利率吸引存款，用低于东部的贷款利率鼓励投资，高存低贷之差由中央专项财政补贴"政策的需求并不像预测的那样强烈，且标准差较大，表明对于是否需要此政策存在着较大的分歧。此外，"通过政府担保和财政贴息的办法发行重点企业债券和财政担保券，用于重点项目的建设"、"调整加工工业的地区布局，引导能源消耗、资源加工和劳动密集产业向西部能源和原材料主产区转移"、"实施西部企业申请发行股票、海外上市、设立基金、发行债券优惠政策"、"制定《中华人民共和国西部开发法》"与"设立西部证券交易所及期货交易市场"五项政策需求程度虽然在5级以上，但标准差较大，存在着较大的分歧，仍需要进一步深入探讨。

调查研究比较清晰地反映了广大西部开发参与主体的政策需求状况，因此可以作为今后调整西部开发政策的依据，作为未来西部地区区域发展政策选择的方向和策略。

(二)西部开发政策需求的方差分析

西部开发政策需求方差分析的目的是为了发现西部地区对各类型政策的不同需求程度,即不同政策需求类型之间的差异。表 6-8 所示是反映各种类型政策需求的数据的方差齐次性检验结果。由于表中计算 Levene 统计量取值为 1.521,Sig 值为 0.213,大于 0.05,所以认为各组数据之间具有方差齐次性,可以做方差分析。

方差检验表明,Sig 为 0,取值小于 0.05,即假设不成立,认为各组数据的均值是有差异的,也就是说至少有一类西部开发政策需求和其他类型的需求之间存在着显著性的差异(如表 6-8 所示)。

表 6-8　西部大开发政策需求类型的方差分析表

政策需求均值	方差和	df	均方差	F	Sig
组　间	2.273	5	0.455	6.242	0.000
组　内	2.185	30	0.073		
总　体	4.458	35			

表 6-8 虽然表明了西部大开发各政策需求类型之间存在着显著性的差异,但仍不能确定任何其中两类政策需求之间的关系,因此需要进行政策需求之间的两两比较分析。研究进一步发现,货币金融类政策同其他任意 5 种政策类型比较其 Sig,取值都小于 0.05,所以认为其同其他 5 种类型的政策需求之间存在着显著性的差异;而财税政策需求与人才开发政策需求之间的 Sig 值不但大于 0.05,而且高达 0.8 之上(如表 6-9 所示)。由此可见,这两种类型的政策需求之间并没有显著性的差异。此外,公共服务均等化、产业结构调整、其他配套政策需求之间 Sig 值大于 0.05,可见也不存在显著性的差异。

通过上述西部地区对西部开发政策需求类型的分析,研究发现西部开发政策从其需求程度上可以划分为三个层次,第一个层次包括财政税收政策需求和人才开发政策需求;第二个层次包括资源产业政策需求、公共服务政策需求和其他配套政策需求;第三个层次为货币金融政策需求。图 6-2 所示是各类型政策需求间的均值比较线图。从图形上正好也可以印证表 6-9 的结论。通过观察图形可以发现三种政策需求程度十分明显。

表 6-9　西部大开发政策需求类型的多重检验

政策需求均值	(I)政策需求的类型	(J)政策需求的类型	均方差	标准误	Sig	置信区间	
						下界	上界
LSD	财政税收政策	货币金融政策	0.73447*	0.15013	0.000	0.4279	1.0411
		人才开发政策	0.04152	0.16340	0.801	−0.2922	0.3752
		资源产业政策	0.41475*	0.15013	0.010	0.1081	0.7214
		公共服务政策	0.29029	0.17419	0.106	−0.0655	0.6460
		其他配套措施	0.34559*	0.15013	0.028	0.0390	0.6522
	人才开发政策	财政税收政策	−0.73447*	0.15013	0.000	−1.0411	−0.4279
		人才开发政策	−0.69296*	0.15801	0.000	−1.0157	−0.3703
		资源产业政策	−0.31973*	0.14424	0.034	−0.6143	−0.0251
		公共服务政策	−0.44418*	0.16914	0.013	−0.7896	−0.0988
		其他配套措施	−0.38889*	0.14424	0.011	−0.6835	−0.0943
	货币金融政策	财政税收政策	−0.04152	0.16340	0.801	−0.3752	0.2922
		货币金融政策	0.69296*	0.15801	0.000	0.3703	1.0157
		资源产业政策	0.37323*	0.15801	0.025	0.0505	0.6959
		公共服务政策	0.24877	0.18102	0.180	−0.1209	0.6185
		其他配套措施	0.30407	0.15801	0.064	−0.0186	0.6268
	资源产业政策	财政税收政策	−0.41475*	0.15013	0.010	−0.7214	−0.1081
		货币金融政策	0.31973*	0.14424	0.034	0.0251	0.6143
		人才开发政策	−0.37323*	0.15801	0.025	−0.6959	−0.0505
		公共服务政策	−0.12445	0.16914	0.468	−0.4699	0.2210
		其他配套措施	−0.06916	0.14424	0.635	−0.3637	0.2254
	公共服务政策	财政税收政策	−0.29029	0.17419	0.106	−0.6460	0.0655
		货币金融政策	0.44418*	0.16914	0.013	0.0988	0.7896
		人才开发政策	−0.24877	0.18102	0.180	−0.6185	0.1209
		资源产业政策	0.12445	0.16914	0.468	−0.2210	0.4699
		其他配套措施	0.05530	0.16914	0.746	−0.2901	0.4007
	其他配套措施	财政税收政策	−0.34559*	0.15013	0.028	−0.6522	−0.0390
		货币金融政策	0.38889*	0.14424	0.011	0.0943	0.6835
		人才开发政策	−0.30407	0.15801	0.064	−0.6268	0.0186
		资源产业政策	0.06916	0.14424	0.635	−0.2254	0.3637
		公共服务政策	−0.05530	0.16914	0.746	−0.4007	0.2901

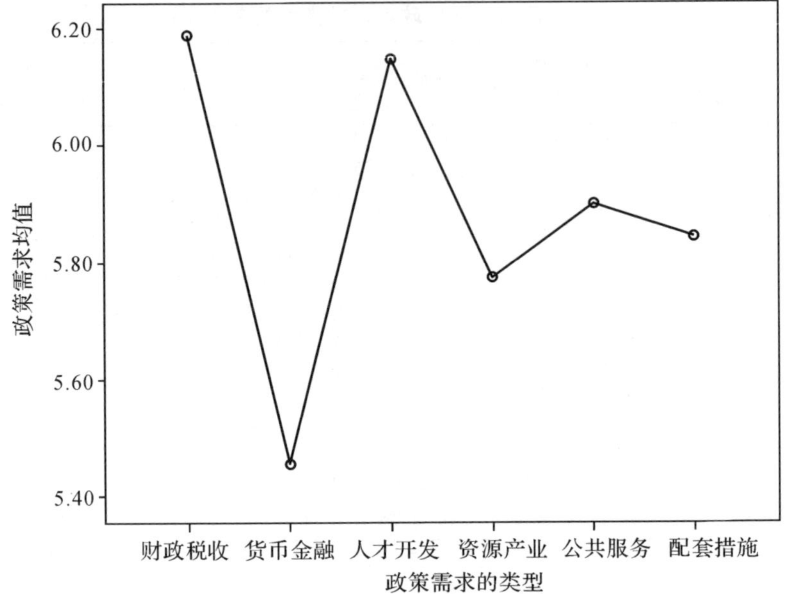

图 6-2　西部大开发各政策需求类型均值比较

(三)西部地区各省市政策需求维度分析

实施西部大开发以来,中央通过转移支付将发达地区的部分收入向西部转移,很大程度上缓解了区域差异扩大的速度。但是要根本解决中国经济发展中的地区差异问题,单靠中央政府的外部力量是不够的,西部地区还必须发挥自身的主观能动性,以科学发展观解决西部地区经济发展的实际问题。从理论上讲,在市场经济的条件下,中央政府和地方政府要进行明确、合理的权责划分。中央在加强宏观调控能力的同时,要逐步下放和转移中央的部分经济决策权,扩大地方政府的自主权,特别是在事关当地的区域政策制定和实施上。这是历史发展的大势所趋。地方政府应首先根据本地实际情况,制定自己的区域发展战略和规划,充分发挥地方政府的能动性和积极性。未来西部地区各省市区域发展的政策选择应重点结合当地的政策需求。为此,课题组研究制作了西部各省市政策需求维度雷达图,以反映西部各省市政策需求在各维度上的强度(见图 6-3～图 6-5)。

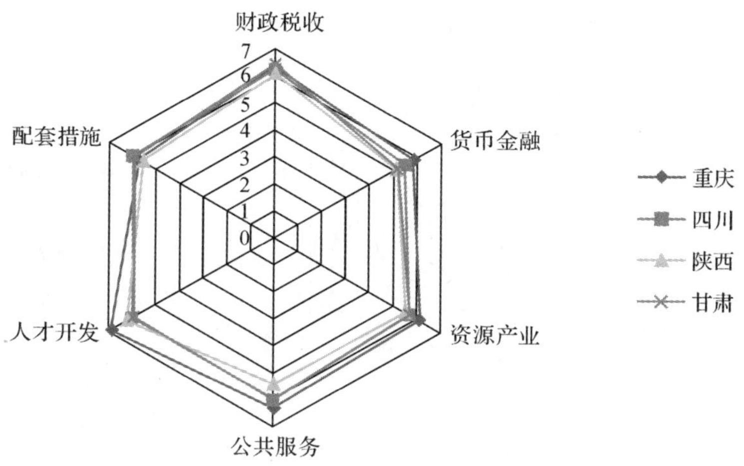

图 6-3　重庆、四川、陕西、甘肃政策需求维度雷达图

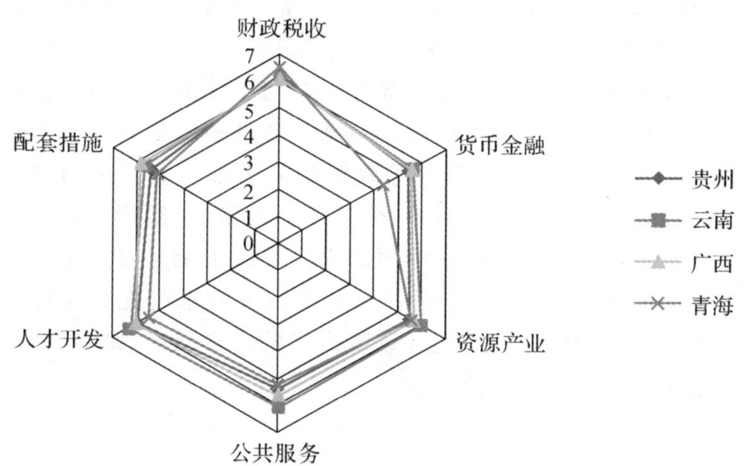

图 6-4　贵州、云南、广西、青海政策需求维度雷达图

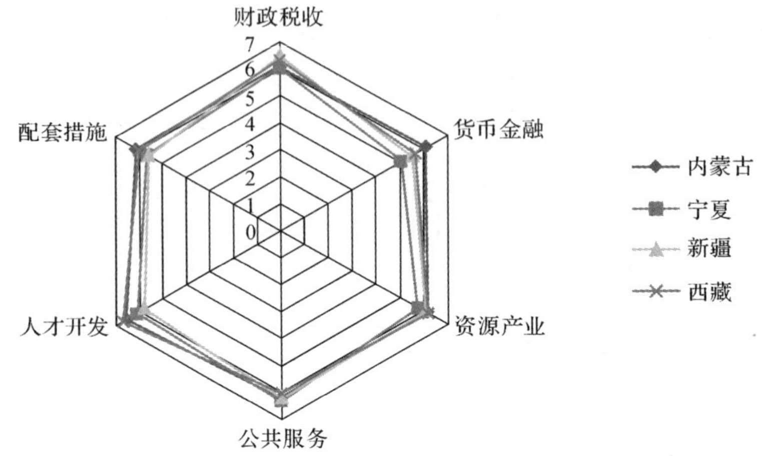

图 6-5 内蒙古、宁夏、新疆、西藏政策需求维度雷达图

通过对西部开发政策需求的实证调查、统计分析和研究可得出以下结论:我国广大西部地区对各类开发政策的需求总体来说非常强烈,反映出现行的西部政策没有较好地满足西部开发参与主体的需求,这也为实施新一轮西部大开发提出了挑战也创造了机遇。西部地区对财政税收、货币金融、资源产业、人才开发、公共服务等政策的需求都达到了很高的程度,依次为:财政税收政策、人才开发政策、公共服务政策、资源产业政策、货币金融政策。中央和地方政府在新一轮西部大开发政策调整过程中,更应充分关注西部地区不同行为主体、不同省市对于政策需求的先后次序,进而在资源有限的前提下把握好西部地区政策需求的三个层次,结合各地区的实际情况制定出切实可行的政策措施。

第七章

西部大开发政策的选择目标与优化调整

经过10年的西部大开发，西部地区的经济社会取得了长足的进展，但是西部和东、中部还存在着较大的差距，诸如经济增长速度差距不断扩大，经济总量差距不断拉大，人均生产总值差距明显，人均收入差距不断拉大。同时，西部地区的发展还面临着亟待解决的问题，西部地区的交通、水利、能源、通讯等基础设施薄弱，生态环境总体恶化趋势未得到有效控制，水资源短缺矛盾尖锐，教育、卫生、文化等社会事业严重滞后，人才不足、人才流失现象比较严重，社会资本进入西部地区增长缓慢，体制性障碍问题相当突出，自我发展能力严重不足。在新一轮的西部大开发战略调整的过程中，必须充分借鉴国内外开发落后地区的成功经验，设计合理的政策体系，突破制约西部地区经济社会发展的瓶颈。只有这样才能充分发挥西部地区特色和优势，使其实现快速的发展。

第一节　西部大开发政策选择的具体目标

当前，西部大开发已经进入到了一个新的阶段。2010年7月，西部大开发工作会议的召开为新一轮西部大开发战略的实施奠定了基础，这次会议提出了“西部地区综合经济实力上一个大台阶”、“居民生活水平和质量上一个大台阶”和“生态环境保护上一个大台阶”的总体要求。具体而言，在新的历史发展阶段，一方面要进一步落实科学发展观，不断完善交通等基础设施和生态环境的建设；另一方面要根据西部地区资源、产业等发展优势，大力推进区域特色优势产业的发展，改善投融资环境，扩大对外开放程度，进一步缩小区域发展差距，实现公共服务均等化，提高西部人民的生活水平。根据西部大开发工作会议精神和国家“十二五”规划的总体要求，未来西部地区开发的政策选择应朝向以下几个目标。

一、促进经济持续、稳定、健康的发展

从2004年开始，西部地区生产总值开始实现大幅度增加，从2004年的28603.48亿元增长到2008年的58257亿元，年均增长率25.9%，增幅明显加快。2008年，西部地区实现地区生产总值58257亿元，同比增长12.4%，增速高于各地区加总平均水平0.7个百分点，高于东部地区1.2个百分点。虽然东西部发展差距年均扩大的幅度已明显减少，但是西部大开发政策绩效表明，西部大开发战略在促进西部生态环境优化、基础设施改善、经济发展的同时并没有从根本上扭转东西部经济发展差距进一步扩大的趋势。因此，新一轮的西部大开发政策仍应将缩小东西部经济差距，提高西部地区人民的生活水平作为目标，以促进西部地区更快地发展，缩小其与东部地区的差距，改善西部地区人民的生活水平，逐渐实现全中国人民的小康生活，最终实现全社会的共同富裕。

二、提高基础设施建设和生态环境水平

加快基础设施建设是促进西部地区经济社会持续发展、不断增强对外开放广度和深度的先决条件。它拓展了西部地区资源、矿产、农业、旅游等优势产业的市场空间，提高了产业竞争力，助推了西部经济社会发展。但是，西部地区的基础设施投资占全国基础设施投资的比重仍然比较低，基本与中部地区一致，仍然远低于东部地区。基础设施投资的空间分布很不平衡，西部地区中经济发达程度高、地理区位优越的地区所占的基础设施投资比重大，这和基础设施建设的本意正好相反。因此，新一轮的西部大开发政策，应进一步提高基础设施建设的水平，加大对西部基础设施包括公路、铁路、通信、电力、自来水等在内的投入力度，协调基础设施在空间上的合理分布，以促进西部地区的全面发展。与此同时，西部也应该搞好城乡基础设施建设的统筹规划和科学决策，并加大对基础设施建设的监管力度。

三、优化产业结构、发展特色优势产业

西部地区产业结构与过去相比有了较为明显的优化，不过与全国平均水平或东部地区相比还有较为明显的差距。第一产业所占的比重仍然相

对较大，与东部地区相比仍有一定的差距，但这种差距较西部大开发前有所缩小。第二产业比重相对较小，工业化程度较低，与全国平均水平相比有一定的差距，且这种差距有扩大的趋势。第三产业增加值所占的比重仍低于全国平均水平，与东部地区的差距尽管在缩小，但没有消除。所以说，尽管西部地区的产业结构得到进一步优化，但是，西部地区整体尚处于工业化的初级阶段，有必要进一步加快产业结构战略性调整的步伐。

在发展本地特色优势产业时，由于过多强调依赖本地资源和现有产业格局等原因，导致比较严重的产业发展选择雷同和盲目、重复建设问题，以致完全依靠外延扩大再生产来达到发展经济目标，而忽视了经济效益的提高；不计成本的高消耗，也造成了资源的极大浪费，导致生态环境恶化；经济增长重铺摊子，不重视技术进步、设备更新，导致产品质量差，无质量、价格优势，难以适应市场经济竞争环境。为此，应尽可能优先发展具有市场竞争力的优势产业，形成特色经济。鼓励生产经营的合理集中，实现规模经济效应，切实解决“大而全”、“小而全”和重复建设的问题。在产业重点领域上，重点支持具有优势的现代畜牧业及畜产品加工、特色农业及农产品精深加工、能矿资源开发及深度加工、特色轻纺工业、中医药、特色装备制造业、高新技术产业、旅游业等产业的发展。在产业空间布局上，要依托主要交通干线和中心城市，以高新区、开发区和工业园区为重点，实行重点开发，逐步在西部形成一批具有规模效应和市场竞争力的特色产业带、工业走廊和特色产业基地。

四、优化投融资环境、扩大对外开放程度

我国政府通过金融信贷政策、民间资金引导政策、外商投资引导政策、税收优惠政策、土地使用优惠政策等，不断改善西部地区的投融资环境。一系列政策的出台，为西部大开发战略的实施提供了强有力的支撑。然而，这一系列政策却缺乏规范的制度基础支持，而制度环境是影响投资环境好坏的一个基本因素，是影响外商企业和民营企业投资的一个潜变量。在西部一些市场开放程度还比较落后的省份，政策决策主体与执行主体的职责范围缺乏规范的具体立法的界定，政策程序不清楚，政策作用对象范围过大，政策目标不明确，诸如甘肃、新疆、青海、贵州等，政府官员的服务意识较差、环境质量较差、行政审批的效率低下以及政策法规的不透明、连续性差、执行力不够，这些弊病都极大地影响了投融资环境的健康发展，因此，加大投资软环境改善与创新地区经济活力并重，将成为新一轮西部大

开发关注的焦点。

目前，东西部地区经济技术合作与交流呈现出良好发展势头，有力地推动了西部大开发。据不完全统计，东西互动的领域可以涵盖到西部地区经济社会发展的各个方面，包括基础设施建设、生态建设、资源开发利用、特色农业发展、技术交流合作、人才培训、对外对内开放等领域。东部地区应积极组织企业参加“西洽会[①]”、“西博会[②]”、中国—东盟博览会等在西部地区举办的大型投资贸易洽谈活动，把优秀的企业、先进的理念、高端的技术、一流的人才、现代的管理引到西部去，为西部地区发展注入生机和活力。充分发挥市场配置资源的基础作用，加强和改善宏观调控，通过深化改革，扩大开放，进一步完善和落实西部大开放的政策措施。建立有效推进西部大开发的国家扶持机制、区域协调互动机制、企业发展激励机制、资源开发和管理机制、对外经济交流与合作机制、政府协调服务机制和规划实施协调机制，以扩大西部对外开放、优化投融资环境。

五、推进公共服务均等化、建设和谐西部

缩小地区差异应该把“缩小城乡区域间公共服务、人均收入和生活水平的差距”作为区域发展战略的目标指向之一。政府的基本职能之一就是提供公共产品服务。政府可以通过转移支付、社会保障等公共财政工具，实现地区之间的均等化，把公共财政配置的重点转到为全体人民提供均等化的基本公共服务上来。从财政资金转移支付政策来看，由于受到政府职能转变不到位、政府间权责不清晰、政府统计体系不完备、既得利益刚性等因素的制约，西部地区公共服务的发展水平与东部地区的差距仍然很大，导致了转移支付的总体结构偏离了公共服务均等化的初衷。

随着区域发展差距的扩大，公共服务不能适应当前西部发展的需要，一些始料未及的矛盾和问题开始凸显。值得关注的是，社会稳定和民族团结问题正以前所未有的压力出现在我们面前，各种有组织的、无组织的、非理性的、有理性的群体性事件频繁发生。特别是2008年的拉萨“3·14”事件和2009年的乌鲁木齐“7·5”事件，严重破坏了民族团结，扰乱了正常的社会秩序，影响了社会和谐与政治稳定，甚至在一定程度上影响到了我们党的执政基础。由此可见，维护社会稳定和民族团结，实现西部地区的长

① 中国东西部合作与投资贸易洽谈会。

② 中国西部国际博览会。

治久安，已成为当前西部地区经济社会发展中的重要任务，也是西部地区各级党委、政府和各族人民迫切希望解决的重大战略问题。这就要求在新一轮的西部大开发政策中必须把维护社会稳定、建设和谐西部、实现各民族共同繁荣发展作为核心目标。

因此，新一轮的西部大开发应坚持协调发展，推进公共服务均等化，更加重视利益分配的公平性，更加重视对弱势群体的保护，更加重视对少数民族经济社会发展的扶持，更加重视基层政权的建设，更加强调对中华民族认同感的教育和培养，更加重视与国外敌对分裂势力的斗争，共同建设和谐西部以实现各民族共同繁荣。

第二节　我国西部大开发政策的战略选择

从目前西部地区的发展现状来看，西部地区要基本实现现代化，不是短期内能够达到的，它至少需要四五十年甚至更长的时间。作为一个长期而又宏大、复杂的区域发展战略，其战略重心不可能一成不变，而应该随着经济社会和政策环境的变化而不断地变化。今后的十年是进一步实施西部大开发战略的关键时期，要有步骤、有重点地推进开发，力争使西部地区发展战略取得突破性的进展，为西部地区的长期繁荣稳定奠定坚实的基础。不断推进西部大开发是一个长期的重大战略，将贯穿于西部地区现代化建设的全过程。根据对西部大开发前 10 年政策实施绩效的评估，以及新时期西部大开发应实现的目标，未来很长一段时间西部地区发展战略应着重从以下几个方面做出调整。

一、培育区域经济增长极

（一）引导重点地区、重点城市的发展，培育区域经济增长极

由于西部地域非常广阔，各地区的自然条件和社会经济水平千差万别，因此在财力有限的条件下，西部大开发绝非是对西部所有区域齐头并进、平均使力，而应当是在不同时期，选择重点地区、重点领域培育增长极，通过发挥增长极的聚集和扩散效应，带动区域经济协调发展。根据“优化开发、重点开发、限制开发和禁止开发”的功能定位要求，从西部地区的实际情况出发，西部地区应当重点加强关中—天水经济区、成渝经济区和泛北部湾经济区的建设，努力形成经济增长极，大力发展两江新区，利用其集

聚和辐射作用，带动西北、西南两大区域发展，从而带动整个西部地区的整体推进。

（二）构建区域经济发展的合理格局

早在2000年《国务院关于实施西部大开发若干政策措施的通知》中就指出："实施西部大开发，要依托亚欧大陆桥、长江水道、西南出海通道等交通干线，发挥中心城市作用，以线串点，以点带面，有步骤、有重点地推进西部大开发。"然而，直至目前，西部地区并没有有效地落实国家制定的发展规划，至今还没有形成具有相当经济实力和规模的经济带。当前，中国三大经济增长极依次是：长江三角洲、珠江三角洲、环渤海经济区，东北地区也力争成为中国第四个经济增长极。从地理位置上看，这四大经济增长极都处在中国沿海地区，区域经济发展重心依然偏于沿海一边，致使大面积的西部地区仍然面临着严峻的形势。所以必须重视在西部地区培养新的区域经济增长极，努力构建区域经济协调发展的全国格局。否则，东西部地区差距会进一步拉大，不仅不利于西部大开发的继续推进，也将影响全国区域经济的协调发展。

（三）建设长江上游经济带

长江上游经济带东起重庆的万州，沿长江到重庆市区后分为两支：一支沿长江到宜宾，另一支沿成渝线和宝成线向北至成都和绵阳，而区域经济带的重点是成渝沿线。构成这一轴线的主要城市是重庆市区、万州区、涪陵区和四川的成都、绵阳、德阳等，其中重庆、成都发挥着中心城市的枢纽作用，支撑着整个川渝区域经济发展。因此，可以认定，长江上游经济带重点建设的是成渝经济区。成渝经济区是长江流域重要的区域板块，在中国实施的沿海、沿江的"T"字形国土开发战略中，可以与长江中下游特别是最发达的长江三角洲遥相呼应，在中国东中西互动的区域发展格局中发挥着重要的承接传递作用。从发展现状来看，在整个西部地区，成渝经济区是发展基础最好、发展水平最高的区域，在西部大开发中能够发挥出重要的支撑和带动作用。然而，由于行政体制的原因，成渝两大都市之间竞争大于合作，彼此的联系还不够强，而且两市无序竞争明显加剧，产品进入对方市场的门槛很高，严重阻碍了经济区的发展。成渝两大都市今后必须明确自己的发展定位和职能分工：一是要强化成渝两大都市之间的产业联系，建立起联动的发展机制。在广大的西南地区，这两个都市经济区都应建设成为西部开发的一级经济中心和技术创新中心，使之成为长江上游成

渝经济带的两大经济“增长极”，成为西南区域经济发展的“双引擎”，并且依靠成渝两大都市的产业、技术、人才、金融、信息、市场等优势，对周围地区进行辐射，带动区域经济协调发展。二是要从实际需要出发，下工夫打造成渝经济增长轴。成渝地区是西部地区人口与城镇最为密集的区域，也是西部地区工农业最为发达的地区，所以应当加快整合成渝地区，使成都、重庆两大增长极转化整合为一条巨大的增长轴，使之具有两个单增长极所不具有的功能。三是要积极培育和壮大二级和三级中心城市的规模和职能等级，构建以成渝两大都市为中心、各级中心城市相互联系和合作的中国西部最大的双核心城市群，形成西南地区的人口、产业、信息、科技和文化的集聚中心，成为中国西部最有经济实力和科技开发能力的战略支撑点。

二、构建城乡新型发展格局

构建以城带乡、城乡互动、融合发展的新型发展格局。城市是现代生产力的聚集中心。作为生产力发展、社会分工及生产关系变革的产物，它是衡量一个国家或地区经济社会发展水平的重要标志。一方面，城市是工业化和现代化的产物，并随工业化和现代化的发展而发展；另一方面，城市化又进一步促进工业化和现代化的进程。加快城市化进程是当今世界经济社会发展的共同规律。目前，西部地区正处于工业化与城市化加速发展的新阶段，西部地区经济社会发展中众多深层次问题和矛盾的解决将取决于城市化进程的推进。

在农村剩余劳动力转向第二产业和第三产业的过程中，城镇人口不断增加，大量农村人口在城乡之间流转，劳动力从传统部门向现代部门转移，劳动生产率也开始提升。这一过程中老城市的改造、拓展和新城镇的出现，加大了吸纳农村劳动力的能力。我国西部地区落后于东部地区的一个突出表现就是农业人口多，所占比重大，“三农”问题特别突出。西部地区加快城市化及城镇化发展的进程，有利于转移西部地区大量过剩的农业人口，以减轻农村人口对土地的压力，实现城乡平等，分配均衡，进而推进农村经济发展，促使农民转变观念，提升农村消费水平，最终加速西部地区工业化进程，实现人力资源和物产资源的合理流动。

构建以城带乡、城乡互动、融合发展的新型发展格局与引导重点地区、重点城市的发展，培育区域经济发展增长极并不矛盾。加快引导重点地区、重点城市的发展是为了更好地依托交通枢纽和中心城市，充分发挥资源富集、发展基础较好等地区的优势。重点推进经济区域率先发展,鼓励城市圈的集聚发展,引导资源富集地区集约发展,培育地区经济增长极的一个十分重要的目的,就是要带动周边地区的共同发展。因此,引导重点地区、重点城市的发展是由现实开发条件决定的,这种战略格局最终会被统筹西部城乡发展的战略所取代。

统筹城乡发展是落实科学发展观、实现"五个统筹"的重要环节,也是从根本上解决"三农"问题的必由之路。统筹城乡发展将城乡作为一个有机整体,通过建立和完善城乡公共资源均衡配置、各种生产要素自由流动的体制机制,消除城乡二元结构,最终实现城乡经济社会的一体化发展。首先,统筹城乡发展是国家通过产业、财税、金融等相关政策对农业和农村给予支持的过程,引导工业反哺农业、城市带动农村,并为市场机制在农村地区的建立和完善提供基础性条件。其次,统筹城乡发展是市场机制在更大领域、更广范围内发挥作用的过程,以增强城市和农村之间交易机会的均等性,促进信息、资本、劳动力等要素资源在城乡之间的合理流动与优化配置,实现农村地区的可持续发展。第三,统筹城乡发展是经济社会关系协调发展的过程,为工业化和城镇化进程中的农村经济发展创造公平的市场条件和利益环境,促进工农关系和城乡关系的进一步改善。与我国东部地区相比,西部具有农村人口众多、城乡差距较大、二元结构问题突出等特点,统筹城乡发展更具艰巨性和迫切性。因此,2007 年国务院将成都和重庆两地同时确定为全国统筹城乡综合配套改革试验区,赋予其加快城镇化、工业化进程,破解城乡二元结构难题的重任。这既为西部经济加快发展提供了机遇,也为西部大开发战略的深入推进提供新的方向。

从我国沿海与内地的城镇化关系来看,我国城镇化也面临着沿海与内地的城镇化失衡的状况。高速发展的大城市基本上集中在沿海地区,沿海大城市每年的人口增长速度非常快。在内地,特别是西部的一些中小城市,却出现了衰退的现象。从人口流动来看,我国 60%的流动人口流向东部的沿海城市,特别是沿海超大城市。目前,我国城镇化存在三个不平衡,即沿海与内地发展的不平衡,大城市与小城市发展的不平衡,城市发展与能源保障的不平衡。这三项不平衡也是影响和谐社会构建的症结。因此,在西部地区城市化、城镇化的过程中,要处理好城镇化与耕地保护的关系,处理好城镇化与能源开发保护的关系。

三、合理承接东部产业转移

承接东部产业转移,增强西部产业自我发展能力。产业转移是指某些产业从一个国家或地区转移到另一个国家或地区的过程，也是市场经济发展的必然规律。在经济全球化和区域一体化进程不断加快的大背景下，积极主动地承接产业转移已成为后发地区加快转变经济发展方式、实现跨越式发展的重要助推器。当前，中国东部地区的经济已经发展到一定阶段，鉴于利润最大化的考虑，一些相对优势下降的传统产业与衰退产业需要向外转移，承接东部产业转移对西部地区的经济发展有着相当大的促进作用：一是产业转移往往伴随着先进技术的转移。对于西部地区来说，承接产业转移相当于直接吸收发达地区先进的产业、先进的经验、技术、资本等，从而越过漫长的摸索阶段，发挥后发优势，迅速建立起现阶段自身没有能力发展的产业，加速本地区工业化进程。二是产业转移的过程必将涉及大量的土地、设备、生产原料的购买等，这将大大刺激西部地区的投资需求，拉动西部地区 GDP 的增长。

但是，当前东西部之间产业转移现状并不理想，东部地区的产业并没有出现向西部地区大规模转移的态势，使得西部地区并没有获得预想的收益。导致这种现象的原因是多方面的，既有外部因素，也有内部因素，但最重要的一个因素是西部地区自身的问题。东部地区的产业需要转移，这是一个必然的趋势，而西部地区没有相应的能力来承接东部的产业转移，这才是问题的根源。首先，西部地区现有的产业基础难以承接东部地区的产业转移。东部地区进行产业转移，必须考虑与其相关联的上下游产业的市场分布，而西部大多数地区不具备这种产业基础，致使东部地区的产业在西部地区无法落地。其次，在西部进行生产，企业将面临更多的额外成本。在东部地区，市场经济体系比较健全，企业间的竞争趋向平等，交易成本较低。而在西部地区，市场经济体系还不健全，政府相对较多地卷入到微观经济活动中去，因此企业可能更多地考虑非市场的因素，比如企业与当地政府及管理部门的关系，这无疑增加了企业的交易成本。相比较而言，东部相对落后地区的生产成本还是比较低，出口优势更突出，企业在这里还可以获得相对高的利润，就不会太积极地选择西部地区作为产业转移的目的地。

在此背景下，西部地区通过资源优势和劳动力优势承接东部加工业和生产性服务业转移，不仅有助于引进新的技术和项目，而且可以推动自身产业结构的优化升级。作为西部经济的重要组成部分，在资源、能源、劳动力等要素成本方面具有比较优势的省份，应该充分抓住国际国内产业转移的契机，不断改善投资环境，通过承接产业转移来实现产业结构的调整和优化。

随着基础设施和生态环境面貌的改善，西部地区在承接东部产业转移的基础上，未来一段时期西部地区要把增强自我发展能力作为产业发展的战略导向，走出一条跨越式发展的新路子。要通过政策创新，着力改善投资环境，引导国内民间资金和外商投资大规模跟进；要加强体制创新，积极推行公有制的多种有效实现形式，加快调整国有经济布局和结构，完善区域经济发展的自主增长机制；要推进产业创新，在加强基础设施和生态环境建设的同时，高度重视对特色产业特别是加工制造业的发展，加快西部工业化进程，提高工业竞争力和市场份额，强化西部经济长期发展的产业支撑。

四、加快非公有制经济的发展

西部大开发战略应该走以市场导向为主的道路。市场是推动区域经济发展的最终动力，如果经济的发展一味地依赖政府的扶持，那么，该地区就可能无法形成自身的竞争力。当然，欠发达地区的发展如果没有足够的政策优惠力度，生产要素是无法被吸引到欠发达地区的。因此，国家对西部支持的着力点在于增强西部地区的自我竞争力、产业及企业的竞争力。政府的政策主要致力于改善当地的投资环境，以吸引国内外企业的投资。在市场主体中，非公有制经济是最活跃的市场主体，它的发展和繁荣代表了一个地区市场的发展状况。目前全国经济增量的一半以上来自非公有制经济，新增就业岗位 90%以上是个体、私营等非公有制经济行业提供的。非公有制经济对我国国内生产总值的贡献率约为二分之一，并已成为扩大就业的主渠道。

加快非公有制经济的发展，充分利用市场的力量进行西部大开发，仍然是新时期西部大开发的战略选择。这就要求政府首先要全面贯彻落实非公有制经济市场准入的各项政策和优惠待遇。按照“政治平等、政策公开、法律保障、放手发展”的方针，贯彻“平等准入、公平待遇”的原则。其次，应提供宽松的发展环境。对于在西部地区兴办实业、投资经营的单位和个人，尤其是外商投资，只要经营范围符合国家的法律法规，一律放宽市场准入的条件，改政府审批为政府备案。鼓励资金和人才流入西部。要更多地在西部布局当地资源优势明显、市场效益较高的重大骨干企业。为解决目前制约非公有制经济发展融资难的瓶颈，积极为非公经济发展提供贷款担保、法律咨询、协助诉讼、调解经济纠纷，依法加强“维权”服务，激发非

公经济人士的热情。再次，要落实国家就业和再就业政策，加大对自主创业的政策扶持，鼓励下岗失业人员、退役士兵、大学毕业生等各类人员创办小企业，开发新岗位，以创业促就业。第四，要规范职能部门从政行为。严禁公职人员对非公有制经济企业(组织)强行摊派、集资或组织赞助。针对民营经济发展过程中出现的新情况、新问题深入调查研究。帮助非公有制经济人士了解政府部门的工作程序和政策法规，同时促进职能部门对民营企业的建议和需求的了解和掌握。最后，政府还要做好非公经济人士的学习教育和思想引导工作，促进非公有制经济健康发展。

第三节　西部大开发未来政策的调整策略

从 2010 年起，西部大开发已经进入到了一个新的阶段。在这一阶段，要进一步落实科学发展观，不断完善基础设施和生态环境建设；根据西部地区的资源、产业等发展优势，大力推进西部特色产业的发展；加大对西部地区社会事业的资金投入和扶持力度，促进西部地区科、教、文、卫事业的发展。通过不断调整财政税收、货币金融、资源产业、人才开发、公共服务等各项政策，以推动西部地区经济社会全面纵深发展。

一、财政投入政策的优化调整

资金问题是制约西部地区发展的首要问题，西部大开发的持续推进，需要有长期、稳定、充足的资金供给。财政投入主要包括中央财政性建设资金与财政转移支付两部分。当前国家财政性资金在西部大开发中起到了独特的作用。但我国现行的财政制度中存在着很多问题，因此，对我国财政投资制度进行改革势在必行。

(一)拓宽资金来源渠道

资金问题是制约西部地区发展的基本问题，主要表现为资金缺口大和投资渠道窄两个方面。一方面，据测算，未来 10 年西部地区资金需求总额约为 21 万亿元。但现实状况是，西部地区有限的社会资金还通过商业银行的存贷款渠道不断流向东部，这进一步加剧了资金短缺的矛盾。另一方面，从西部大开发的资金来源看，主要有以下两种渠道：(1)财政资金。实施西部大开发战略以来，国家加大了对西部地区建设资金投入的力度，中央财政性建设资金用于西部开发约 3600 多亿元。其中，长期建设国债资金2200多亿元,占中央财政性建设资金的61%。在大量国债资金的支持下,国家在西部地区新开工了50项重点工程,投资总规模达到了7300多亿元。(2)信贷资金。据统计,近几年来,西部地区金融机构各项贷款余额增加6000多亿元。(3)外商投资。西部地区利用外资有所增长,但依然不尽如人意。西部地区与全国其他地区,特别是沿海地区利用外资还有相当大的差距。可以看出,实施西部大开发以来,国家财政逐年加大了对西部地区的投资力度,政府安排的国债资金也有很大一部分投放在西部地区,在固定资产投资中国家投资占到70%左右。与此相反,信贷资金和外商投资的积极性不高,大多持观望态度,并没有大规模地相应跟进,所占投资比重较低。因此,西部大开发资金来源主要是依赖政府财政资金。

西部大开发的持续推进,需要有长期、稳定、充足的资金供给。要解决这个问题,可以采取以下几项措施:一是中央财政性资金应加大对西部地区的支持力度。根据西部发展的实际情况,继续将长期建设国债、预算内投资和专项建设资金向西部倾斜,保证西部重点工程和农村基础设施建设的资金投入。同时,可考虑发行西部开发专项国债。二是中央财政建立规范、有力的转移支付制度。调整现行体制下的财政分成办法,减少税收返还,将财政补助纳入一般性转移支付体系,切实履行好中央财政的公共财政职能。三是建立西部大开发专项资金。如成立西部开发银行、发行西部开发彩票、允许西部开发政府发行市政债券、建立西部证券交易所,多渠道筹集西部开发专项资金。四是积极引导社会资本参与西部大开发。从长远发展看,社会资本尤其是国内民间资本将是推动西部大开发的主导力量。应当建立完善的国家投融资政策体系,充分发挥财政资金的引导作用,广泛吸引社会资本参与西部大开发。

(二)优化中央财政投资制度

在实践中,增加中央财政性资金对西部大开发的直接支持力度以及中央财政对西部地区的转移支付是西部大开发资金来源中最为重要的。国家财政性资金在西部大开发中起到了关键的作用。(1)国家实施西部大开发的主要目的就是为了加快西部地区的发展,逐步缩小东西部发展差距。然而,由于受区位条件和投资环境的制约,西部地区的投入产出效果一般要低于沿海地区。在这种情况下,如果缺乏财政政策的支持和积极引导,追逐高投资回报率的民间投资将难以大规模进入西部地区。因此,在西部大开发中,财政政策实际上起着积极的投资诱导作用。(2)要引导民间资本参与西部大开发,就必须改善西部地区的投资环境。其中最重要的是加

快基础设施建设,切实加强生态环境保护,大力发展科技教育。由于西部地区地方财政有限,地方财政入不敷出,需要中央财政给予更多的支持。尤其是西部一些重大的基础设施和生态环境建设项目,往往需要中央财政直接参与投资。(3)在西部产业结构调整、特色产业发展方面,国家财政政策也可以起到积极的作用。例如,根据国家区域政策的目标和西部大开发的需要,国家财政可以采取低息、贴息、补贴和减免税收等方法,来促进西部地区产业结构的调整,鼓励其发展特色产业和高新技术产业,加快国有企业改革的步伐,积极引导外商投资参与西部开发。因此,应着重从以下三个方面对我国财政投资制度进行重新设计与调整:

第一,中央财政资金对西部地区的投入实现持续化、规范化、定量化。加大中央财政性建设资金与财政转移支付对西部地区的倾斜力度,财政资金投入政策需要体现出持续、规范、量化的特点,建立起财政资金持续投入机制,并尽快调整和完善转移支付制度。同时,国家对西部地区的财政投资要讲求经济效益,突出重点。既要有产业支持的重点,又要突出区域重点,千万不能采取"撒胡椒面"的方式。在近中期内,国家财力要集中力量,重点支持条件较好的地区,尤其是中心城市地区。

第二,规范财政资金的使用与管理。首先,加强对财政投资全过程的监督。要对投资项目工程进行预算审查,参与工程招标的编制,提高投资预算编制的科学性,加强对财政投资资金使用的事前控制,控制投资领域中普遍存在的"高估冒算"现象。其次,规范财政投资资金拨付管理。要严格投资资金拨付程序,减少拨付的中间环节,确保各项建设资金安全、及时、足额拨付到建设单位,全部使用在项目建设上。最后,加强建设单位的财务管理。财务部门有必要对建设单位的财务工作进行管理和监督。

第三,建立健全国家财政投资评价和监督体系。制度的构成要素之一是其实施机制。在制定各项财政政策的同时,应加强财政监督管理,确保财政政策的实施。国家用于西部开发的财政和国债资金,要严格按照国务院确定的方向和重点进行安排。政府财政资金要按项目性质,划分为有偿使用和无偿使用两类,实行区别对待、分类指导。建立对财政投资项目的后评价制度,实行动态跟踪管理。

二、税收优惠政策的优化调整

过去的税收政策乃至整个财税分配体系在促进西部大开发中存在着诸多问题,与现实的需要相差巨大。必须着重从整体上对税收政策体系进行认真的规划和设计。在制定新一轮西部大开发税收政策中，应趋利避害，更好地发挥其在引导投资、吸引技术、挽留人才等方面的作用。

(一)发挥税收的导向和杠杆作用，做到效能"倾斜"

鉴于西部大开发所处的特定历史环境以及西部地区独特的经济社会基础，税收支持西部大开发必须实行比东部更优惠的政策。东部的优惠政策已实行了20多年，其经济发展已步入良性发展阶段。这一成绩是以牺牲全国多数地区尤其是西部地区的经济利益为代价的，是西部地区服从大局的体现。现在中央提出开发西部，理应提供比东部地区更为优惠的政策支持，否则，东西部地区起跑线不同，差距会越拉越大。同时，税收政策应当加强引导，应有利于对西部地区的资源开发和环境保护；有利于西部地区高新技术产业的发展；有利于西部地区对内对外开放；有利于西部地区经济结构的调整和产业升级；有助于发挥市场配置的基础性作用。

(二)依靠税收政策支持，增强西部经济优势

西部开发是在东西差距的前提下进行的。西部开发可以充分吸取东部开发的经验教训，少走弯路。并且，随着经济体制改革的逐步深入，西部开发中市场机制的作用将充分发挥。因此西部开发又具有后发优势。要实现这一优势，在税收激励的角度，要注意以下问题。

1.设计税收优惠条件

当前，国家对西部地区的税收优惠主要体现在外商投资企业方面，但受区位条件和投资环境的制约，目前西部地区实际吸引的外商直接投资很少，外商投资对地区经济发展的贡献并不大。而且，在当前国内资金并不十分短缺的情况下，过多地给外商投资企业税收优惠，也容易在内外资企业之间形成一种体制断层，影响企业的公平竞争。从长远发展看，国家对西部地区的税收优惠不宜单纯以外商投资企业为政策鼓励的重点，而应按产业性质及税种特点设计，充分体现国家在西部大开发中的政策倾向。

2.灵活设计税收优惠期限

税收优惠的目的是扶植相关产业或地区的经济发展，其作用主要体现在相关产业或地区经济发展的初期。也就是说，一旦经济已经发展到了一定的规模，税收优惠对相关经济的激励作用就会逐渐减弱，甚至演变成一种单一的国家财政损失。因此，对西部地区的税收优惠政策也应注意针对不同产业的特点及税种本身的性质制定适当的优惠期限。例如，对以光纤通讯等高科技为主导产业的开发区，由于其技术成长较快、技术生命周期

较短，因而应制定较短的税收优惠期限；而对以农牧业及其相关产品加工为主导产业的试验区，由于其生产周期较长，且对整个经济的发展具有重要的基础性作用，因而可以制定较长的税收优惠期限。从各税种的优惠期限看，由于商品劳务税的税收优惠从企业实现产品销售时就可以体现，而所得税的税收优惠要等到企业实际取得利润时才具有实际意义，所得税的优惠期限一般应长于商品劳务税。

3. 合理设计优惠方式

根据世界各国税收优惠政策的实践，税收优惠有减免税、起征点、税收扣除、优惠税率、退税、赢亏互抵、税收抵免、延期纳税、加速折旧和准备金制度等多种形式。其中，加速折旧、税收扣除、税收抵免和准备金制度等形式属于间接优惠方式。随着经济的发展，税收优惠由直接优惠转向间接优惠已成为各国税收优惠政策发展的共同趋势，我国西部大开发中的税收优惠制度的确立也应遵循这种趋势，减少使用减免税、优惠税率等直接优惠方式，多采用加速折扣、税收扣除、税收抵免和准备金制度等灵活有效的间接优惠方式，以便使税收优惠政策发挥更好的投资诱导作用。

4. 注重政策工具的协同配合

在经济发展过程中，由于各种政策工具的作用领域不同、效应不同、弹性不同，因此，要使税收优惠政策的实施收到更好的效果，就应注意各政策工具的协同配合。从国际社会来看，20 世纪 90 年代为各国普遍重视并广泛实施的税收优惠措施，对于减轻投资者的有效税率、提高资本的收益率产生了重要的影响。而近年来地位不断提高的金融优惠，如补贴性贷款、贷款担保和政府补助对于产业开发和区域发展正发挥着越来越重要的作用。而且，从 20 世纪 80 年代中期到 90 年代初，范围迅速扩大的主要针对出口加工区、企业开发区和科技园投资的其他优惠也已成为越来越普遍的优惠形式。这种优惠体现为各国为了一些特定区域的发展，除了减少行政管理、提供良好的工业场地、完善的设施之外，还以补贴价格或免费提供信息、咨询、管理服务、培训以及其他技术服务的方式提供优惠。

（三）构建造血机制，调整收入分成

西部目前最缺乏的是持续的资金投入。要解决这个问题，仅中央项目性的投入是远远不够的，需要根据实际情况，建立起规范持续的财政转移支付制度。在税收政策上还需要调整收入分配制度，测算各地收入能力和努力程度，发挥税收调控作用，建立起具有旺盛生命力的造血机制，以增强西部地区财力。要适当下放税收管理权限，增强地方政府自主决策能力。

目前我国税收管理权限主要集中在中央，制约了地方政府作用的发挥。因此，赋予地方政府相应的税收管理权限，增强其因地制宜、相机决策的能力，对于减轻中央政府事务、强化地方政府调控经济事务的责任有积极意义。根据西部地区经济发展状况，当前可考虑将资源税、土地使用税、房产税、耕地占用税等税种的税收管理权限完全下放给西部各省(市、区)；将企业所得税、个人所得税等税种的部分政策调整权(如税前扣除项目及标准)下放给西部地区各省(市、区)；由目前的按行政隶属关系划分税源，改为由中央与地方共享税源，分率计征，以促进西部地区国有大中型企业改革和发展。为规范管理，防止无序竞争，各地出台税收政策事先须报中央批准备案。

三、货币金融政策的优化策略

我国区域经济发展不平衡是宏观调控政策面临的一个重要问题，财政政策通过国债资金、转移支付等多种方式体现了对区域差异的关注。金融政策也有许多举措，研究认为，区域间经济发展水平的差异与中央银行高度统一、具有相对独立性的货币政策的实施有关，呈现出政策目标与实际效果的非一致性，降低了金融货币政策的有效性，因此应灵活地运用金融政策工具，有针对性地加大实施力度。

(一)建立健全金融支持体系，实施有差别的金融监管

一是要扩大人民银行西部大开发地区分行的调控权限，如总行要增加对西部大开发地区人民银行分行再贷款、再贴现的限额，适当延长再贷款期限；对金融机构因支持西部大开发地区开发中出现的临时性、季节性资金需求贷款给予支持等。二是要适当增加商业性金融机构的种类，如放松西部大开发地区金融机构业务限制，吸引更多的国内外金融机构进驻该地区开展金融业务。同时还可考虑在西部大开发地区试行私人投资办银行。

人民银行应充分考虑西部大开发地区与相对较发达的地区在经济金融发展方面的阶段性差异，采取倾斜性货币信贷政策。一是对西部大开发地区省级分行在系统资金往来利率和期限上实行比发达地区更加优惠的政策；二是实行较为宽松的资产负债比例管理，适当提高存贷款考核比例，加大授权授信力度，增强西部大开发地区商业银行的信贷供给能力；三是实行较低的贴现率，增加西部大开发地区的贴现限额；四是减免西部大开发地区存款利息税，以吸引发达地区资金流入等。

（二）采取优惠货币信贷政策，对欠发达地区给予金融支持

第一，制定有区域差别的法定存款准备金率政策，可以考虑赋予每个大区分行一定的准备金率浮动权。第二，制定有区域差别的利率政策，在利率还未市场化的条件下，中央银行对中西部地区的贷款利率应有别于东部地区，使其与西部地区企业的经济效益和承受能力相适应。第三，制定有差别的再贷款和再贴现政策，人民银行总行可以考虑适当增加对西部地区人民银行大区分行的再贷款、再贴现的限额，适当延长再贷款期限。

（三）完善城乡金融组织体系，统筹城乡多层次的金融需求

突出的“二元”经济特征决定了西部各省区金融需求具有多层次性，需要进一步完善城乡金融组织体系，满足西部经济发展中不同层次并且动态变化的金融需求。一是加强金融市场的基础设施建设，提高中小金融机构和农村地区金融服务水平，为城乡金融市场的一体化和服务体系的多元化提供支持。二是推动多层次资本市场建设，支持有条件的企业在证券交易市场上市，探索运用短期融资券、中期票据、企业债券、股权投资基金等融资工具，特别是拓宽农村地区经济主体融资渠道，形成适宜的直接融资和间接融资比例。三是继续深化农村金融改革，建立健全适应“三农”特点的多层次、广覆盖、可持续的竞争性农村金融体系，满足农村地区不同层次的金融需求。

（四）增强金融服务功能，促进产业转移和产业升级

承接产业转移将引起生产结构和组织流程的变革，并对金融资源配置的优化以及金融服务效率的提升提出新的要求。金融业应根据经济发展的实际情况，进一步增强金融服务功能，提升金融服务水平，促进西部承接产业转移和产业升级的有序进行。一是创新体制和机制，借鉴、引进和开发适销对路的金融产品，通过个性化、差异化的产品创新战略来满足产业转移中不断涌现的新的金融需求。二是将承接产业转移与产业升级有机结合，坚持有保有压。进一步加大对循环经济、环境保护和节能减排技术改造等承接项目的支持力度，对不符合产业政策的环保政策的企业和项目进行限制和控制，实现产业结构的优化调整。三是加大供应链金融的发展，探索以供应链生产过程中产生的动产或权利担保，将核心企业的良好信用能力延伸到供应链上下游环节，提高向整条供应链提供结构性融资服务的能力。四是积极承接金融服务业转移，在积极吸引内外资金融机构设立分支机构、做大做强本地法人金融机构的同时，有条件的地区应主动承

接金融业务外包,打造后台服务中心和金融外包业务聚集发展区,进一步增强金融服务功能。

四、资源产业政策的优化策略

西部地区的资源产业政策为西部地区的产业结构形成、产业结构升级和产业技术进步以及西部地区的经济发展做出了巨大的贡献。但是,从统筹区域协调发展的角度来看,西部大开发以来,国家并没有一个完整的产业政策,特别是没有一个完整的产业政策体系。国家对西部地区的战略性产业结构布局还不够重视,仅仅对西部地区的基础设施和生态环保建设进行投入是十分有限的。从长远来看,西部大开发缺乏持续、稳定、快速发展的产业支撑。尽管西部地区基础设施和生态环保建设包括对能源产业、交通运输业和绿色环保产业等战略性产业的投入,但是还有一些重要的战略性产业依然没有得到足够的投入。长此以往,西部地区的经济社会可持续发展将得不到保障。因此,继续推进西部大开发战略,还需要有相应的产业政策作为保证。具体来讲,应该着重从以下几个方面进行调整。

第一,结合自身基础和资源优势,加快第二、三产业的发展。西部经济发展虽然处于工业化初期阶段,但已具备了一定的工业基础,特别是一些军工企业、重工、科研机构在全国都占有重要地位。西部工业结构调整首先要以优势企业为基础,提高科技含量和技术水平。同时,要调整轻重工业比例严重失调的状况,加大对轻工业生产的支持与投入。依托西部农业生产特点,重点发展棉纺织业、油料加工业、皮革加工业、肉食品加工业、粮食加工业、中药材加工业。依托西部地区复杂的地貌和气候类型、悠久的历史和众多的民族,发展特色旅游经济,带动第三产业发展。

第二,加大对高新科技和信息产业投入力度,促进产业结构升级。要利用在陕西、甘肃、四川、贵州、重庆等军工企业和科研力量比较先进的特点,重点发展电子信息、航空航天、现代生物医药、核能等高新技术及信息产业。特别是重庆、西安、成都等中心城市是西部人才、技术高地,利用大开发的历史机遇,这些城市应以加速高新技术和信息产业发展为突破口,带动整个西部产业升级。

第三,改善投资结构,实施可持续发展战略。优化投资机制,把调整区域投资结构放在显著位置,这是调整西部地区产业结构的关键因素,因为一定的产业结构往往是由投资结构决定的。要增强投资主体的自主决策和风险约束机制,加强基础设施投资,保护环境,提高城市管理水平;搞好

国土资源和生态环境的保护、开发、利用，把资源开发与生态保护有效地结合起来，实现可持续发展，这也是提高区域竞争的方法之一。

第四，进一步推进发展特色优势产业，凸显特色与效益的统一。在新一轮的西部大开发中，西部特色优势产业的发展可以考虑三个具体的方向：(1)特色农牧业及农产品加工工业。西部农牧业最大的特色就是草原牧业。在我国农业结构战略性调整中，应当充分发挥西部草原牧业的优势，加快我国牧业产业化的进程。这既符合我国农业内部结构调整的总方向，也符合西部生态环境的目标要求。鼓励西部地区群众率先改善食品结构，多消费肉、奶等畜产品，为改变我国居民的膳食结构做出应有的贡献。(2)建立以优势能源产业为基础的后续深度加工工业。在我国能源资源保证程度不断降低、开采成本越来越高、一些矿产资源原有的比较优势趋于弱化的情况下，西部地区自我造血功能的增强应主要依靠提高资源的加工深度、延长产业链，以提高资源产品的附加价值，而不能只依靠初级资源性产品的开发和输出。只有根据市场需求，不断深化资源的后续加工程度，开发出新的产品品种，才能补偿资源开采阶段附加值的损失，才能把潜在的资源比较优势转化为现实的市场。(3)旅游业。旅游业是一个生态密集型、文化密集型、消费密集型以及劳动密集型的"无烟产业"和"朝阳产业"。人们生活水平的不断提高和闲暇时间的不断增加，为旅游业的发展开辟了广阔的前景。西部地域辽阔，地形复杂，气候多样，自然旅游资源十分丰富。同时，西部还是中华民族的发祥地，历史悠久，民族文化底蕴深厚，孕育了绚丽多彩的人文旅游资源。因此，西部具有大力发展旅游业的资源优势。加强生态环境保护也要求西部减少高能耗、高污染产业，注重发展旅游业。

五、人才开发政策的优化策略

人才问题是西部大开发的瓶颈，是制约西部经济社会发展的一个极为突出的难题，是关系到西部大开发能否取得预期成效的重大问题。它关系到西部大开发战略的成败，甚至会影响社会主义现代化建设事业的大局。从我国社会主义建设实践，尤其是实施西部大开发战略的实践来看，破解这一难题已迫在眉睫。要从根本上解决好这一问题，必须遵循市场经济规律，注重人力资源的开发和使用，同时加大教育投入力度，调整教育发展结构。

第一，内提外引，增加人才的总体数量。西部大开发需要各种层次的大量人才，解决人才供需的矛盾，不仅要提高人才的使用效率，关键是要建立健全一系列留住人才、吸引人才、激活人才的制度机制，通过制度保障来增加人才总量。首先，要开发和利用本地人才，切实发挥其作用。要深化科技体制改革，放活科研机构和科研人员，大力推进产、学、研结合，为科研人员提供建功立业的机会。其次，要吸引和利用外地人才。要按照事业留人、感情留人、待遇留人的原则，激发外来人才干事创业的动力，为其提供实现自身价值的平台。再次，要建立健全竞聘上岗的机制，创造“不拘一格降人才”的成材环境。要建立公平、公开、合理、透明、民主的竞争机制。

第二，强化教育，提升人才的整体素质。实现西部大开发，科技是关键，教育是基础。要提升各类人才资源的素质，就要优先发展教育，由教育发展推动人员素质提高，由人的素质提高推动科技发展，由科技带动生产力发展和经济社会全面进步。一要加强基础教育，优先投资教育事业，保证所有儿童和青少年的受教育权益。二要普及中等教育和中等职业教育，运用多种形式发展各种类型的中等职业教育，依靠政策手段动员全社会的力量兴办职业教育，为西部地区开发大量的实用技术型人才。三要发展高等教育，改变专业设置、人才培养和经济发展、社会需要严重脱节的现象，优化教育结构和教育资源配置，尤其要抓好本科教育，为西部地区培养理论基础扎实、能力强、素质高的复合型、应用型人才。同时要通过发展研究生教育为西部地区经济和社会发展培养高素质的科研人才。

第三，构筑发挥人才效用的制度。一是建立突出贡献人才奖励制度。构建科学合理的政策体系，根据贡献兑现奖励。二是建立健全人才评价激励机制。评价人才注重其学术技术地位和实际作用，突出创新能力和社会贡献评价标准。三是实行向关键专业技术岗位和重要专业技术骨干倾斜的分配制度。落实技术要素按贡献参与分配的政策，建立岗位工资、绩效工资、课题工资、协议工资、年薪制和奖励股权期权等各种适应不同门类、不同岗位高层次专业技术人才特点的新型分配形式。四是建立健全人才成长的平台机制。强化科技和工业园区、留学人员创业园区导向，完善配套政策和设施，鼓励大型骨干企业建立研发机构，引进中科院或中央其他部属研究所、国家级重点科研院所到西部地区设立分支机构，支持企事业单位“走出去”，在境内外人才密集地区设立研发机构。五是建立健全信息资源共享机制。要加强基础设施建设，特别是加强图书馆、科技馆、电子信息馆等硬件设施和数据库建设，为高层次专业技术人才提供交流提高的机会和平台，鼓励、支持学术技术带头人申报省级以上项目课题，对发展潜力

大的年轻专业技术人才申报的科研项目应予以倾斜支持。

第四，不断完善人才引进的配套措施。一是建立高层次人才信息发布制度。建立人才开发统计系统，及时掌握高层次专业技术人才需求情况，特别是要建立本地籍海内外高层次专业技术人才库，与其加强联系和沟通，鼓励其回国回乡创业和发展或提供各种形式的智力服务；充分发挥网上高层次人才交流平台作用，提高高层次人才需求信息对称程度，做好高层次人才的引进和招聘工作。二是完善人才中介服务体系。借鉴发达国家人才开发和管理的成功经验，各级人事行政部门所属人才交流机构要大力发展高层次人才中介服务，通过市场化和国际化运作引进高层次人才，鼓励西部地区其他人才中介组织、海外人才中介公司推荐高层次人才。三是完善高层次人才引进配套政策。充分发挥用人单位的主体作用、市场规律的导向作用。积极采取运用载体整体引进、团队集体引进、核心人才带动引进、高新技术项目开发引进等多种方式引进人才。引进人才不受专业技术职务结构比例限制，有条件的单位可实行首席专家、特聘专家制度，对来西部工作的国内外知名专家，鼓励用人单位给予一定数额的科研启动费和安家补助费，同级财政给予一定支持，切实解决配偶工作安排、子女入学、住房等实际困难。

第五，建立东部西部人才的互动机制。在西部地区积极推进人才资源开发管理合作，用好全国各地区的高层次人才资源。西部地区要利用东部和中部地区的人才、资金、技术和经济、科技、信息等发展优势培养各类人才，利用西部大开发的一系列优惠政策形成有利于人才西进的政策机制，利用国家有关部门组织实施的对口支援吸引优秀人才到西部地区创业，采用灵活形式聘请东部和中部较发达地区的专家、学者当企业技术顾问或客座教授、兼职工程师。

第六，中东部要主动参与西部的教育资源开发。中东部地区除按中央的部署继续做好对口支援，在内地办好西藏班、新疆班，选派志愿者去西部支教外，更重要的是直接开发西部教育资源，直接投身于西部教育事业。比如，在西部开设分校、东西部学校教师互相交流、参与西部高校承担的科研项目、参与西部高校的科技园区建设、为西部学校培养干部和师资、选派优秀领导干部到西部学校挂职锻炼、组织教育专家讲师团定期到西部讲学等。

六、公共服务政策的优化策略

社会事业的发展关系到西部地区人民生活水平的提高，关系到民族地区的稳定发展,更关系到西部地区的经济能否持续稳定的增长。在以往的西部大开发中,西部地区的基础设施和环境保护都得到了一定程度的发展,从而保证了产业结构优化和经济的快速增长。在西部地区的经济发展到一定阶段时,政府应加大对西部地区社会事业的投入,对基础设施和环境保护的投入也要相应地转移到与社会事业发展相关的项目上来,以促进西部地区经济和社会的全面发展。

(一)提高对社会事业的投入水平

随着西部大开发的进展,西部地区的经济状况得到了一定程度的改善,但是相对于经济发展,西部地区的公共服务与社会事业发展则表现得比较落后。特别是农村中小学办学条件普通较差,师资短缺,尚有100多万名中小学生因缺乏校舍不能上学。农村医疗卫生服务体系不健全,专业卫生技术人员匮乏,农民看病难,因病致贫、因病返贫的问题也比较突出。这些问题的存在,要求我们在新的发展阶段要更加注重西部地区的公共服务与社会事业的建设和发展。因此,国家财政应加大对西部地区公共服务水平及社会事业发展方面的转移支付水平,在西部发展的过程中,更加注重民生,使人民群众真正能分享到西部地区发展的成果。

西部地区在发展水平上要达到东部地区的水平是不现实的,不能追求西部经济发展水平与沿海发达地区的同步。但是,实现西部地区公共服务的均等化就意味着西部地区享受的公共服务水平应该跟东部地区大致相同,这就必须加大转移支付的力度。西部大开发不是要经济发展水平跟东部一样,而是要求公共服务及社会事业建设水平有相应的提高。这就要求在新一轮的西部大开发中,转移支付的规模随着国家经济实力的增强而逐步加大,同时增加对西部地区公共服务均等化及社会事业发展方向的投资比例。

此外,解决西部地区公共服务均等化及社会事业发展滞后的问题,还可以通过以下三个途径:一是以深化改革促进西部地区公共服务及社会事业的发展。加快构建义务教育投入保障机制,引导和鼓励非公有资本进入文化、体育等领域,稳步推进医疗卫生体制改革;加快建立农村新型合作医疗制度,研究制定支持社会事业发展的相关政策。二是以项目带动促进公共服务及社会事业的发展。比如,实施西部“两基”攻坚农村寄宿制学校建设工程、农村中小学现代远程教育工程,农村广播电视村村通工程,以及疫情信息网络和疾病预防控制体系建设等。三是在加大投入促进公共服务及社会事业发展上,国家应进一步增加对西部地区义务教育、公共卫生设施建设、农村卫生服务网络建设等的投入，逐步建立起新型的社会事业发展财政支持体系，同时鼓励、引导、调动企业和社会各方参与西部地区公共服务及社会事业发展。

（二）增强西部地区的科技实力

保证政府的财政经费对科技的投入。为推动经济发展，要确保科技投入的增长速度高于经济发展的增长速度。完善科技投入金融体系，引导非政策性银行积极研究开发适应中小企业发展的信贷服务，鼓励政策性银行在现有业务范围支持符合国家产业政策、有市场前景、技术含量高、经济效益好的中小企业的发展；探索建立为中小企业担保再担保的途径。采取各种措施，促进银行科技贷款的投入力度，提高科技贷款在科技经费中的比重。积极开拓科技创业投资的社会融资渠道。引导和鼓励企业增加科技投入，逐步成为科技投入的主体。随着经济体制的改革，企业落实了经营自主权，企业提多少资金用于科技活动是企业自主权的问题，但政府可以通过约束机制、经济杠杆和政策措施等引导和鼓励企业增加投入，特别是要发掘和引导民营企业科技投入。

加大对科技成果转化和专利推广的资金支持力度。设立用于科技成果转化和专利推广的政府专项资金，明确该项资金的用途就是用于科技成果转化和专利推广，并逐年加大资金额度，同时对其他各类计划中实施R&D成果应用的项目应在资金上予以优先保证；制定相关政策引导其他资金向科技成果转化阶段投入。政府采取有效措施优先对这些成果的转化后的产品进行支持。

加强中介机构、服务机构建设。中介服务机构的主要功能包括建立资本市场、项目市场和人才市场之间的联系，进行资信评定、信息咨询、企业包装等。按照组织网络化、功能社会化、服务产业化的方向，引导和扶持各类科技中介服务机构。推进生产力促进中心、科技咨询评估中心、技术开发中心、科技企业孵化机构等各种中介机构的发展。大力支持技术标准研究、技术检测、技术评估、知识产权保护等社会急需的技术服务机构，规范培育技术市场。建立科技信息服务网、中小企业网、大型精密仪器公用协作网、实验动物共享公用网、大型图书馆、科技博物馆等公共活动场所。

适应社会主义市场经济的要求，进一步完善政府科技投入管理体制。应发挥市场机制作用，建立利益与责任均衡的管理体制；健全制度，形成综合配套的约束服务体系。政府在这方面工作的主要内容包括：建立和健全计划项目专家评审和辅助管理制度；建立项目的公平竞争制度；建立项目

"法人"责任制和项目管理责任制;建立科学严格的经费管理制度;建立科技计划项目的监理制度等。

积极培育和发展技术市场和人才市场。开拓区域性技术市场和农村技术市场,引导科研院所、各类企业事业单位和技术经济合作组织进入技术市场,开展促进科技成果转化的多种活动。建立健全技术信息网络,通过这一网络及时准确地掌握国内外科技动态,沟通科技供需双方情况,缩短科技成果的转化过程、筹建技术经纪人事务所、无形资产评估所等与技术市场相关的机构,为技术交易提供规范高效的服务。积极培育和发展人才市场,促进人才合理有序流动和人才资源的优化配置。要逐步建立并完善集人才交流、人才培训、人才测评等为一体,并与国内外接轨的人才信息服务体系,完成各类人才库的建设,强化服务功能。通过各种方式和途径吸收国内外科技人员来西部工作。通过上述工作,构筑工业化、网络化、社会化的科技服务体,建立科技计划项目的监理制度等。

七、生态环保政策的优化策略

西部地区是我国生态环境最脆弱的地区,由于历史、自然、人为的诸多原因,西部地区的自然环境不断恶化,黄河频繁出现断流现象,荒漠化逐步向东推移的趋势也日益加剧,发生沙尘暴的频率也不断加大,长江和黄河中上游的水污染问题逐步突出。这些环境问题极大地制约了西部的发展,同时也说明可持续发展对中国西部来说尤为重要。西部大开发以来,生态环境建设已取得了很大的成就,但是,西部地区生态环境恶化的状况并没有得到根本的改变,生态环境建设仍然是一项长期而艰巨的任务。

实施西部大开发战略以来,南水北调、西气东输、西电东送、西煤东运等重大项目使西部丰富的水、煤、气、油等资源为国家经济做出了重大贡献,但由于国家对西部地区资源开发生态补偿机制尚未建立,煤油气等资源开发地产业单一,当地群众致富困难;水土流失等地质灾害及环境问题严重;资源枯竭,地区后续产业和替代产业发展缓慢,经济转型压力加大,严重制约了当地经济社会发展。西部承担着构建国家生态屏障和能源接续地的重大任务,加强生态环境建设责无旁贷。加强生态环境保护是国家的一项重要战略举措,必须把"生态补偿机制"置于国家战略的地位来考虑。

应进一步明确中央与地方政府或者环境资源受益者的责任和义务,明确生态补偿责任主体。按照"谁破坏、谁恢复;谁受益、谁补偿"的原则,明

确生态补偿责任主体，确定生态补偿的对象和范围。环境和自然资源的开发利用者承担环境外部成本，履行生态环境恢复责任，赔偿相关损失，支付占用环境容量的费用；受益者有责任向生态保护者支付适当的补偿费用。

首先，建议征收生态税。课征生态税是针对市场在生态环境问题上的外部不经济现象，有效解决生态资源物质补偿和价值补偿难题的科学之策。税收类型上，对严重破坏生态环境的生产生活方式利用税收手段予以限制，如对木材制品、野生动植物产品、高污染高能耗产品等的生产销售征税；对环境友好、有利于生态环境恢复的生产生活方式给予税收上的优惠等。在"生态税"未出台之前，可以考虑先推出"生态附加税"，可附在增值税、营业税、企业所得税、个人所得税等主要税种上，税源较为稳定，征收简便。

其次，建立生态补偿转移支付制度，加大中央财政生态环境建设转移支付力度。把因保护生态环境和国家能源发展而造成的当地财政减收，作为安排国家财政转移支付资金的重要因素。设立生态补偿专项资金，用于西部地区的重点生态建设工程。同时，调整优化财政支出结构。中央转移支付资金重点要逐步投向重要生态功能区的生态恢复、环境治理与保护；生态移民安置及对不符合环保标准的当地企业进行搬迁补偿；扶持矿产资源枯竭区及限制开发区的接续替代产业发展；生态补偿基础性研究以及相关环保技术的应用研究等方面。

再次，加紧研究建立横向生态补偿机制。资源受益区对资源输出地的补给，不是"扶贫"，也不是"恩赐"，而是利益回归。经济发达地区通过向贫困地区横向转移支付，可以调整地区间既得利益格局，推进基本公共服务向均等化方向发展。这要求建立科学的生态补偿标准核算方法体系，加大对生态环境核算的审计监督，有利于促进科学、公平、合理、有效的生态投资与生态资源补偿制度的建立。

八、健康法治环境的优化策略

要促进西部大开发，就要保证区域政策的连续性和可预见性。要引进国外投资和建立市场机制，就必须建立和完善关于区域政策的立法工作，优化西部大开发的法治环境。西部大开发良好的法治环境至少包含了三个方面的含义：一是有系统的法律体系，二是各项法律规范都得到了落实，三是有完善的法律服务体系。

(一)建立完备的法律体系

首先,西部大开发要有专项立法。中央曾提出要“加强西部开发的组织领导和法律保障,研究制定促进西部开发的法律法规”。为了保障西部大开发战略的顺利推进和实施,营造良好的法制环境,很有必要将制定《西部开发法》作为西部大开发的重要内容,做到“法制先行”。制定《西部开发法》,用法律形式确定西部开发在全国发展战略中的地位,有利于充分发挥法制的先导作用,保障、引导、规范和促进两部经济的健康发展。法律以其严肃性、稳定性、规范性和强制性,可以避免政策易受形势左右而朝令夕改的不足,抵御来自个别意志的干扰,减弱旧体制形成的障碍,协调各方利益冲突,保证西部大开发长期、健康和有序的推进。

其次,西部地区应依据全国性的法律法规和国家开发西部的战略部署,结合本地实际,制定出切实可行、有利于吸引外部投资的政策法规,使投资者能看到并坚信,西部投资的利益收获是有法律保障的。同时,西部地区有全国最多的民族自治地方政权,可在宪法、法律、行政法规的原则框架内,充分利用《民族区域自治法》所提供的有利因素和国家实施西部大开发所颁布的有关政策,最大限度地行使自治权限,制定出有利于吸引外资和非国有经济发展的法规条例、行政规章和政策措施,对到西部开发的国内外投资者,给予最大限度的优惠待遇。

(二)优化西部社会法律环境

优化社会法律环境是一个全方位的系统性工作。一是要培育公众的法治意识。公众缺乏法治意识是违法和难以做到严格执法、形不成良好法治环境的根本原因。法治意识的培育不是一蹴而就的事,需要严抓、常抓不懈。二是要严格依法办事,建立法治政府。政府要严格依法行政,模范带头执法。在引资过程中也要严格依法办事,切勿饥不择食,饮鸩止渴。具体表现在以下三个方面:(1)西部政府机关在制定规范、实施立法活动等抽象行政行为时应做到依法行政,符合法律优先的要求。(2)社会管理部门在做出决策以及具体行政行为时应遵循依法行政原则。行政机关及其工作人员的行政行为必须有明确的法律依据,必须体现权、责统一的原则,不仅要遵守或依据实体法,也要遵守程序法,所有违法行为必须予以撤销或改变。(3)一切行政行为都要自觉接受人民群众的监督,如违反法律的规定,应依法承担相应的责任。三是要搞好社会治安综合治理工作,给全体公民和外来投资者提供一个人身和财产得到切实保障的安全环境。

（三）促进西部法律服务业发展

西部地区与国内其他较发达地区的法律服务水平和质量尚有相当大的差距，而且由于国家律师行业准入制度规范严格，西部地区文化落后，能够经过非常严格的全国统一考试进入律师行业的人数极少，专业服务人员数量严重不足。在市场经济、法治社会、大开发综合背景下，西部地方政府司法行政部门任重而道远。因此，必须加强专业法律服务人员的培养和队伍建设，激励那些具备一定条件的人员加入到专业法律服务的队伍中来，扩大法律服务范围和完善法律服务体系。西部各地的中心城市区应具有能为外来投资者提供公司、金融、证券、国际经济、国际贸易法律服务的高水平律师人才。积极引进港、澳、台及外国律师事务所进到西部地区开设分支机构，增进法律服务交流，全方位提高法律服务水平。

第八章

结论与展望

西部大开发战略是国家战略的重要组成部分，它事关西部地区社会稳定、经济发展，也事关整个中国特色社会主义伟大事业的成败。西部大开发战略绩效评估是对10年来西部地区经济社会发展水平的总体评价，特别是西部大开发各项优惠政策实施效果的评估，对于深入推进西部大开发具有十分重要的理论意义和实际价值。新一轮的西部大开发征程已经开启，各项优惠政策措施也在西部大开发工作会议的精神指引下相继出台。本书充分运用区域经济学、制度经济学、公共政策学、财政学、行政管理学等多学科知识分析了西部大开发的政策绩效与政策需求，从宏观的视角审视了西部大开发的基本历程与政策特点，总结出了一条符合西部自身特点的开发路径，进而提出了以财政投入、税收优惠、货币金融、资源产业、人才开发、公共服务等主要调整方向的政策思路。这些调整策略也基本吻合了中央所确立的“三个上台阶”的基本发展目标，对于各级地方政府在新一轮西部大开发中进行政策调整具有一定的指导借鉴作用。总体而言，本书主要得出以下结论：

(1)区域经济的不平衡发展是大国经济的普遍规律，西部大开发战略的提出顺应了时代发展的现实要求，符合区域发展的实际特点，是深入贯彻科学发展观的具体体现。研究表明，西部大开发政策主要由财政倾斜、金融信贷、税收优惠、资源产业、区域贸易、人才开发、公共服务七个方面构成，它们相互交织、共同作用，构建了西部大开发的政策理论框架体系，包括资金投入、产业引导、多元投资、人力资本四大类供给类型；在此基础上通过聚类实证分析，也可以将现有的政策划分为财政投入类、金融信贷与区域开放类、税收和土地类、资源产业类、人才开发和公共服务类。无论何种政策供给框架的划分，都体现了以资金投入先行、金融税收调节、盘活存

量资本、整合内生优势的政策框架脉络,体现了从初步总体开发向区域重点开发、从外延式开发向内涵式开发、从外部政策规划向体制机制建设的演化路径。这也是西部大开发10年来的政策演变的一条基本规律。

(2)区域政策评价是一项复杂的系统工程,不仅需要系统分析区域政策对经济社会发展各个方面的影响,还要分析更广泛的区域政策所带来的社会效益和社会成本,这就必须研究把握西部大开发政策绩效的内涵和结构要素,提炼出西部大开发政策绩效的定义。本书所指的政策绩效是西部地区的各级地方政府在一定时期充分运用中央各种优惠政策对区域内各项社会事务和资源进行宏观调控和合理配置,使其在振兴经济和社会事业的各个领域内实现质的转变,是政策综合效应的集中体现,它主要表现在财政投入、货币金融、资源产业、区域贸易、人才开发和公共服务等领域的绩效。本书借鉴了国内外政府绩效和相关政策评价的评估指标,围绕区域经济社会协调发展和国家区域的整体布局思路,结合西部大开发政策的整体框架理论构建了由6个评估政策领域、50个评估指标构成的西部大开发政策绩效理论评估指标体系。在此基础上综合运用隶属度分析、相关性分析、鉴别力分析等统计研究方法进行了指标的实证筛选,最终构成了由26个指标构成的西部大开发政策绩效评估指标体系,进一步提高了测评结果的可信性和可靠性,可以作为地方政府在评估政策绩效的参考依据和测评工具。这也是西部大开发政策研究中所建构的第一套比较科学、完善、可行的评价指标体系。

(3)不同类型的政策供给绩效具有差异性,这充分说明了政策效应不具有同步性,呈现出长期绩效与短期绩效、局部绩效与全局绩效相结合的发展趋势。西部大开发10年来,东西部地区经济差距逐渐缩小,西部地区人民生活水平显著提高,基础设施建设和生态环境建设取得长足发展;西部地区产业结构趋于合理,朝着有序化、规模化和功能化方向发展,科技、教育、文化和卫生等社会公共服务功能逐步完善,整个社会主义市场经济体制在西部大开发中逐步得以深化。

第一,资金投入政策供给的绩效最为明显,它也是西部大开发初期的首要举措和唯一出路,主要体现在基础设施建设、农业发展和生态环境、公共服务几个方面,但是,这一类型的政策供给没有能够很好地体现区域内部的均衡化、投入结构的合理化和资金使用的制度化要求。

第二,产业引导政策供给有效调整了产业结构,三次产业结构有着较快的上升、升级,工业化进程明显加快,已呈现出“二三一”的产业结构,特色优势产业在产业内部的带动作用和规模效应日益凸显,朝着能源基地、资源深加工基地、装备制造业基地和战略性新兴产业基地的目标迈进,然而,三次产业的内部结构的失调、特色优势产业的后发优势不足、现代金融体系建构的不完善成为制约这一类型政策供给绩效的短板。

第三,多元投资政策供给进一步拓宽了西部地区的投资渠道,扩大了西部地区市场化程度和对外开放水平,投资环境的逐步改善使得许多非公有制企业入驻西部,对于活跃西部资本市场和土地市场起到积极的推动作用。但是,整个区域的制度环境较为薄弱,政府职能转变不到位、服务意识不到位、环境质量较差、行政审批效率较低以及部分地方保护主义等因素也成为阻碍西部地区向纵深开放的瓶颈。

第四,人力资本政策供给的绩效相对不明显,由于人力资本的培育是一个长期性的过程,需要良好的外在环境、优越的制度保障和自身的全面发展,这也是需要长期努力奋斗的目标,也是人才强国战略的重要体现。从表现形式看,无论是在人才培养规模还是干部队伍素质,无论是在教育经费投入还是教师队伍的素质,整个人才队伍建设和教育投入发展取得了历史性突破;从内在本质看,人才流失的结构性矛盾、人才管理体制落后以及人力资本总体存量和教育非均衡发展问题日益凸显,这也是新一轮西部大开发亟待解决的关键性症结所在。

(4)政策供给质量的好坏直接影响着政策绩效,对政策供给质量的考察成为首要关注的焦点。政策是制度性选择的结果,体现了决策群体的理性选择和决策者自身的偏好,对于政策质量好坏的评价也应该遵循一定的判断准则,具体而言,可以从价值性、持续性、普适性、效度性四个维度测定。本书在调查研究基础上运用描述性分析、方差分析等统计方法研究了同一政策在不同区域的差异性,研究数据证明了区域政策由初步总体开发向区域重点开发的演进趋势,主要表现在财政投入、转移支付以及区域贸易政策等方面。

本书在对西部大开发政策质量测定的前提下,运用构建的西部大开发政策绩效评估指标体系对西部 12 省市的政策绩效进行了综合测度,由于地理区位差异、自身发展基础不同、政策支持力度不同,显示了不同的发展路径,体现出三大发展集团。具体而言,第一发展集团的战略定位是产业转型升级、统筹城乡区域;第二发展集团的战略定位是金融资本市场、科技研发中心;第三发展集团的战略定位是生态示范区域、资源转化基地。

(5)落后区域开发是任何一个国家在发展中都必须面临的问题,由于

不同的国情、不同的历史背景以及不同的经济社会基础，必然存在不同的开发模式和开发手段，一些成功国家和地区的区域开发政策经验值得总结与借鉴。本书从历史的角度回顾了自旧中国时代至西部大开发正式提出期间对西部地区开发的基本情况和主要政策措施；从空间的角度比较了美国、苏联、日本、德国、法国等国家在区域开发中的基本做法，这些经验与措施对于深入推进西部大开发具有很好的启示意义，主要体现在以下六个方面：充分利用市场力量、给予地方政府广泛的自由处理权；加快落后地区国内外开放步伐；以城市化带动落后地区发展；利用立法手段确保区域政策的连续性、建立专门的国家区域政策管理机构。

(6)西部大开发政策调整必须充分把握不同行为主体的实际政策需求，从而更好地体现政策运用的针对性、有效性。本书按照现有政策的基本分类原则，在专题文献调研和专家访谈的基础上总结归纳了包括六大类型 36 个政策需求，基本涉及财政税收、货币金融、资源产业、人才开发、公共服务等方面。实证研究表明：从总体上看，财政税收和人才开发类型的政策需求是第一层次的；资源产业、公共服务和其他配套类型的政策需求是第二层次的；货币金融类型的政策需求是第三层次的。从个体上看，不同省市对于不同类型的政策需求程度存在一定的先后次序，这就要求中央和地方政府在新一轮西部大开发政策调整过程中，更应充分关注西部地区不同行为主体、不同省市对于政策需求的先后次序，进而在资源有限的前提下把握西部地区政策需求的三个层次，结合各地区的实际情况制定切实可行的政策措施。

(7)深入推进西部大开发是历史发展的必然要求，也是振兴西部、推进现代化的根本战略选择。新一轮西部大开发政策调整必须按照西部大开发工作会议提出的“西部地区综合经济实力上一个大台阶”、“居民生活水平和质量上一个大台阶”和“生态环境保护上一个大台阶”的总体要求和“促进经济持续、稳定健康发展，提高基础设施建设和生态环境水平”，“优化产业结构、发展特色优势产业”，“优化投融资环境、扩大对外开放程度”，”推进公共服务均等化，建设和谐西部”的具体目标，从培育区域经济增长极、构建城乡新型发展格局、合理承接东部产业转移、加快非公有制经济发展等方面选择新的战略定位，进而提升西部地区经济社会发展的内升水平，推动西部大开发再上新台阶。

西部大开发战略的研究是一个认识不断深化的过程，也是一个研究视角不断转变的过程，只有在实践中不断探索前进。西部大开发承载着几代人的艰辛与梦想，能够参与这项伟大而充满激情的事业倍感自豪，但是，限于资料收集和作者能力的有限，本书还存在着一些局限性和有待深入研究的地方。例如，构建的西部大开发政策绩效评价指标体系缺少相应的定性指标，特别是对于人才开发政策的评价指标较少，指标体系的信度和效度有待检验；本书虽然考虑了政策供给质量和政策绩效两个方面，但是缺少将两个方面进行很好的并接，从而寻求二者内在的联系，在研究方法上可以从结构方程思路进行拓展。本书在政策调整中涉及的政策可操作性与时效性值得进一步商榷。

总而言之，政策绩效评估与策略调整是公共政策领域一个永恒的话题，构建的政策绩效评价指标体系有待于实践的检验，策略的调整与实施也有待于在新一轮西部大开发战略中不断充实、完善。

主要参考文献

一、图书著作类

[1]曹玉书.西部大开发战略研究[M].北京:中国物价出版社,2002年

[2]茶洪旺.区域经济理论新探与中国西部大开发[M].北京:经济科学出版社,2008年

[3]陈伯君等.西部大开发与区域经济公平增长[M].北京:中国社会科学出版社,2007年

[4]陈庆云.公共政策分析[M].北京:中国经济出版社,2000年

[5]陈迅等.持续推进西部开发的理论与实践[M].北京:科学出版社,2009年

[6]曾培炎.西部大开发决策回顾[M].北京:中共党史出版社,2010年

[7]邓小平.邓小平文选(第三卷)[M].北京:人民出版社,1993年

[8]丁任重.西部资源开发与生态补偿机制研究[M].成都:西南财经大学出版社,2009年

[9]范柏乃.政府绩效评估与管理[M].上海:复旦大学出版社,2007年

[10]范柏乃.面向自主创新的财税激励政策研究[M].北京:科学出版社,2010年

[11]范柏乃,蓝志勇.公共管理研究与定量分析方法[M].北京:科学出版社,2008年

[12]范恒山.中国改革高层论坛[M].北京:人民出版社,2006年

[13]傅桃生.实施西部大开发的战略思考[M].北京:中国水利水电出版社,2000年

[14]高路,葛方新.大决策出台——西部大开发方略[M].北京:经济日报出版社,2000年

[15]江世银.西部大开发新选择——从政策倾斜到战略性产业结构布局

[M]. 北京：中国人民大学出版社，2007 年
[16]江世银等. 增强西部地区发展能力的长效机制和政策[M]. 北京：中国社会科学出版社，2009 年
[17]江泽民. 江泽民文选(第三卷)[M]. 北京：人民出版社，2006 年
[18]李红梅，周英. 中国西部地区对外开放战略研究[M]. 北京：中央民族大学出版社，2007 年
[19]李忠民. 西部发展报告——西部金融发展报告[M]. 北京：经济科学出版社，2008 年
[20]林剑鸣. 秦汉社会文明[M]. 西安：西北大学出版社，1985 年
[21]刘每充汉. 当代中国的甘肃(上卷)[M]. 北京：当代中国出版社，1991 年
[22]刘卫东等. 2009 中国区域发展发展报告——西部开发的走向[M]. 北京：商务印书馆，2010 年
[23]马凯. 2004 国家西部开发报告[M]. 北京：中国水利水电出版社，2004 年
[24]马凯. 2005 国家西部开发报告[M]. 北京：中国水利水电出版社，2005 年
[25]马凯. 2006 国家西部开发报告[M]. 北京：中国水利水电出版社，2006 年
[26]马凯. 2007 国家西部开发报告[M]. 北京：中国水利水电出版社，2007 年
[27]上海财经大学区域经济研究中心. 2008 年中国区域经济发展报告——西部大开发政策效应评估[M]. 上海：上海财经大学出版社，2008 年
[28]司马迁. 史记·货殖列传(卷一百二十九)[M]. 北京：中华书局，1989 年
[29]宋濂. 元史·百官志(卷八十七)[M]. 北京：中华书局，1989 年
[30]西奥多·W. 舒尔茨. 论人力资本投资[M]. 北京：北京经济学院出版社，1990 年
[31]肖周录，杨向卫. 西部地区外商投资环境研究[M]. 西安：西北工业大学出版社，2008 年
[32]徐国弟，陈玉莲. 西部大开发战略的理论基础与实施对策[M]. 北京：经济科学出版社，2004 年
[33]姚慧琴，任宗哲. 中国西部经济发展报告(2008)[M]. 北京：社会科学文

献出版社,2008 年
[34]姚慧琴,任宗哲.中国西部经济发展报告(2009)[M].北京:社会科学文献出版社,2009 年
[35]袁文平等.西部大开发中地方政府职能研究[M].成都:西南财经大学出版社,2004 年
[36]张敦,李灼荣.中国现代化:决战西部[M].南宁:广西人民出版社,2000 年
[37]张国庆.公共政策分析[M].上海:复旦大学出版社,2004 年
[38]张丽君.区域经济政策[M].北京:中央民族大学出版社,2006 年
[39]张廷玉.明史[M].北京:中华书局,1989 年
[40]张绪胜.西部大开发:机遇、挑战、抉择[M].北京:经济管理出版社,2001 年
[41]章泽等.当代中国的陕西(上卷)[M].北京:当代中国出版社,1991 年
[42]中国社科院近代史所.孙中山全集(第 5 卷)[M].北京:中华书局,1981 年
[43]中国社科院近代史所.孙中山全集(第 6 卷)[M].北京:中华书局,1981 年
[44]邹东涛.中国西部大开发全书(战略指导卷)[M].北京:人民出版社,2000 年
[45]邹东涛.中国西部大开发全书(开发方案卷)[M].北京:人民出版社,2000 年
[46]邹东涛.中国西部大开发全书(地方方略卷)[M].北京:人民出版社,2000 年
[47]邹东涛.中国西部大开发全书(经验借鉴卷)[M].北京:人民出版社,2000 年
[48]邹东涛.中国西部大开发全书(经验借鉴卷)[M].北京:人民出版社,2000 年

二、学术期刊类

[1]安虎森.有关区域经济政策的一些思考[J].南开大学学报,2003(4)
[2]毕涛,吴彦.西部大开发战略政策实施效果实证研究——以新疆维吾尔自治区为例[J].新疆财经学院学报,2007(4)
[3]蔡瑛,凌琪.前苏联对西伯利亚和远东地区的开发[J].山东经济战略研

究,2000(5)

[4]曹殿云.增强社会凝聚力:一个重要的战略问题——关于实施西部大开发战略的一点思考[J].理论前沿,2004(7)

[5]曹玉书、杨洁、程晓波.区域经济政策国际比较[J].中国投资,2002(8)

[6]曹志宏.20世纪60年代后苏联对西伯利亚的加速开发[J].黑龙江社会科学,2007(6)

[7]曾枝柳,赵波.意大利南方开发计划对我国西部大开发的启示与借鉴[J].云南师范大学学报,2001(5)

[8]陈德敏.论西部大开发中战略重点的抉择[J].中国软科学,2002(2)

[9]陈栋生.以科学发展观统领西部大开发——西部大开发十年回顾与前瞻[J].开发研究,2009(4)

[10]陈育宁.历史上西部开发中的中央政策及其他[J].宁夏大学学报,2005(5)

[11]邓戬.试论西部大开发财税政策选择[J].中央财经大学学报,2003(3)

[12]邓清清,杨强.货币政策西部区域效应探讨[J].西南金融,2008(6)

[13]段美萍,刘敏.完善生态补偿机制,加强生态环境建设——西部地区生态补偿机制探析[J].内蒙古财经学院学报,2008(1)

[14]范宝学.促进我国节约能源的税收政策取向[J].税务与经济,2008(2)

[15]方向阳,张应良,李建勋.西部大开发中的中央财政转移支付政策研究[J].西北农业大学学报,2007(10)

[16]冯勋.制度安排与信任差异:弱势群体金融服务问题研究[J].华北金融,2007(10)

[17]浮莉萍,张玉玲.西部农业与农村经济发展的政策环境研究[J].价格月刊,2008(5)

[18]高新才,滕堂伟.西部大开发:国家战略的变迁与完善[J].兰州大学学报,2005(5)

[19]高小寒.西部大开发绩效评价与研究[J].决策管理,2008(5)

[20]高永强.西部大开发的模式选择与政策分析[J].前沿,2003(12)

[21]韩同友.孙中山西部开发思想探析[J].长白学刊,2002(2)

[22]何炼成,姚慧琴、蔡立雄.西部大开发十周年[J].西北大学学报,2009(11)

[23]黑克·霍贝格.中国的西部大开发战略[J].国外理论动态,2005(6)

[24]洪银兴.西部大开发和区域经济协调方式[J].管理世界,2002(3)

[25]胡长顺.西部大开发:重点、进展、政策与创新[J].经济地理,2003(1)
[26]胡家勇.公共物品供给分析[J].中南财经大学学报,1996(2)
[27]胡玲.美国区域经济政策对我国西部开发的启示[J].财经理论与实践,2000(4).
[28]华晓慧,施红兵.我国西部地区教育发展现状及其对策研究[J].内蒙古财经学院学报,2005(1)
[29]贾庆林.进一步推进西部大开发战略[J].今日中国论坛,2007(1)
[30]江世银.继续推进西部大开发战略的产业政策[J].理论与改革,2006(4)
[31]江世银.继续实施西部大开发战略的理论基础和原则[J].探索,2006(5)
[32]康鸿.论孙中山西部开发的思想[J].唐都学刊,2001(3)
[33]李慧.西部大开发战略的政策效应评价[J].兰州商学院学报,2006(6)
[34]李光勇.意大利的南方开发政策及其理论分析——兼谈对我国西部开发的启示[J].西南师范大学学报,2001(1)
[35]李建华.西部大开发中的财政投资政策研究[J].学习论坛,2001(8)
[36]李靖宇,王文凭.继续实施西部大开发战略的现实论证[J].重庆工商大学学报,2009(5)
[37]李雅丽.基于信贷渠道视角的我国货币政策区域效应探析[J].经济经纬,2007(6)
[38]林建华,任保平.西部大开发战略10年绩效评价:1999～2008[J].开发研究,2009(1)
[39]刘芬华.西部大开发的阶段性策略转换与金融支持[J].财经科学,2006(1)
[40]刘飞.我国货币政策区域效应实证研究[J].四川大学学报,2007(2)
[41]刘建芳.美国的区域经济政策及其启示[J].东南大学学报,2002(1).
[42]刘进才.论西部大开发中的人力资源开发战略[J].中国行政管理,2002(12)
[43]刘学华,张学良、彭明明.交通基础设施投资与区域经济增长的互动关系——基于西部大开发的实证分析[J].地域研究与开发,2009(8)
[44]龙海波,蒋文武.论人力资本的区域差异性[J].企业家天地,2007(4)
[45]罗吉.孙中山西部开发战略构想初探[J].涪陵师范学院学报,2002(5)
[46]马丽,庞效民.区域经济政策的博弈解析[J].地理研究,2001(4)

[47]马瑞映.政府意志与意大利的“南方”开发[J].探索与争鸣,2002(6)
[48]秦涛.比较利益理论与西部大开发[J].西南民族大学学报,2004(10)
[49]任健.论西部大开发背景下财政政策在西部地区的运用[J].理论导刊,2005(8)
[50]山东省财政科学研究所课题组.促进基本公共服务均等化的财政政策研究[J].财会研究,2008(10)
[51]石晓东.孙中山的《实业计划》及其关于开发西部的设想[J].甘肃省经济管理干部学院学报,2002(4)
[52]宋建设.日本大陆政策、俄国远东政策与中国东北[J].鞍山师范学院学报,2005(3)
[53]寿思华.继续推进西部大开发的深层思考[J].改革与战略,2006(9)
[54]苏亚.德国落后地区经济开发政策考察报告[J].北方经济,1995(3)
[55]孙萍,张晓杰.公共政策的普适性与特殊性[J].行政论坛,2007(2)
[56]孙小民.西部开发应追求经济发展而非经济增长[J].统计与信息论坛,2001(3)
[57]谭江蓉,白志礼.西部大开发对外开放政策实施效果评价[J].开发研究,2006(3)
[58]唐亮.西部大开发政策演进分析[J].边疆经济与文化,2004(11)
[59]王青云等.西部大开发的资金、政策、公共服务及收入水平差距评估[J].贵州社会科学,2008(6)
[60]王雅梅,何文君.经济全球化进程中的西部大开发[J].经济体制改革,2002(1)
[61]魏后凯.深入推进西部大开发的投融资政策选择[J].西部金融,2008(5)
[62]吴平.试论西部开发与经济发展的战略思考[J].山西统计,2002(2).
[63]吴伟军.我国存在货币政策区域效应的实证研究[J].金融理论与实践,2008(7)
[64]谢守红.国外区域经济政策对我国西部大开发的启示[J].世界地理研究,2000(4)
[65]晏敬东,阎炳珠.美、德两国区域经济发展政策的比较及启示[J]中南财经大学学报,2000(3)
[66]严文.西部开发:重在营造用人、留人、引人的良好环境——浅谈西部大开发中的人才战略[J].劳动理论与实践,2001(9)
[67]闫泽滢.未来10年西部大开发税收政策取向[J].税务研究,2010(2)

[68]杨洁.国外区域经济政策的实践及对我国的启示[J].经济研究参考，2002(81)
[69]于海峰，赵丽萍.西部大开发税收优惠政策的效应分析及对策[J].税务研究，2010(2)
[70]佘永跃.西部大开发制度创新的利益动因分析[J].江汉论坛，2004(12)
[71]张彬.西部地区基本公共服务体系建设：差距、成因及对策[J].内蒙古大学学报，2007(5)
[72]张斌.西部地区运用财税政策吸引FDI的效果实证分析[J].新疆财经，2008(1)
[73]张建斌.西部大开发中的人力资源战略[J].理论导刊，2004(5)
[74]张晶.中国货币政策区域效应差异及其原因研究——结构VAR模型下的实证分析[J].广东金融学院学报，2006(4)
[75]张晶.国外货币政策区域效应研究的新进展[J].上海金融，2006(12)
[76]张龙.西部大开发中的民族地区行政法制建设[J].社科纵横，2006(9)
[77]张卫东.美国西部大开发启示录[J].今日中国论坛，2006(2—3)
[78]赵峰.论金融业对西部大开发的战略支持[J].经济体制改革，2004(4)
[79]赵亚贞.论西部地区的人才开发战略[J].前沿，2004(9)
[80]周业安.中国制度变迁的演进论解释[J].经济研究，2000(5)
[81]周毅.区域经济政策理论及其误区超越[J].长沙电力学院学报，2003(3)
[82]朱庆芳.从指标体系看构建和谐社会亟待解决的几个问题[J].中国经贸导刊，2005(8)
[83]朱文.邓小平区域经济协调发展理论与西部大开发[J].西南民族大学学报，2004(7)

三、学位论文类

[1]陈波.金融支持西部大开发问题研究[D].东北师范大学，2007
[2]甘时勤.论西部大开发中的金融支持[D].四川大学，2004
[3]郭海燕.构建和谐社会与西部大开发战略研究[D].大连海事大学，2008
[4]靳立新.国债发行利率管理研究[D].西南财经大学，2001
[5]李景阳.论西部大开发中的发展思路与综合调整对策[D].西北大学，2001
[6]彭连清.我国宏观经济调控的国债效应分析[D].华南师范大学，2003
[7]郑振彪.西部大开发中的利用外资问题研究[D].中国社会科学院，2003